★ ★ ★ ★ ★

俄罗斯税制研究

童伟 等

著

STUDY
ON
THE TAX SYSTEM
OF
RUSSIA

中国财经出版传媒集团

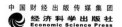

经济科学出版社
Economic Science Press

图书在版编目（CIP）数据

俄罗斯税制研究/童伟等著.—北京：经济科学
出版社，2018.4
ISBN 978 - 7 - 5141 - 9255 - 1

Ⅰ.①俄…　Ⅱ.①童…　Ⅲ.①税收制度 - 研究 -
俄罗斯　Ⅳ.①F815.123.2

中国版本图书馆 CIP 数据核字（2018）第 085349 号

责任编辑：王红英　王　莹
责任校对：杨　海
责任印制：邱　天

俄罗斯税制研究
童　伟　等著

经济科学出版社出版、发行　新华书店经销
社址：北京市海淀区阜成路甲 28 号　邮编：100142
总编部电话：010 - 88191217　发行部电话：010 - 88191522
网址：www. esp. com. cn
电子邮件：esp@ esp. com. cn
天猫网店：经济科学出版社旗舰店
网址：http：//jjkxcbs. tmall. com
固安华明印业有限公司印装
710 × 1000　16 开　21.25 印张　240000 字
2018 年 4 月第 1 版　2018 年 4 月第 1 次印刷
ISBN 978 - 7 - 5141 - 9255 - 1　定价：69.00 元
（图书出现印装问题，本社负责调换。电话：010 - 88191510）
（版权所有　侵权必究　举报电话：010 - 88191586
电子邮箱：dbts@ esp. com. cn）

总　序

在传统的国家视角下，税收是为了维持国家机器运转和提供公共产品、公共服务的一种政府收入筹集形式。随着现代国家的建立，"法无授权不纳税""无代表不纳税"等理念逐渐深入人心，税收成为国家发展演进的推动力，甚至决定了现代国家的成长方式与发展路径。可以说，税收制度规定了国家与社会成员之间最基本、最重要的分配关系。正如马克思所说"赋税是政府机器的经济基础，而不是其他任何东西""国家存在的经济体现就是捐税"。在税制现代化的进程中，不同国家走过了不同的道路。从英国光荣革命到美国独立战争再到新兴经济体的崛起，税收都发挥了重要的作用。以

I

税制结构为例，税制结构变动的背后是经济、政治、文化和制度等多因素的推动。美、英、法、德、日等发达国家的税制结构经历了从以间接税为主体的税制结构到以直接税为主体的税制结构，再到当前间接税和直接税双主体的税制结构这样一个演变过程。可以说，一部税收发展历史就是一个国家经济社会发展的历史。

我国现行税制的基本特征是以间接税为主体，具有较强的"中性"特征，同时征收成本较低，在筹集收入方面具有显著的优势，也实现了税收收入的持续稳定增长。但是，随着中国经济社会发展进入新的历史时期，这种税制结构的"累退性"及对消费的抑制等弊端日益受到社会各界的关注。党的十八届三中全会通过的《中共中央关于全面深化改革若干重大问题的决定》将财税体制改革的重要性提升到一个前所未有的高度，确立了新的财税体制改革目标即建立与国家治理体系和治理能力现代化相适应的现代财政制度。现代税收制度是现代财政制度的重要组成部分，下一步税制改革与以往税制改革的主要区别就在于，以往税制改革仅局限于经济体制改革，强调适应社会主义市场经济的要求；而此轮税制改革则要在全面深化改革的总体布局下，融入国家治理体系的现代化进程，作为现代财政制度建设的一部分发挥好作为国家治理基础和重要支柱的功能。

更应该看到，在封闭经济条件下，国家税收主要追求的是平等、确定、便利、效率等目标；而在开放经济环境中，税源流动、税收竞争成为新常态，一个国家的税收制度和税收政策已经很难关起门来做决策。从宏观层面看，税收税制的改革完善影响着一个国家在全球的税收竞争力，一个具有竞争力和中立性的税制可以促进经济的可持续增长和投资，同时为政府的正常运转提供充足的收入。从微观层面看，中国全方位开放新格局中，中国企业走向世界，深入了解不同国家和地区的税收制度显得愈发重要。2015 年 3 月 28 日，中国政府发布了《推动共建丝绸之路经济带和 21 世纪海上丝绸之路的愿景与行动》，标志着"一带一路"倡议正式进入实施阶段，更大范围、更广领域和更深层次上的开放与发展使得对沿线国家税制研究显得尤为迫切。2016 年 9 月 5 日，G20 领导人杭州峰会胜利闭幕。大会通过了《二十国集团领导人杭州峰会公报》，就推动世界经济强劲、可持续、平衡和包容增长的"一揽子"政策和措施形成"杭州共识"。在税收方面，G20 提出将继续支持国际税收合作以建立一个全球公平和现代化的国际税收体系并促进增长。中国与世界经济日益融合，在世界的经济地位不断攀升，税收话语权提升也需要"知己知彼"，通过融合促进合作共赢。

本套《"一带一路"倡议下国别税制研究系列丛书》选择美国、英国、日本、俄罗斯等一系列国家和地区，梳理分析各国税收制度演变与现状，并通过专题研究加深对各国税收制度的理解。由于税收改革和税收政策日新月异，理论界和实务界大批专家学者和业界从不同角度对各国税收制度和政策进行了介绍和分析。本丛书的设计希望能够体现出较长的时间价值。每本书的内容主要由两个部分构成：第一部分是税制的发展演变以及现状，包括税制结构、主要税种的税制要素、中央地方税收关系、税收征管等；第二部分为税制研究专题，包括税收与经济增长、税收与收入分配等重要研究问题，并对未来的税制改革趋势做了展望。丛书在内容撰写中强调资料性和研究性并重，从历史演变中梳理脉络，从繁杂资料中分析规律，力图使得研究成果能够为进一步理解和分析该国和地区的税收制度奠定基础。

本丛书的编写人员主要由中央财经大学财政税务学院、中央财经大学财经研究院的相关专业教师组成，也集合了国内外高校、研究机构、实务部门的研究人员。其中，有财政税务学院国际税收系的多位老师，也有长期从事俄罗斯、日本等国财税研究的教授，还得到一些兄弟院校、财税部门的高度关注和积极参与。经济科学出版社也对丛书的策划和出版给予了一如既往的支持。

丛书编写主要基于有关国家和地区以及国际组织的官方网站、学术论文和著作、各种统计数据等第一手资料，力图兼具资料价值和研究价值。但是，由于受到时间和能力的限制，本丛书还存在着一些疏漏和不足，希望广大读者理解，也欢迎批评指正，使得我们的研究能够不断深入。

马海涛

2017 年 12 月

前　　言

不论对俄罗斯还是世界上其他国家来说，税收收入都是国家财政最为重要的收入来源，是关系国家政权巩固、经济发展、社会稳定及公平正义实现的国之重器，是保障经济社会正常运行、国家资源有效配置的重要工具。

在相当长的一段时期，俄罗斯与原苏联其他加盟共和国一样，实行的都是计划经济，政府主导并直接配置资源，作为政府收支活动的集中体现，财政也是一种"大而宽"的生产建设型财政：财政收入税利并存、以利为主，财政支出秉持"先生产后生活"的原则，财政资金主要用于保障生产建设。

独立以后，俄罗斯首先必须直面的一个经济问题就是如何协调国家财政收支，保障各级政府职能的正常履行。在这一时期，计划经济时代遗留下来的福利制度，如就业、医疗、养老、住房等，以及经济体制改革和社会制度变革带来的改革成本，形成巨大的财政负担，使国家财政支出不断膨胀上升；但刚刚从国有企业上缴利润转化为对各类企业课征的税收，并不能很快为国家财政提供充足的收入，由此形成的财政收支矛盾使俄罗斯财政赤字日渐庞大，债务负担日益沉重，国家财政预算稳定受到巨大影响。

要适应经济体制转变的需要，就必须改革计划经济体制下的生产建设型财政，构建适应市场经济发展要求的公共财政制度，同时建立现代税收制度，政府以社会公共事务管理者的身份筹集财政收入，对市场主体及其经济行为进行全方位的调节机制。由此，俄罗斯以降低税负、简化税制为核心，开展了一系列税制改革。

经过 20 余年的改革与实践，俄罗斯已逐步建立起相对完善的现代税收制度。本书从俄罗斯税收制度建立及其历史演变、税收法律框架、主要税种及课征模式、当前面临的主要问题以及未来改革发展趋势等方面，对俄罗斯税收制度进行了全面剖析。

俄罗斯的税制改革主要集中于个人所得税、增值税、能源税、企业利润税、消费税等领域，其中，俄罗斯以单一税率为核心的个人所得税改革曾引发高度关注，虽有部分专家认为单一税率不利于收入再分配及社会公平的实现，会削弱所得税的"自动稳定器"功能，对财政收入产生不利影响，但俄罗斯个人所得税单一税率改革的实践表明，在税收秩序混乱、灰色经济活跃、税收遵从度偏低的情况下，以降低税率、拓宽税基、简化征管为出发点的单一税率改革，也不失为一种有效的尝试。

关于增值税改革，在俄罗斯的不同时期有不同的改革思路。最初，俄罗斯认为应逐步提高直接税比重，降低间接税比重，增值税税率因之由 28% 降至 18%。但近年来俄罗斯官方不断释放出一种新的信号，即税制改革应将税收负担逐步转移至间接税，在减轻居民及企业负担的同时促进消费发展。基于这一观念，俄罗斯政府近期提出提高增值税税率的动议，该动议已进入立法机关审议程序。

来自能源的税收收入一直是俄罗斯财政收入的重要来源，约占俄财政收入的一半左右。国际能源价格因之成为影响俄罗斯财政收入的关键因素，能源价格涨则财政收入升，能源价格跌则财政收入降，国际能源价格不仅成为影响俄罗斯财政收入的重要因素，也成为西方国家控制与制约俄罗斯的政治经济手段。为此，俄罗斯着手能源税收改革，希望通过新税种的开征以及既有税种的调整，优化财政收入结构，降低能源税收占比，摆脱国际能源价格对国家财政的影响，实现国家财政的稳定与可持续发展。

目录

Contents

1　俄罗斯政治经济社会概况

俄罗斯联邦（Российская Федерация），简称俄联邦或俄罗斯，是由 22 个自治共和国、46 个州、9 个边疆区、4 个自治区、1 个自治州、3 个联邦直辖市组成的联邦立宪制共和国。

1.1　国家政治概况

1.1.1　俄罗斯政治体制

1993 年 12 月 12 日，俄罗斯举行全体公民投票，通过了俄罗斯独立后的第一部宪法，12 月 25 日，新宪法正式生效。新宪法规定：俄罗斯是共和制的民主联邦法治国家，[①] 俄罗斯联邦保障自身领土的完整和不受侵犯；[②] 俄罗斯联邦总统是国家元首；[③] 俄罗斯联邦的国家权力根据立法权、执行权和司法权分立的原则来实现。立法权、执行权和司法权的机构是独立的。[④]

1. 俄罗斯总统

关于俄罗斯总统，俄罗斯《宪法》第 80 条规定，俄罗斯联邦

[①]　俄罗斯《宪法》第 1 条第 1 款，http：//www. constitution. ru/10003000/10003000 - 6. htm。

[②]　俄罗斯《宪法》第 4 条第 1 款，http：//www. constitution. ru/10003000/10003000 - 6. htm。

[③]　俄罗斯《宪法》第 80 条第 1 款，http：//www. constitution. ru/10003000/10003000 - 6. htm。

[④]　俄罗斯《宪法》第 10 条，http：//www. constitution. ru/10003000/10003000 - 6. htm。

总统是国家元首。俄罗斯联邦总统是俄罗斯联邦宪法、人和公民的权利和自由的保证人。第 81 条规定，俄罗斯联邦总统由俄罗斯联邦公民按照普遍、平等和直接选举制采用秘密投票方式选举产生，任期 6 年。同一个人不得担任俄罗斯联邦总统职务连续两届以上。第 83 条规定，俄罗斯联邦总统经国家杜马同意任命俄罗斯联邦政府总理；向国家杜马提出任命、解除俄罗斯联邦中央银行行长职务的候选人；根据俄罗斯联邦政府总理的提名任命和解除俄罗斯联邦政府副总理、联邦部长职务；向联邦委员会提出任命俄罗斯联邦宪法法院、俄罗斯联邦最高法院、俄罗斯联邦高等仲裁法院法官职务的候选人，以及俄罗斯联邦总检察长候选人；向联邦委员会提出关于解除俄罗斯联邦总检察长职务的建议；任命其他联邦法院法官；任命和解除俄罗斯联邦武装力量高级指挥官；在同联邦会议两院相应的委员会协商后任命和召回俄罗斯联邦驻外国和国际组织的外交代表。第 84 条规定，俄罗斯联邦总统根据俄罗斯联邦宪法和联邦法律确定国家杜马选举；根据俄罗斯宪法规定的情况和程序解散国家杜马；根据联邦宪法性法律规定的程序确定公决；向国家杜马提出法律草案；签署和颁布联邦法律；向联邦会议提出关于国内形势、国家内外政策基本方针的年度咨文。

2. 俄罗斯议会

俄罗斯议会的全称为俄罗斯联邦会议，是俄罗斯立法机关，由上下两院，即联邦委员会（议会上院）和国家杜马（议会下院）组成。俄罗斯议会代表由选举产生。

俄罗斯议会的主要职责是根据俄罗斯联邦宪法制定和通过各项

法令，并对国家管理的重大问题做出决议。俄罗斯法律的批准需经过集体讨论。法律草案一般须经国家杜马批准后，再交联邦委员会核准。

俄罗斯立法动议权分属总统、联邦委员会、联邦委员会委员、国家杜马代表、各联邦主体政府和立法（代议）机构。俄罗斯联邦宪法法院、最高法院和最高仲裁法院也可以在自己的权限内向国家杜马和联邦委员会提交法律草案。

俄罗斯议会的组织结构，可分为以下两大部分。

（1）俄罗斯联邦委员会。

联邦委员会共设 170 个席位，由每个联邦主体（俄罗斯共有 85 个联邦主体）的代表机构和执行机构各选出 1 名代表组成。联邦委员会委员的权力及其行使期限由其选举地区的联邦主体立法（政府）机构决定（《俄联邦联邦会议联邦委员会章程》）。

联邦委员会委员的职责在于审查国家杜马通过的关于联邦预算，联邦税收，财政、外汇与海关调控，货币发行等方面的法律条款，以及批准与否决国际条约、边境状态与防御、发动战争与缔结和约等方面的法律条款。

（2）俄罗斯国家杜马。

俄罗斯国家杜马由 450 名代表组成。俄罗斯国家杜马实行混合选举制，即其中的一半（225 席）席位由各政党代表产生，如果一个政党在选举中获得了不少于 7% 的选票，其代表就有权出席国家杜马。政党获得的选票越多，其在国家杜马的议席就越多；另一半席位由各单一选区产生，候选人独立报名参选，选民不为某一政党或意识形态，而为某一具体的个人及其纲领而投票。①

根据《宪法》规定，俄罗斯国家杜马每 5 年选举一次。国家杜马下设国际事务委员会、安全委员会、国防委员会、立法委员会、经济政策委员会、民族事务委员会等 30 多个委员会。国家杜马掌握着俄罗斯联邦会议的实权，是联邦会议的权力中心。

3. 俄罗斯宪法法院

俄罗斯宪法法院（Консутиционный Суд）是最高司法机关，是负责解释俄罗斯联邦宪法、审理宪法诉讼案的司法部门，按照联邦宪法规定的诉讼程序行使审判权。宪法法院根据总统提名由联邦委员会任命的 19 名大法官组成。

1.1.2　俄罗斯联邦政府

俄罗斯联邦政府是国家权力最高执行机关。联邦政府由联邦政府总理、副总理和联邦部长组成。作为俄罗斯最高执行权力机关，俄罗斯联邦政府在国家的政治生活中起着巨大作用，担负着国家政治、经济、军事、外交、文化及社会其他方面的重大使命。俄罗斯联邦政府的主要职责有：

（1）制定联邦预算并提交国家杜马审议；

---

① 2005 年 5 月 19 日，普京签署《国家杜马代表选举法》。第一，该法规定，在国家杜马选举中，俄罗斯将取消"混合选举制"，改为全部按照"比例代表制"的方式进行选举，即国家杜马所有 450 个议席，将在取得进入国家杜马资格的政党中，按照其得票比率进行分配；第二，获得参选资格的政党的全联邦性候选人不得超过 3 人，其余候选人须全部登记在地区选区的选票上，且参选政党须在不少于 4/5 的联邦主体内提出自己的候选人名单；第三，只有获得 7% 以上选票的政党才能进入国家杜马。也就是说，单一选区制的取消导致独立候选人将不能参加国家杜马的选举，国家杜马的运行机制将完全是议会党团体制，原先存在的独立议员团被取消。选民只能通过投票选举某个政党的方式参与国家杜马选举，政党因而成为选举的唯一主体。

（2）报告预算执行情况；

（3）在文化、科学、教育、医疗卫生、社会保障和生态保护等领域实施统一的国家政策；

（4）管理联邦财产；

（5）保障国防安全；

（6）保障国家安全；

（7）实施俄罗斯对外政策；

（8）保护财产和社会秩序；

（9）打击犯罪。

俄罗斯共有 21 个部，其中拥有重要权力的 5 个部由总统直接管理，称为强力部门，分别是：①内务部；②外交部；③国防部；④司法部；⑤民防、紧急情况及消除自然灾害后果部（简称紧急情况部）。

其余 16 个部则直属政府总理管理，分别是：①财政部；②卫生部；③经济发展部；④教育和科技部；⑤工业与贸易部；⑥农业部；⑦通讯部；⑧自然资源和生态环境部；⑨文化部；⑩交通部；⑪远东发展部；⑫北高加索部；⑬体育部；⑭建设和住房公用设施部；⑮劳动和社会保障部；⑯能源部。

1.1.3　俄罗斯政党组织

俄罗斯联邦实行多党制，该体制始于 1993 年。2001 年 6 月，俄罗斯《俄罗斯政党法》获得通过，该法律规定：①政治党派应在总统、议会、州长和其他选举中推举自己的候选人；②联邦党派必须拥有不少于 1 万名成员和在至少一半联邦主体内建有人员不少于 100 人的党派分部；③每年各党派必须提交给司法部年度财务报表，这些财务文件可以公开发表。

2004 年 12 月 22 日,《俄罗斯政党法》修正案颁布。《俄罗斯政党法》修正案进一步规定,禁止建立地方性政党,全国性政党的党员数量不得低于 5 万人。修正法案的颁布使符合《俄罗斯政党法》规定的政党减少到 15 个。所有这些措施使俄罗斯联邦级政党的规模更大、影响力更强,也更具透明性。

目前,在俄罗斯众多的政治党派和运动组织中具有较大影响力的党派有:统一俄罗斯党、俄罗斯共产党、俄罗斯自由民主党和公正俄罗斯党。

1.2 俄罗斯经济概况

根据俄罗斯《宪法》规定,俄罗斯联邦拥有统一的经济空间,其基础是联邦所有制、联邦预算以及统一的货币、税收与信贷体系。俄罗斯境内禁止设置海关关卡、征收关税和其他费用以及妨碍商品、服务和资金自由流通的其他任何手段。

1.2.1 俄罗斯基本经济状况

俄罗斯是苏联地区经济实力最强的国家。苏联解体后,俄罗斯经济一度处于严重衰退之中。2000 年后,俄罗斯以"强国富民""稳定经济"为核心推出《俄罗斯联邦 2010 年前发展战略》[①],该战略厘清了俄罗斯多年来模糊不清的发展思路,明确了国家发展方

---

① "Об утверждении Стратегии развития транспорта Российской Федерации на период до 2010 года", http: //ntd. ru/document/90199579.

向，使俄罗斯摆脱了长期以来争论不休、左右徘徊的局面，走上了一条具有俄罗斯特色的政治经济发展之路。

2012 年 8 月 22 日，俄罗斯加入世界贸易组织，成为世界贸易组织第 156 个成员。

截至 2017 年底，俄罗斯经济连续多年实现快速增长，国内生产总值年平均增长速度超过 3.6%，但 2009 年的金融危机和 2015 年的国际制裁都对其产生了一定的负面影响，使总体经济增长速度有所下降（见表 1 - 1）。

表 1 - 1　　　　　　　　　俄罗斯国内生产总值发展情况　　　　　　单位：%

年度	2000	2001	2002	2003	2004	2005	2006	2007	2008
GDP 增长速度	10.0	5.1	4.7	7.2	7.3	6.4	6.7	8.1	5.6
年度	2009	2010	2011	2012	2013	2014	2015	2016	2017
GDP 增长速度	-7.8	4.0	4.4	3.4	1.3	0.7	-3.7	-0.2	2.1

资料来源：俄罗斯国家统计局，http：//www.roskazna.ru/reports/cb.html。

1.2.2　俄罗斯经济体制改革

21 世纪以来，俄罗斯经济体制得到进一步完善，以联邦、联邦主体和地方自治机构严格分权为基础的新型国家管理体系已基本确立；经济法律、法规不断健全；财政、货币、产业、贸易制度不断完善，在国际金融危机冲击下表现出应有的稳定；现代企业制度基本建立，形成一批实力强劲、有国际竞争力的现代化企业；公民社会的各项制度安排正在形成，经营活动的政治和经济风险不断下降；自由市场经济体制基本确立。

1. 俄罗斯所有制改革及结构变化

经过 20 世纪 90 年代大规模私有化改革，21 世纪初，俄罗斯的所有制结构已发生重大变革，消除了国家所有制的绝对垄断地位，形成了以私营经济为主体的多元化所有制结构。2002 年 1 月 1 日前，俄罗斯累计有 13 万国有企业实现了私有化，占私有化之前全部国有企业总数的 66%。国有企业成分从 1990 年的 88.6% 下降到 10.7%，私有成分则从 1.2% 上升到 2002 年的 75.8%，集体与其他混合成分从 10.2% 变为 13.4%。① 以非国有制为主导的市场经济框架基本确立，美国和欧盟分别于 2002 年夏季和秋季承认俄罗斯具有市场经济国家的地位。

但私有化进程过快、程度过高，也对俄罗斯社会经济发展带来了一定的负面影响，使国家丧失了部分宏观经济调控能力，石油、天然气等关乎国民经济命脉的领域被严重私有化，国家控股的石油产量只占总产量的 4%。

为增强国家对重要经济部门的掌控，加强国有资产管理，保障国家经济安全和社会稳定，21 世纪以来，俄罗斯又开展了大规模再国有化运动：①将 1063 家国防、石油、天然气、运输、电力、对外贸易、银行、钢铁制造业大中型企业确定为政府无权私有化的国有战略企业；②通过司法手段及市场手段，将部分私有石油公司的核心资产及部分私有石油公司收归国有，使能源部门国有化比例升至 34%；③通过立法使资源开采、运输、电力、铁路、邮政等重要领域的核心国有企业拥有主导或垄断地位；④利用行政权力支持和扶

---

① 俄罗斯国家统计局，http://www.roskazna.ru/reports/cb.html。

助国有企业实施资源、市场和资本扩张。加强对国有战略企业的监管；⑤以财政资金向国有公司和国有银行注资，扩大国有企业资产，通过债转股收购重要私企债务。

此后，在新的企业所有制改革过程中，俄罗斯采取了更为谨慎的私有化措施，要求政府根据国际市场行情调整私有化步骤，选择有利的时机和条件出售国有资产，这样不但能获得更多的经济收入，也可以避免"贱卖"国有资产引发的民众批评。近年来，俄罗斯私有化的对象主要包括：不行使国家职能的国有独资公司、2004年8月4日第1009号总统令规定的战略性企业名录以外的国有独资公司和国有股份公司的部分股份，并针对俄罗斯外贸银行、俄罗斯储蓄银行、俄罗斯石油公司等10家超大型国有企业提出了相应的股份出售计划。经过20年来持续不断的私有化进程，俄罗斯国有企业数量不断减少，国有企业占企业总数的比重不到10%。

2. 俄罗斯政府规制

为规范微观经济主体行为，保护公平竞争，调节市场供给者之间、需求者之间、供给和需求者之间以及市场上现有的供给者、需求者与正在进入该市场的供给者、需求者之间的关系，经过多年努力，俄罗斯形成了以《关于在商品市场中竞争和限制垄断活动的法律》为基础和核心，以《保护在金融市场竞争的法律》《保护消费者权益法》《广告法》《关于在对外经贸活动中保护消费者利益的法律》《国家保护中小企业免受垄断和不正当竞争的法律》和《反自然垄断法案》等法律相配套的、相对完善的反垄断法律体系（见表1-2）。

表 1－2　　　　　　　　　　　俄罗斯反垄断体系

反垄断目标	具体内容
禁止滥用市场支配地位	市场份额超过65%的企业出于制造或维持商品短缺或抬高价格的目的从流通市场上撤回商品；向契约对方强加对其不利的契约条款或强加与契约标的物无关的条款；以不平等条件向契约对方强加歧视性条款；维持垄断性高价或低价；妨碍其他经济主体进出市场
禁止限制竞争的协议	经济主体或行政机关旨在阻止、限制或排除竞争并损害消费者利益的作为或不作为；旨在限制竞争的横向协议和纵向协议；相互竞争的经济主体之间就共同占有一市场份额35%以上所达成的任何协议（协同行动）
禁止行政性垄断	行政管理机关从事限制企业独立性或区别对待个别企业的行为
禁止不正当竞争行为	散布损害其他企业及其商誉的虚假、不准确以及失真的信息；在商品性质、生产方式、产地以及质量方面误导消费者；在广告中对自己的商品与他人商品作不正当比较；未经允许使用他人商标或商号以及模仿他人商品的形状、包装和外观；未经允许获取、使用或泄露他人的科技、生产或商业信息，侵犯商业秘密

3. 俄罗斯经济政策

俄罗斯政府主要通过财政政策、货币政策、产业政策和对外贸易政策等一系列政策手段对经济进行调节。

（1）财政政策。

近年来，俄罗斯最主要的财政政策措施包括：①以加快经济增长速度为导向，降低国家财政支出规模。②财政支出结构向社会公共职能转化，教育、医疗卫生、住房、社会保障等民生支出占到全部财政支出总额60%以上。③实行以结果为导向的中期预算改革，推行以结果为导向的预算管理制度，由管理支出向管理结果过渡，提高中期财政规划的作用、增强预算政策的可预见性，提高财政资金支出效率。④坚持平衡预算，设立稳定基金，抑制流动性过剩、降低通货膨胀压力、减轻国民经济对能源的依赖。⑤改革税制，减轻税负，降低税率，扩大税基，保持税收中性。⑥兴建发展机构。通过积极的国家投资政策，打造创新支持资金链条，为高新企业的发展创造必要条件。⑦优化国家债务。以发行内债的方式减少外债的绝对规模和相对数量，利用包括国家担保在内的债务工具加速国家社会经济的发展，利用债务政策工具吸收富余货币资金、抑制通货膨胀。

（2）货币政策。

为降低通货膨胀率和保持币值稳定，通过公开市场操作、存款操作、再贷款和存款准备金，俄罗斯实施了一系列货币政策：①公开市场操作。俄罗斯银行进行公开市场操作的主要方式有发行中央银行债券、买卖联邦政府债券、回购操作、货币掉期等。②存款操作。依据《俄罗斯联邦中央银行法》第 4 款和第 46 款，俄罗斯银行通过向信贷机构获取存款来调节银行部门的流动性。目前，俄罗斯银行进行存款操作的方式有固定利率和拍卖利率两种，固定利率存款操作每天进行，存款拍卖则在每周四进行。信贷机构可通过俄罗斯银行的区域性分支机构、路透交易系统和电子交易系统（MICEX）向俄罗斯银行进行存款拍卖的报价。③再贷款。依据《俄罗斯联邦中央银行法》，俄罗斯银行作为最后贷款人，负责组织再贷款体系、设定再贷款的程序和条件。俄罗斯银行再贷款根据贷款抵押品的类型和贷款条件可分为两种：第一种是以俄罗斯金融清单上债券为抵押品的再贷款，其抵押债券可在市场上交易，第二种是以约定票据为抵押、有索赔权或由信贷机构担保的再贷款。俄罗斯银行再贷款按期限可分为日间贷款、隔夜贷款、一周贷款、两周贷款和更长期限的贷款，但贷款期限一般不超过180天。④存款准备金。《俄罗斯联邦中央银行法》明确规定存款准备金是俄罗斯货币政策的工具之一，所有的银行业信贷机构在取得俄罗斯银行发放的营业许可后就必须遵守存款准备金规定。俄罗斯银行对存款准备金不付利息。存款准备金率调整的决定由俄罗斯银行理事会做出，俄罗斯银行按月管理信贷机构存放的准备金金额。

（3）产业政策。

俄罗斯产业政策的主要内容包括：①促进国家与私营企业合作，通过投资基金、风险管理基金和发展银行信贷等金融工具，吸引私人资本向重大项目投资；②加大科技研发力度，推动新产品和新型服务业进入市场；③推进重大项目建设，优先发展具有全局意义、规模大、投资周期长的重大项目；④建立控股公司和一体化企业集团的模式，组建大型企业。

其政策手段为：建立私人资本与国家基金的合作机制，促进私人资本向制造业投资建立关税优惠机制；对俄罗斯本国无力生产的技术设备的进口，实施关税优惠；制定本国市场的保护机制，对有竞争力的进口商品实施管制税率和进口配额管理；鼓励工业制成品出口机制，支持获得贴息贷款的工业制成品向境外出口；制定保障产品安全和生产流程安全的专门技术规章；制定与国际标准相适应的国家标准；制定并完善制造业专业人才的培养机制等。

（4）对外贸易政策。

俄罗斯主要对外贸易政策包括：①保证进出口市场的稳定性和可预见性；②提高俄商品的竞争力并扶持其走向国际市场；③有效

保护国内市场和国内生产者。

其政策手段为：下调关税税率，简化海关手续，减少配额和许可证数量；加强贸易保护措施，保证俄罗斯商品、服务、劳动力以最佳条件进入国际市场，并合理保护国内商品、服务、劳动力市场；加强进出口环节管理，引进对俄经济发展具有战略意义的国际资源；保证良好的国际支付地位；保证遵守对等原则，使相互的让步和义务达到良好的平衡。

1.3 俄罗斯社会概况

俄罗斯联邦，亦称俄罗斯（The Russian Federation，The Russia；Российская Федерация，Россия），国土面积 1707.54 万平方公里，人口 1.47 亿人（截至 2017 年 1 月 1 日）。俄罗斯的首都为莫斯科（Москва），国旗为白、蓝、红三色旗。国徽主体为双头鹰图案。俄罗斯位于欧亚大陆北部，地跨欧亚两大洲，是世界上面积最大的国家。

1.3.1 俄罗斯民族

俄罗斯有各类民族 193 个，其中俄罗斯族占 81%，主要少数民族有鞑靼、乌克兰、巴什基尔、楚瓦什、车臣、亚美尼亚、阿瓦尔、摩尔多瓦、哈萨克、阿塞拜疆、白俄罗斯等族。俄罗斯人属斯拉夫种族，斯拉夫种族的重要一支东斯拉夫人诞生在乌克兰境内著名的第聂伯河沿岸。第聂伯河的一条支流名为罗斯河，在这里居住着东斯拉夫人的部族俄罗斯人。俄罗斯人的名称就源于这条河。

俄语是俄罗斯联邦全境内的官方语言，各共和国有权规定自己的国语，并在该共和国境内与俄语一起使用。

1.3.2 俄罗斯教育

俄罗斯的国民教育体系由学前教育、普通中小学教育、职业技术教育、中等专业教育和高等教育等部分组成。普通教育由各联邦主体或市政府主管。普通中小学实行十一年制义务教育，学生九年级毕业后获得不完全中学教育证书，可进入普通中学的十年级、中等专业学校或职业技术学校继续学习。普通中学分为全日制、长日制或寄宿制。

俄罗斯职业技术教育的学校有三种：①职业技术学校，招收不完全中学毕业生，修业 1~2 年，培养从事最简单工种的工人；②中等职业技术学校，招收不完全中学毕业生，修业 3~4 年，培养高度熟练技巧的工人，同时接受完全中学教育。近年来第一种学校逐渐被第二种学校所代替；③技术学校，招收完全中学毕业生，修业 1~2 年，培养掌握复杂技能的工人和初级技术员。此外，为提高在职工人的技能水平，还设有业余职业学校，修业 3~4 年。

俄罗斯高等教育分三个层次。第一层次为不完全高等教育，学制 2 年，结业者授予不完全高等教育毕业证书。第二层次为基础高等教育，学制一般为 4 年，结业者授予学士学位。第三层次为完全高等教育，学制 2 年或 3 年，开设专门化课程，毕业后授予硕士学位。在第三层次教育的基础上，还设有博士和博士研究生院。

1.3.3 俄罗斯科技

俄罗斯是世界科技大国，科技实力雄厚，虽然苏联解体对其科技的发展有一定的影响，但是俄罗斯的科技整体水平仍然居世界领先地位，拥有众多世界一流的科研成果和技术。在宇航技术、激光技术、微生物工业、人造晶体、新材料、核电站等方面居于世界前列。俄罗斯掌握了能够保证世界高科技密集产品生产的 50～55 项宏观技术中的 17 项，其中包括核技术、宇航技术、石油天然气开采和加工技术、军事武器、化学、能源、交通制造和机床制造等。目前，俄罗斯在信息技术方面的整体技术水平已达到欧盟国家的水平。俄罗斯的电子工业科研、生产潜力很大，目前已研制开发出 700 多种具有世界先进水平的电子技术产品。计算机技术也已经跻身大国行列，研制成功了运算速度为每秒万亿次的超级计算机 MBC—1000M。①

为保障俄罗斯在信息通讯技术与电子、航天与航空技术、新材料与化学工艺、新型运输技术、新型武器及军用和特种技术、制造技术与工艺等科学研究领域的优先地位，保存和发展俄罗斯科研生产潜力，保障俄罗斯国家安全和战略利益，俄罗斯成立了五个规模庞大的国家集团公司，负责国家重大建设工程及高新技术产业的科研和发展。主要有："联合航空制造"集团公司、"联合船舶制造"集团公司、"俄罗斯纳米技术"集团公司和"俄罗斯技术工艺"集团公司、"俄罗斯核能"等大型国有高技术集团公司。

此外，俄罗斯还建立了若干俄罗斯联邦高新技术园，目的在于促进开发高新技术，并使其成为经济发展的重要动力；使用现代技术和高新技术产品刺激其他经济部门的发展；提高高新技术领域的投资吸引力；扩大国外投资的规模。

在创新政策推动下，俄罗斯产生了新的多级网状式创新组织：小型创新企业—孵化器—技术园—科学城（俄罗斯联邦国家科学中

---

① http：//www. rusfact. ru/rossiya－nauka－i－tehnika.

心、技术创新中心）—科学院大学—创新开发区—国家创新系统。其中，科学城是俄罗斯特有的创新结构；科学院大学是新型科学创新组织。

针对青年科技工作者大量流失的问题，俄联邦教育科技部会和俄罗斯科学院接受政府委托起草了《国家支持有才华的青年科学家和发展俄罗斯科技干部潜力的构想》。该构想规定了强化和发展青年干部队伍、优化科技干部构成的目标和预期效果，希望通过提高工资、增加就业机会、采取更适合青年专家的组织形式、加强业务培训和对高级人才确保高额退休金等措施，留住和吸引青年人投身于科技事业，逐步降低科研人员平均年龄水平。俄罗斯一系列旨在促进创新经济发展的科技政策措施的出台，有效刺激了国家科技重新活动的开展。

俄罗斯科研机构由四大系统组成：俄罗斯科学院系统、高等院校研究系统、专业部门研究系统和企业系统（见表1-3）。

表1-3 俄罗斯科研机构组成

科研机构组成	工作内容
俄罗斯联邦科学院	俄罗斯科学院是俄罗斯最高学术机构，主要从事自然、技术和人文等重要学科的基础研究，同时兼顾应用研究和开发，参与、组织和协调由联邦政府财政拨款的其他科研机构和高校承担的基础科研工作。拥有430多个研究所，12万工作人员，其中有7000名博士，2.5万名副博士
部门科学院	联邦政府的部分部委也设有自己的科学院，如俄罗斯农业科学院、俄罗斯医学科学院、俄罗斯教育科学院、俄罗斯建筑和设计科学院、俄罗斯艺术科学院等，由政府有关的专门部实施领导和管理

科研机构组成	工作内容
高校科研机构	俄罗斯高等院校普遍设立教学科研机构或与生产企业共同组建教学科研生产联合体。其科研人员既从事科研又从事教学，也有一部分专职科研人员，其中具有博士和副博士学位的比重达50%
企业系统研究机构	苏联时期，企业科研一直是薄弱环节，绝大多数企业的科研单位规模很小，科研和开发能力较弱。苏联解体后，由于俄罗斯长期经济危机，大多数企业陷入困境，这一科研系统尚不能发挥更多作用。目前，企业科研正处于改组之中

资料来源：俄罗斯教育科技部。

2 俄罗斯税制概览

本章重点探讨俄罗斯税收制度发展与改革路径，俄罗斯当前的税收制度框架以及税收法律体系。

2.1 俄罗斯税收制度历史演进

历经 1700 余年的改革与变迁，俄罗斯的税收制度完成了由最初的巡行征赋到现代税收制度构建的发展历程。

2.1.1 古代税收制度的萌芽与诞生

俄罗斯最早的赋税活动开始于公元 4 世纪的巡行征赋。其时，基辅罗斯公国的大公及其卫队在每年的 4～11 月都要对所属领地进行巡视，向农村自由民及城市居民征集贡品，以维持宫廷及卫队的用度，这就是俄罗斯最早的赋税活动。

由于基辅大公及其卫队的征赋行为具有极大的随意性，征收贡品的次数及其数量也不固定，公爵与贡赋人之间的矛盾逐渐激化。945 年，基辅大公伊戈尔短期内多次征赋，领地内民众认为："吃惯羊的狼是不会自己停下来的，如果我们不杀死伊戈尔，他就会杀死我们"。① 民众奋起反抗，击溃公爵卫队，杀死公爵，拒绝纳贡。此次事件成为俄罗斯历史上最早有文字记录的抗税事件。

---

① 波里亚克. 俄罗斯预算制度 [M]. 莫斯科：VZFEI 出版社，2000.

在此次暴力抗税事件后，伊戈尔的妻子女公爵奥莉佳取消了巡行征赋，改为依据预先确定的数量在固定的地点，由专门的收税人按户征税，即按每栋房子的炉灶数量集中征税。随着赋税活动的固定与集中，基辅罗斯的税种也逐步增多起来，至 10 世纪末，在基辅罗斯开征的税种合计有：通行税（即道路交通运输税）、商品销售税、商品重量税、粒状商品销售税、商品存储税和商品交易税。在基辅罗斯改信东正教后，又添加了专属于教会的什一税。由此，基辅罗斯在 10 世纪末就基本构建起统一的税收体系和税收征收机构。①

但基辅罗斯统一的税收制度并没有维持很长时间。11 世纪，基辅罗斯分裂成若干小公国，每个公国都开始拥有自己的法律和税收体系。封建割据、经济基础薄弱使各小公国无力奉养大规模的军队，国力逐步削弱，最终基辅罗斯被鞑靼蒙古吞并。

鞑靼蒙古占领基辅罗斯后，为征收贡赋开始定期对居民进行登记。鞑靼蒙古共征收 14 种税，其中最主要的是游牧产量税，即对每一个男性和每一头牲畜征税。鞑靼蒙古每年征收的贡赋高达白银 1300 公斤。最初，鞑靼蒙古将税收交给商人代为征收管理。由于商人常常向居民额外征税，并把纳不起税的居民卖到奴隶市场，导致当地人民不断反抗。13 世纪，鞑靼蒙古被迫改变税收的征集方式，并将税收的征集权交还给罗斯大公。

14 世纪下半叶，莫斯科附近的多个公国开始联合，15 世纪末建立了统一的莫斯科公国，1480 年莫斯科公国脱离鞑靼蒙古，获得独

---

① Озеров И. Х. Основы финансовой науки: курс лекций. М. : Типография т‑ва И. Д. Светина, 1908.

立。此时，通行税、商品销售税、商品重量税和粒状商品销售税继续征收，其他税种取消，增设马匹买卖税。15 世纪末，莫斯科公国开始征收直接税——人头税。①

自此，俄罗斯开始形成由直接税和间接税组成的税收体系。

2.1.2 沙俄时期税收制度的兴建与发展

1. 15~17 世纪俄罗斯税收制度

15 世纪初，俄罗斯国家预算正式出现。此时的国家预算由两种类型组成：一类是大公国预算，即沙皇宫廷预算；另一类则为地方预算，即上缴沙皇宫廷的各小公国预算。各小公国的税费由沙皇全权代理人负责征收并上缴国家，以供养沙皇宫廷及保障其行政司法职能履行。此时向居民征收实物和货币形式的贡赋，主要包括马匹买卖税、商品交易税、重量税（船舶载重）、集市税和测量税等。

1551 年，沙皇伊凡四世实行地方自治改革，取消沙皇在地方的全权代理人，向地方颁发敕封证书，赋予地方首脑领导地方政府、管理司法、征收税赋的权力，地方收取的税收在划分出一部分资金供地方政府使用后，其余全部上缴国库。为此，还在地方成立了专门的机构负责地方税的征收。②

17 世纪，罗曼诺夫王朝期间，俄罗斯与波兰的一系列战争使社会矛盾激化，俄罗斯帝国四分五裂，国家经济趋于破产。在这种情况下，俄罗斯不断加大赋税，苛捐杂税极其繁多，主要有五一税、什一税和十五一税，这些税依据战争的需要按交易者收入的 20% 、

---

① Твердохлебов В. Н. Финансовые очерки. Пг. , 1916.

② Ходский Л. В. Основы государственного хозяйства: Курс финансовой науки. СПб. : Тип. У. Н. Эрлих, 1913.

10% 和 7% 征收。这一时期，居民们不仅要按时纳税，还需承担其他一些义务，如修桥建路、提供载货用的马车、接待政府官员，缴纳军需贡品等。

垄断经营也是这一时期俄罗斯宫廷的重要收入来源，在专卖制度下，盐、酒、邮政、毛皮和碱等类制品的生产和销售都要向国库缴税。为得到更多的收入，政府还不断提高间接税，例如，1646 年将盐税由 1 普特 5 戈比提高到 20 戈比，居民们因此无法准备充足的过冬食品——鱼，导致暴动发生。这些专卖收入成为俄罗斯国库最重要的收入来源，1680 年，在上缴国库的 243123 卢布中，有 55%来自间接税。①

2. 18 ~ 19 世纪俄罗斯税收制度

（1）彼得大帝时期俄罗斯税收制度。

彼得一世时期，俄罗斯组建了一支庞大的常备军和海军舰队，1708 年俄罗斯常规军 11.3 万人，但到 1732 年就扩大到 23.2 万人，扩大了近一倍，军队支出也较 100 年前增加了 11 倍，使军队支出成为国家财政沉重的负担，1724 年俄罗斯国家超过 2/3 的财政支出耗费于此。

为保障国家军事支出需求，提高国家财政收入，彼得一世对俄罗斯工业生产体系进行了大规模改革。工业改革改变了俄罗斯国内的产业结构，工业产值得以大幅度提高，如果说以前最主要的出口产品为农产品的话，1725 年工业产品在俄罗斯的出口产品中占到了

---

① Пушкарёва В. М. История мировой и русской финансовой науки и политики. М.：Финансы и статистика，2003.

48%。但工业生产的发展不仅要求国家投资兴建大型国有企业，还要求引入大量的私人投资，特别是商业领域的私人投资。为此，俄罗斯给予各类企业大量税收优惠。但税收优惠的广泛实施，又使得俄罗斯的税收收入出现了一定幅度的下降。

此时，俄罗斯国家财政收入主要来源于关税、商品税（盐税等）、国家垄断专营、包税和没收财产。然而，这些收入并不足以抵消不断增长的国家支出需求。为此，彼得一世不得不对税收制度进行了大幅度调整，其主要举措就是开征新税，磨坊、酒窖、澡堂、管道、软垫、帽子、皮鞋、破冰船、马笼头、马车夫、客栈、胡须、商贩、刀片等都被纳入课税范围。新增添的税种有：出租马车税、旅馆税、房屋出租税、船舶税和胡须税等。胡须税是对蓄有胡须者课征的税收，对贵族每人征收660卢布，对商人每人征收100卢布，对小买卖人每人征收60卢布，对农民每人征收30卢布。农民在农村时无须缴纳胡须税，但每次进城要缴纳1戈比的胡须税。并开始对家用澡堂（商人3卢布，农民15戈比）和棺材征税。1719年，俄罗斯开征矿产税，向开采矿石的商人征收开采量10%的税收。这项税收一直延续到20世纪。

为增加税收收入，1724年俄罗斯以按人课征"人头税"取代了按户课征的"犁税"，"人头税"主要用于军队支出。"人头税"的税率不断提高，"人头税"的课征范围也不断扩大，被纳入课税范围的有：国有农（耕种国有土地的农民）、独户农（贫穷的地主）和自由民（无固定职业的人）。

此时，俄罗斯国家财政收入的一半来自直接税，其余的一半来自间接税，其中最主要的是来自酒类的收入，约占财政收入的 25% 。①

彼得一世时期，俄罗斯还通过铸币、发行非足重货币、征收关税和垄断专营获得大量财政收入。然而，由于缺乏统一预算，滥用税费的情况普遍存在，而且国家税收与君主收入，国家支出与皇室消费依然混淆不清。在这种情况下，俄罗斯开始对国家预算制度进行系统改革，设立独立核算机关，编撰统一收支一览表。

在俄罗斯新设立的 10 余个国家管理部门中，有 4 个院与财税管理有关。这 4 个院是：①税务院——管理税收和国家财产；②支出院——管理支出；③财务监督院——监督经费支出情况，并对整个财政系统的运作进行监管；④三个工商业院——矿务总院、手工工场院和商务院。尽管这些院仍残留着衙门的某些特征（不仅仅是行政机关，在某种程度上还是司法机关，收取管理费），但从本质上来说，它们已具有独立财税机构的特征。②

（2）叶卡捷琳娜二世时期俄罗斯税收制度。

叶卡捷琳娜二世全面继承了彼得一世的财政税收思想。18 世纪，俄罗斯经济最突出的特征是工业兴起。1755 年，叶卡捷琳娜二世颁布了《企业家自由活动宣言》，允许国内工商业活动自由进行，并赋予各级商人以特权，各项特权之间依据资本金的多少存在着明显的差别。俄罗斯商人共分为三个等级：拥有资本 5000 卢布的属于三等商人，只能从事零售贸易；5000～10000 卢布的属于二等商人，

---

① Янжул И. И. Основные начала финансовой науки：Учение о государственных расходах. СПб.，1899.

② Романовский М. В. Бюджетная система Российской Федерации. 4 - е изд. СПб.：Питер，2008.

可以在俄境内从事批发零售贸易；只有资本额达 10000 ~ 50000 卢布的，才能成为一等商人，他们可以在俄境内或境外从事批发贸易，开设工厂。这种分级方法体现了国家的财政目标——规范商人阶层的税收。从 1785 年开始，俄罗斯商人免征"人头税"，只需按资本金的 1% 自愿缴纳税收。由于期望进入更高的等级，商人们纷纷虚报自有资本，在极大扩充国库收入的同时，也促进了工业的发展。①

此时，由于俄罗斯采取的贸易政策是限制进口，鼓励出口，关税成为国家财政收入的重要来源。1767 年，俄罗斯对所有进口商品征收重税（40% ~ 100%），并严禁进口国内可生产的商品，奢侈品税率高达 100% ~ 200%，对国内生产发展所必需的原材料只征收少量的税收。此外，国内产品的出口关税极低，只有 10% ~ 23%。

但这些措施依然不能百分百保证国家的财政支出，庞大的军费支出、行政支出和皇室支出使俄罗斯国库处于持续紧张状态。叶卡捷琳娜二世时期，俄罗斯国家机关的支出超过全部支出的 48%，军队支出超过 40%，宫廷支出超过 10%，用于国家发展的支出仅为 1.8%，财政赤字达到 2 亿卢布。要弥补这些支出只有不断扩大税收、发行货币和举借外债，俄罗斯的第一笔外债就是在这种情况下产生的。1769 年，俄罗斯在阿姆斯特丹举借了 750 万古里金的外债。到叶卡捷琳娜二世统治末期，俄罗斯举借的外债已超过 2.16 亿卢布。1769 年，俄罗斯还第一次发行了面值 100 卢布、75 卢布、50 卢布和 25 卢布的纸币，后来又发行了 10 卢布和 5 卢布的纸币。最

---

① Озеров И. Х. Основы финансовой науки: курс лекций. М. : Типография т - ва И. Д. Светина, 1908.

初纸币与银币的汇兑率为 1∶1，但由于纸币的超大量发行，纸币与银币间的兑换被中止，1 卢布纸币仅值 68 戈比。①

为整顿财政状况，1768 年俄罗斯设立国家收入局，统管国家预算收支。1780 年，在彼得堡和莫斯科分别设立了经常项目国库和结余国库。经常项目国库根据税务院编撰的年鉴，管理军费支出和行政支出之外的所有日常花销；结余国库管理经常项目支出以外的资金，这些资金必须依据专项账户使用。为此，俄罗斯在国家收入局中设立特别账户局，负责对国库账户进行专门管理。

这些改革导致国家收入院的职责变得更加复杂。为此，1781 年，俄罗斯在参政院内设立了四个独立的部门，专门负责国家财政的组织与管理，这 4 个部门是：收入局，管理收入；支出局，管理支出；稽查局，监察和核对支出及闲置资金，建立账户；余额征收局，根据其他各院提供的消息，通过地方政府征收尾款、缺额和亏款，地方政府应每月编写收支表，并呈交给各个院。收入局即为后来财政部的雏形。

收入局、支出局、稽查局和余额征收局需每年向女皇上交关于国家收入、支出和余额的一览表，并于年底发布公告。公告包括以下信息：预期收入、实际收入、欠税收入、支出、余额，以及上述支出中未包含的尾款和欠款等。此外，还需对国家收支清单的完成情况做出报告。②

---

① Янжул И. И. Основные начала финансовой науки: Учение о государственных расходах. СПб. , 1899.

② Ходский Л. В. Основы государственного хозяйства: Курс финансовой науки. СПб. : Тип. У. Н. Эрлих, 1913.

（3）亚历山大一世时期俄罗斯税收制度。

18世纪末，沙皇亚历山大一世对俄罗斯国家机构进行了全面改革，这成为俄罗斯财政体系全面建立的开端。为了使俄罗斯行政机构与欧洲接轨，亚历山大一世设立"部"作为国家高层管理机构。1802年设立了陆军部、海军部、外交部、司法部、内务部、财政部、商务部和国民教育部。

国家行政管理职能的上述分割，使俄罗斯历史上首次出现了专门的财政机构。专职财政机构的诞生有助于更好地评估国家财政状况，整顿国家收支。但此时俄罗斯财政部的活动范围不仅仅局限于财政和信贷领域，还广泛地参与到城市建设、商业、矿产和林业的发展之中。18世纪下半叶，俄罗斯财政部的活动主要包括：主管铁路运营，规范铁路运价，修建铁路，赎买私人道路。到了18世纪末，国有银行、海关、边防和工商业等部门也被先后并入财政部，财政部已然成为规范国家经济发展的主要部门。①

3. 十月革命前俄罗斯税收制度

整个19世纪的俄国财政经济都呈现出不稳定的特性。战争、和平时期不断增加的军费支出，税收和预算体系的不发达等均使俄罗斯财政状况变得更加复杂，预算赤字连连。1801～1913年，就有82个赤字年，只有1803～1825年实现了收支平衡，这还是因为当时的收入局和国库没有区分经常支出、流动支出和紧急支出，收入和支出只计入实际进入或流出当年的预算账户，国家财政不能反映

---

① Романовский М. В. Бюджетная система Российской Федерации. 4 – е изд. СПб. : Питер, 2008.

真实的财政收支状况。

此时，俄罗斯经常性账户的资金主要来源于"人头税"、赎金和酒类收入。紧急账户的收入主要来自国内外债务、变卖国有资产、收回早期私人公司的国库借款等。紧急账户的支出主要用于铁路建设、抵偿超额军费支出、偿还国债等，紧急账户经常入不敷出。为弥补财政赤字，俄罗斯在国内外大量贷款，这使俄罗斯富于侵略性的对外政策变得更加复杂。[1]

此时，俄罗斯开始了相应的税收制度改革。1863 年，"人头税"被按不动产价值征收的房屋税所取代，房屋税按不动产纯收入（指从不动产所有人全部房屋租赁所得中扣除必要支出后的不动产收入部分）的 10% 征收，1863 ~ 1865 年，俄罗斯营业税也发生了变化，改为对商业投资加征 1% 的专利税。

1875 年，俄罗斯向贵族和皇室农民征收的"人头税"被土地税所取代，土地税的征收对象为地主的土地，税率为一俄亩 0.25 戈比到 17 戈比，税额按每块土地单独确定，并由所有的耕种者共同负担，因此，绝大部分（75% 以上）的税额都由农民负担。所有由居民和农民负担的直接税和间接税的缴纳方式都有两种：实物和货币。徭役则分为义务和非义务两种，义务徭役是指奉养管理机关、维修道路等，非义务则是指修建教堂、学校、医院等。1851 ~ 1854年，徭役被法定为地方役和地方捐。游牧民族则从 1824 年开始缴纳帐篷税。

---

[1]　Грязновая А. Г. Финансово - кредитный энциклопедический словарь. М. : Финансы и статистика，2002.

在此期间，俄罗斯国家和地方的财政管理机构也发生了变化。1802 年，俄罗斯一些职能部门（内政部、财政部等）在地方组建起下属国家机关，从而形成了纵向的国家管理体系。例如，财政部在省一级的机构设立省税务局，在县一级建立地方金库。省税务局负责向居民征税，对税收收入和支出进行核算。地方金库则负责接收和保管以税收形式上缴国库的资金，并为地方政府的财政活动划拨货币资金。1817 年，地方金库开办官方商店，专门经营酒类产品。省税务局和地方金库的活动由省长监督管理。①

1864 年，俄罗斯《省和县地方机关管理条例》颁布，地方改革启动。此次改革的核心是在俄罗斯设立全新地方自治机构——地方自治局。地方自治局的代表机关是地方和县代表大会。代表大会一年召开一次，审议地方自治局的经济和财政活动，审批地方自治局的收入和支出预算，以及地方自治局的决算报告。代表由选举产生，省一级代表由内务部长批准，地方代表由省长批准。

地方自治局负责地方事务的管理，修建地方道路、组织学校教育和向居民提供医疗服务。保障地方自治局完成其职能的财政资金主要来自地方税和地方役。地方财政的主要收入来源是地方税，地方税收入约占地方预算收入的 60% 以上；地方财政还有一个较大的收入来源，即来自国家财政的补贴，约占地方财政收入的 25%；地方财政的其余收入来自地方役，地方役依据修建学校、医院、警察局等的实际支出规模确定，与当地居民的收入水平无关，确定地方

①　Янжул И. И. Основные начала финансовой науки: Учение о государственных расходах. СПб. , 1899.

役的可以是国家机构，也可以是省或地方自治机构。

此时，俄罗斯的地方税种有：贸易税、场地占用税、城市广场和通道使用税、地方收费等。有利于地方自治机构的古老的征税制度使得商人和实业家应缴纳的税收远远低于房产所有者。对经营性收入几乎不征税大大提高了贸易和工业企业的收入，也促使商人和实业家选择这些行业。

与此相对应，俄罗斯的地方财政支出包括义务支出和非义务支出，义务支出具有优先性，主要包括地方行政管理支出、监狱及司法部门支出，以及道路交通维护支出等。非义务支出为医疗保障支出、兴办学校支出等。

地方财政由区和市两级组成，区财政依靠村社收入，其中包括农业税，属于农业协会的财产收入和村社土地租赁收入等。市财政收入主要来源于城市企业收入（公共澡堂、屠宰场、自来水供应），土地出租收入、城市居民不动产税、马匹和轻便马车税等。①

19世纪末，为加强国家财政，促进重工业、机器制造业和地方铁路的发展，俄罗斯实行了国家保护政策，以国家财政资金帮助这些领域的发展，有不少税种被取消，如盐税。但与此同时，俄罗斯又开征了一些新的间接税，如旅客和商品运输税，糖和烟草消费税等。

卷入第一次世界大战后，俄罗斯国家财源被切断。第一次世界大战使俄罗斯军费迅速膨胀，对国民经济发展产生了巨大冲击，战

---

① Ходский Л. В. Основы государственного хозяйства：Курс финансовой науки. СПб.：Тип. У. Н. Эрлих, 1913.

前的税收体系已无法满足国家对财政收入的需求，沙皇政府不得不提高税率、开征新的消费税，但仍然无法从根本上改善国家的财政状况。而纸币的超量发行（流通中的货币量增加了 12 倍）更是导致恶性通货膨胀和卢布汇率的急剧下跌。

在临时政府短暂的执政时期，俄罗斯财政状况进一步恶化。临时政府试图开征新的税种，如所得税、一次性所得税等，然而，在经济已然崩溃的情况下开征新的税种显然极不现实。1916 年 4 月，新的所得税法颁布，但新的所得税并未开征，因为所得税的起征时间为 1917 年 10 月，而这时十月革命已经爆发。①

2.1.3 苏联时期税收制度的建立与发展

1. 卫国战争前俄罗斯苏维埃联邦国家税收的建立与发展

十月革命摧毁了旧的国家机器，也同时中止了税收和其他收入进入国库，其直接后果是国库全面空虚。由此，税收成为苏维埃政权初期最为重要，也是最为复杂的政治经济问题。1917 年 12 月，俄罗斯苏维埃临时政府颁布第一个税收法案，规定所有纳税人都必须缴纳税款。1917～1918 年，俄罗斯苏维埃开始向国有企业征收实物税和一次性税。此外，没收财产也成为此时中央和地方政权获得收入的主要途径。1918 年 6 月后，发行纸币则成为俄罗斯苏维埃国家财政资金的唯一来源。

鉴于国内极其严峻的经济形势，为保障足额的税收收入及对税收资金的有效利用，需要在全国范围内高度集中财政收支，由此，

---

① Пушкарёва В. М. История мировой и русской финансовой науки и политики. М. : Финансы и статистика, 2003.

统收统支作为苏维埃国家财政政策的基本原则被写入 1918 年的第一部俄罗斯《宪法》，并在苏联的各个历史时期得到贯彻执行。[1]

1922 年 12 月苏维埃社会主义共和国联盟成立，同年开征财产所得税，其课征对象为自然人和部分股份公司所得，以及不动产所得。财产所得税规定有最低免征额，按差级累进税率征税。1924 年，财产所得税改为所得税，按累进税率对 4 类纳税人分别征收：工人和职员、艺术工作者、从事个体工作者、依靠工作而非租赁获得收入者。

1925 年，苏联开征超额利润税，征收该税的目的不仅是阻止私人企业的定价超过国家规定的价格（超过规定价格的收入要上缴财政），其最终目的是将私有制从国家经济中消除出去。超额利润税具有部分专款专用性质，约一半的税收收入被用于无家可归儿童的安置。[2]

此时，苏联国家领导人和财政人民委员会面临的第二项重要任务是货币改革。在这一时期，国内同时流通着各个政府发行的货币。苏联政府发行的卢布贬值为沙皇时期卢布的 1/50000。在这种情况下，为巩固苏联的货币体系，г. я. 索科尼科夫提出发行第二种苏联货币——苏联金币。苏联 1923 年发行金币的目的并不是弥补财政赤字，而是为了满足商品流通的需要。一个金币的价值大约相当于 1897 年发行的 10 卢布金币。为了保障新货币的高汇率，苏联国家银行实施了外汇干预，金币的发行稳定了物价，国家经济状况逐

---

① История финансов СССР. Библиографический указатель. – Л. : ЛФЭИ, 1987.
② Ковалев В. В. Финансы: . М. : Проспект, 2001.

步好转。

集体经济收入以及通过征税体系和国家债务体系获得的居民收入是这一时期苏联国家财政的主要来源。第一个国民经济五年计划顺利完成，其中统一财政计划收入的 74.9% 来源于集体经济，17.9% 来源于居民，7.2% 来源于其他收入。[①]

1930 年的税制改革是苏联财政制度重建中的重要举措，税制改革改变了企业的税费缴纳模式：此前上缴财政的 86 项税费被简并，对纳税人的重复课税被取消，加强了对企业经营活动的监督，有将近 60 项税费被并入周转税、国有企业利润提成和企业所得税。

1930 年前，苏联 61.6% 的财政收入来源于与周转税相关的税费，其中消费税占 29.0%，工业税占 21.5%，周转税是国家财政最重要的收入来源。改革后，利润提成所占比重大大提高。1930 年，苏联对企业的利润提成比例高达 81%，部分行业以及最高国民经济委员会和人民财政委员部所属企业的利润提成比例还可以在此基础上再行提高。由于联盟所属企业的利润上缴联盟财政，加盟共和国所属企业利润上缴共和国财政，州所属企业利润上缴州财政，市属企业利润上缴市财政，区属企业利润上缴区财政，利润提成因此成为各级财政最重要的收入来源，也使各级政府对所属企业的发展和经济效益极为关注。

为了保障国家财政收入的稳定，1931 年苏联通过章程，规定企业需要按照每月重新确定的比例上缴利润提成，取消了之前实行的按季度确定比例的利润提成上缴方法。这种上缴模式一直沿用到 20

---

① История финансов СССР. Библиографический указатель. – Л. : ЛФЭИ, 1987.

世纪 80 年代。1932 年，苏联发布新的利润上缴办法，所有计划内利润需全部上缴国家财政，企业只能保留部分计划外利润。依靠节约支出发放的工人物质奖励不能超过工资基金总额的 1%。自此，利润基本上已失去物质激励和企业技术发展原动力的作用（见表 2 - 1）。[1]

表 2 - 1   1933 ~ 1937 年国家财政收入

收入种类	1933 ~ 1937 年	
	收入（亿卢布）	百分比（%）
收入总额	3835. 36	100
周转税	2584. 18	67. 4
利润提成	242. 61	6. 3
所得税和其他企业组织税	71. 86	1. 9
居民税费	182. 74	4. 8
国债	243. 49	6. 4
国家社会保险资金	324. 46	8. 5
其他收入	186. 04	4. 7

资料来源：Бюджетная система Российской Федерации: Учебник для вузов/Под ред. Врублевской О. В. , Романовского М. В. - 4 - е изд. - СПб. : Питер, 2008.

在第三个五年计划期间，苏联对周转税的征税系统进行了一系列简化和变更：降低了周转税率，取消加价和部分工业产品的差额。尽管如此，在很长一段时间内，周转税依然是苏联国家财政最

---

[1] Романовский М. В. Бюджетная система Российской Федерации. 4 - е изд. СПб. : Питер, 2008.

重要的收入来源之一。

苏联高度集中的管理体制和计划经济已严重影响了经济体制的建立和商品经济的发展。20 世纪 30 年代形成的财政体系存在诸多弊端，大大降低了企业发展的自主性和积极性，尽管此后苏联仍然不止一次尝试完善经济体制，但这些弊端一直延续至 20 世纪 90 年代初。

2. 卫国战争期间苏联国家税收的发展

1941 年，苏联卫国战争爆发。残酷的战争不可避免地使苏联财政发生了实质性改变。战争期间，苏联的财政体系面临着诸多任务：①最大限度地调动国家财政资金，充分满足不断增长的军械、炮火、装备和食物，以及军人薪资的需求；②满足后方需要，扩大军品生产；③满足社会文化需求；④对物质、人力和财政资源的生产、分配和利用进行严格监控。

要解决这些问题，必须高度集中国家的财政资金。为此，苏联通过财政信贷体系对国民收入进行了分配调节，以保障国家军事支出。战争初期，由于丧失了一些重要的工业区，苏联大片领土上的经济活动全部或部分中止，不可避免地影响了国家的财政收入：周转税和利润提成收入锐减，周转税从 1940 年的 1059 亿卢布减少到 1942 年的 664 卢布，利润提成从 217 亿卢布减少到 153 亿卢布。[①]

战争后期，随着生产的逐步恢复发展，苏联国民经济收入也逐渐增长。1945 年，周转税和利润提成占到苏联国家财政收入的一半左右。第二次世界大战期间，居民自愿缴款、国内债务和货币实物

---

① История финансов СССР. Библиографический указатель. – Л. : ЛФЭИ, 1987.

奖券等成为税收的一部分，其收入占到财政收入的1/4。

1942～1945年，苏联战时税收入达720亿卢布，对填补战争支出、消除流通中的货币量具有重要意义。其中，居民税收入大幅度上升，1941年，居民税仅占全部预算收入的5%，战争时期增长到13%。1941年，苏联对所得税和农业税实行了100%的临时附加税，保障了战争初期的税收增长。1942年，附加税被特种战时税所取代。"人头税"是战时税形成的基础，保障了纳税人数量的增加。同时，苏联开始向单身汉和少子女家庭征税，以减轻国家向多子女母亲和战争期间失去双亲的孤儿提供补助的负担。从1944年起，苏联拥有一个或两个孩子的家庭需要纳税。

此外，苏联还修订了农业税率，加大了所得税差额，变更了征税程序，取消了住房与文化生活建设税。

在苏联战后工业企业恢复过程中，周转税和利润提成收入不断提高，在一定程度上使降低居民税成为可能。1946年1月1日，战时税被取消，同年9月提高了工人和公职人员所得税的起征点。在接下来的几年里，苏联还对农业税和所得税进行了实质性调整。在1962年的国家财政收入中，居民税61亿卢布，仅占财政总收入的7.2%。[①]

3. 卫国战争后苏联国家税收制度的发展

1957年，苏联对利润提成进行了集中课征，这一征收模式使加盟共和国的财政收入显著增长，同时，也使国家财政的结构更趋明朗，利润提成所占比重不断提高。

20世纪60年代下半期，为完善国民经济管理体制，苏联进行

---

① История финансов СССР. Библиографический указатель. – Л.：ЛФЭИ, 1987.

了一次重要的经济体制改革尝试，旨在增强生产发展中利润的刺激作用。为此，采用了新的利润分配程序：①通过在企业设立 3 个利润基金，即物质激励基金、社会文化设施和住房建设基金、生产发展基金，形成新的经济激励机制；②将利润转化成投资资金、流动资金和其他计划费用增长的主要来源；③通过引入新的支付方式，对企业和利润提成之间的关系进行实质性改革。

此次改革尝试并没有进行到最后，也并没有达到预期效果。这是因为，经济关系改革只停留在基层单位，并没有触及管理体制的根本和企业与国家间关系的实质。

20 世纪 70 年代，苏联国家财政状况进一步恶化，国民经济的消耗远远超过同期的国民收入，工农业增长速度大大降低，未完工程量不断增加，财政资金中国家预算的份额明显降低。在第八个五年计划期间（1966～1970 年），国家预算集中了 71.3% 的国家财政资金，而到了第十个五年计划（1976～1980 年），这一比重降就低到 65.9%。

20 世纪 70 年代末，苏联制定了企业经济独立核算和自负盈亏的经营模式。1979 年 7 月 12 日，苏联共产党中央委员会和苏联部长会议发布决议《关于改进计划工作和加强经济体制在提高生产效率和工作质量方面的作用》，该决议指出，应以定额法分配企业利润，即由各部委根据五年财政计划确定年度利润提成定额，在确定定额时，还需充分保障投资资金、银行贷款还本付息、增加流动资金、建立科技发展基金和经济刺激基金，以及其他促进行业发展费用的需求。

1979 年 7 月 12 日的决议还对财政计划进行了修订。决议规定，应编制五年期国家财政平衡汇编表，并据此确定年度财政收支规模，国家计划中的企业财政发展资金应予以充分保障。同时，还应建立财政后备金。这些措施的实施，在提高国家经济发展稳定性，增加国家预算收入，改变国家预算支出结构等方面发挥了一定的积极作用。[①]

为克服统收统支财政制度给经济发展带来的消极影响，20 世纪 80 年代上半期，苏联开始推行新的企业管理方法，对企业采取了完全经济核算制和自筹资金制。完全经济核算制是指在定额长期稳定的基础上，生产企业将生产基金付费、结算利润提成、劳动资源与自然资源付费上缴国家财政，其余利润则留归企业。在根据实际结算利润确定提成规模的情况下，留归企业支配的资金将直接取决于实际利润的大小。如果企业超额完成总利润计划，就会增加结算利润的数额和提成额，留归企业的资金也同时得到增加。如果企业未完成总利润计划，就要减少结算利润，并相应减少提成和留归企业的利润。这种方法能够促使企业改进生产活动指标，努力超额完成利润计划。[②]

不难看出，苏联的这次改革在调整国家与企业的财政关系方面迈出了新的一步，有许多不同于 70 年代财政体制改革试点时的特点。但仍存在若干不足：企业的大部分利润还是不在企业手里，仍要交给国家财政并由各个部门来支配。还是"把挣来的钱交上来，迫切需要钱的时候再拨给你"。[③] 为了真正扩大企业的自主权，在向

[①]　Ковалев В. В. Финансы：. М.：Проспект，2001.

[②]　Романовский М. В. Бюджетная система Российской Федерации. 4－е изд. СПб.：Питер，2008.

[③]　《真理报》1985 年 12 月 30 日。

完全经济核算制过渡后，苏联又开始了第二步财政体制改革试验——自筹资金改革。

自筹资金改革开始于 1985 年，其核心内容是改变企业与国家的财政关系，改革利润分配制度，改变企业与国家财政之间的利润分配方式，改变企业收入的支配关系。在这项改革中，给企业规定五年计划期间稳定的利润分配定额，用利润在企业与国家之间的定额分配，取代基金付费等利润缴款形式，使利润定额提成成为企业单一的预算缴款形式。利润缴款按定额从企业账面利润中提取，即从货币积累总额中提取。留归企业的利润由企业自由支配使用，并按定额形成企业的经济刺激基金，其中包括：生产和科技发展基金、物质鼓励基金、社会文化措施和住宅建设基金。实行利润分成制后，除个别新建项目外，企业简单再生产和扩大再生产所需的资金完全自筹，国家不再向企业拨款。企业的技术改造、改建和扩建等由企业独立自主决定。以上所需的全部费用用企业的生产和科技发展基金解决。如果自有资金不足，可以通过银行贷款的办法解决。此外，用于社会发展、集体福利和职工物质鼓励等的资金，都可来自企业社会文化措施和住宅建设基金以及物质鼓励基金。

自筹资金改革不仅赋予了企业更大的权力，也提高了企业的经营独立自主性和对经营成果的责任，同时，还使企业在财务上大大独立。但企业利润的使用方向仍控制在国家和上级部门手里。上级部门虽然不再干预企业利润的具体用途，但通过规定利润使用定额的方法控制利润的使用范围和建立各项基金的比例。①

① 郭连成. 论八十年代苏联的财政体制改革 [J]. 苏联东欧问题，1988 (2).

由于经济核算制和自筹资金制在实践中很难同时满足企业和国家的利益，很多企业故意降低计划指标，使国家财政收入受到严重影响。在国家财政收入增长停滞，国际油价大幅下降，国内石油开采量锐减的情况下，巨额国防支出、农业补贴以及物资进口进一步加剧了苏联国家预算的支出压力，使国家财政赤字不断扩大。巨额的财政赤字既不利于经济发展，又破坏了货币流通的稳定性，不断引发通货膨胀，成为导致苏联解体的重要原因之一。

2.1.4　俄罗斯税收制度的发展与完善

俄罗斯迈出税制改革的第一步是在 1990~1991 年，在此期间，俄罗斯颁布了《俄罗斯联邦税收基本法》《消费税法》《增值税法》《个人所得税法》《企业利润税法》，一系列税收相关法律的颁布实施，为其后推出的税制改革奠定了良好的法律基础。

1992 年，俄罗斯正式开启税收制度改革，改革的目的就是按照市场经济需求转变国家与实体经济之间的关系。1992 年的税制改革使俄罗斯财政收入的来源发生了根本性转变，由以国有企业利润为主转向以对企业课征的税收为主。

1992 年，俄罗斯兴建了以间接税（增值税、消费税和关税）和直接税（个人所得税、企业利润税、企业财产税和个人财产税）为主体的国家税收体系，39 个税种被划分为联邦税、地区税和地方税，其中，联邦税 15 个，地区税 3 个，地方税 21 个。除此之外，俄罗斯还建立了全国统一的税收征管机构——国家税务局（现联邦税务局），负责监督税法的执行，以及保障税收收入及时、足额上缴预算。①

---

① 波里亚克. 俄罗斯预算制度［M］. 莫斯科：VZFEI 出版社，2000.

俄罗斯这一时期的税收制度改革一直持续到 1998 年。1992 ~ 1998 年正是俄罗斯市场经济改革最为复杂、最为艰难的年代，向市场经济转轨时期所有的复杂性以及矛盾性都集中地体现在这一时期的税收制度改革之中。

1. 1992 ~ 1998 年俄罗斯税制改革及其特点

俄罗斯这一时期的税收制度是在相关法律和法规尚不健全的基础上发展起来的，具体表现为：税收法律尚不完善，仅有一个说明税收主要元素的框架性总体章程。各级政府，不论是联邦政府，还是地方政府，都有权颁布法令对税收关系进行调节。在这一时期，俄罗斯境内包括一些指示、发函、电报在内的税收法律规范性文件有上千条，但其中严格意义上的税收法律不到 40 条。此外，缺乏系统化的法制规范导致整个税法体系极度混乱，许多税法条例完全违反了税收确定性这一基本原则，税法的调整不仅年年有，而且一年之内有很多次。

此外，在这一时期俄罗斯税收制度还表现出一个显著特点，那就是具有"非强制"特性的税种繁多，纳税人税收负担沉重。所谓"非强制"性税种是指由联邦主体和地方政府决定开征的税种，据调查，这类由联邦主体政府和地方政府自行决定开征的地区税和地方税，最多时超过 200 余种。

税负沉重还表现在过高的税率之上，其时俄罗斯的税率高得近乎不合情理：1992 年增值税的税率为 28%，而且在增值税开征的最初几年，在俄罗斯税收体系中还有一些特别税，其税基与增值税相同；部分类别商品的消费税税率达到 90%；个人所得税的最高税率为 60%；企业利润税的税率为 32%，其后还曾提高到

35% 和 38%，银行和保险机构还要负担比一般纳税人高得多的税率——43%。①

导致俄罗斯税制发展第一阶段税收负担过重的另一个原因就是还存在众多的流转税。在俄罗斯属于这类的税种有：道路使用税、住房公积金和文化专项基金税、燃料和润滑油销售税、特别税、广告税和其他一些税收。

与俄罗斯畸高的名义税负相呼应的是名目繁多的税收优惠。实际上，在俄罗斯开征的所有税种都有着大量的联邦、联邦主体和地方优惠。税收优惠不仅数量多，而且完全缺乏系统性和理论依据。过高的税率、过多的税收优惠、不清晰的税收法律、低水平的税收监管，客观上使俄罗斯成为大规模避税的沃土。

至 20 世纪 90 年代中期，税收制度已开始成为阻碍俄罗斯经济发展的制度性根源，俄国内各界的思想和认识也逐步趋同：必须对现行税制进行根本性改革，统一税法、降低税负。俄罗斯新的税制改革与《税法典》的颁布相伴而行，1998 年，俄罗斯联邦《税法典》第一部分获得通过，1999 年 1 月 1 日生效；2000 年，俄罗斯联邦《税法典》第二部分出台，2001 年 1 月 1 日生效。俄罗斯新的税制改革就以《税法典》第一部分颁布之年命名，被称为 1998 年税制改革。这一改革开启了俄罗斯现代税制发展的第二阶段，此阶段始于 1999 年，终于 2007 年。

2. 1999 ~ 2007 年的税制改革及其特点

1999 ~ 2007 年，俄罗斯的税收制度发生了一些可以视为税收

---

① 波里亚克. 俄罗斯预算制度［M］. 莫斯科：VZFEI 出版社，2000.

革命的根本性变革。俄罗斯联邦《税法典》第一部分的颁布为俄罗斯税法的统一奠定了基础。《税法典》明确了国家与纳税人之间的关系；明确限定了各级立法机关、执行机关以及税务部门的权力；通过扩大纳税人的权利使纳税人与税务机关之间的权利得到均衡；以立法的形式将违反税法的行为以及进行处罚的方式明确列示。这一系列条款的颁布为税收确定性原则的实现创造了条件。

俄罗斯1998年税制改革的首要目的就是降低税负。俄罗斯联邦《税法典》第一部分明确列示了在俄罗斯开征的各类税种（联邦、联邦主体、地方）的名单，取消了若干地方税种。1999～2007年，在俄罗斯逐步停征的税种有：道路使用税、住房公积金和文化专项基金税、燃料和润滑油销售税，减轻了"流转税"带给企业的负担，并将"非市场税"——广告税、证券交易税、外币现金购买税等从税收体系中清除出去。

在此期间，俄罗斯名义税负减轻并非单纯依靠减少税收种类来实现的，其实现的另一个途径就是降低税率。俄罗斯企业利润税和统一社会税的法定税率都出现了大幅度下降。2002年，俄罗斯企业利润税的税率由35%下降到24%；统一社会税的税率由35.6%下降到26.0%，并首次引入了累退税率；取消了针对个人所得税的累进税率，以13%的单一税率取代了最高30%的累进税率，这成为俄罗斯这一时期税制改革最具代表性的成果。

3. 2008年至今的税制改革及其特点

2007年，俄罗斯政府批准了《2008～2010年俄罗斯联邦税收政策基本方向》。① 这一文件指出，俄罗斯"已初步建立起符合市场经济需求的现代税收制度，但这仅仅只是建立具有国际竞争力的税收制度的第一步，在未来一段时期，俄罗斯还将推出一系列税制改革，加快俄罗斯税收制度全球化的进程。"

2008 年全球性金融危机爆发后，受油价暴跌、资本外流和内需下降等多重因素打击，俄罗斯经济陷入了 1998 年后最为严重的衰退之中，并引发了一系列经济社会问题。为保障宏观经济稳定，促进本国经济早日复苏，针对国内经济中广泛存在的有效需求不足、投资积极性下降、经济增长乏力等问题，俄罗斯政府对经济进行了积极干预，实施了典型的扩张性财政政策，试图通过增加有效需求、刺激投资、实现充分就业等手段，将经济从衰退中解救出来。扩张性财政政策导致公共支出增加、税收收入减少、财政赤字扩大。

2009 年，俄罗斯财政收入锐减 21%，与此同时，财政支出增长了 27%，使原计划盈余 1.8 万亿卢布的国家财政出现了 2.4 万亿卢布的赤字，赤字比率超过 6.2%。② 虽然财政赤字最终由储备基金予以弥补，但同时也引发了俄罗斯国内对税收改革模式及最优税制结构的进一步思考和争论。部分专家认为，在俄罗斯尚未走出金融危机阴影的情况下，单纯减轻税收负担不仅会减少财政收入、拉大财政赤字、恶化财政平衡，在短期里还有可能激起新一轮的通货膨胀。因此，在国际经济环境恶化的情况下，应适当提高税负。

---

① 《Основные направления налоговой политики в Российской Федерации на 2008 – 2010 гг. 》，https：//www. minfin. ru/common/UPLOAD/library/2007/06/taxpoltend. pdf.

② 根据俄罗斯财政部公布的统计数据测算。

但改革派坚持认为，降低税负是拉动投资和消费，加速经济复苏的最佳选择，更是优化经济结构、促进经济转型的最佳战略，应予以坚持和保障。从 2009 年俄罗斯出台的税收政策来看，后一种认识明显占据上风。虽然金融危机使俄罗斯财政赤字居高不下，但俄罗斯当局仍然决定从 2009 年 1 月 1 日起下调企业利润税税率，由 24% 大幅降低至 20%，折旧计提则从 10% 提高到 30%，各联邦主体可下调地方企业利润税率 10 个百分点，最低可降至 7.5%；[①] 同时还更改了增值税缴纳期限，降低了石油及其加工产品的出口关税，提高了个人所得税的社会和财产扣除标准。一系列减税政策的实施，使俄罗斯税收收入锐减 1.7 万亿卢布，约为国内生产总值的 4.2%。[②]

对于处境艰难的俄罗斯企业来说，这部分留存下来的收入起到了雪中送炭的作用，有效地减少了贷款违约的企业数量，遏制了企业支付危机的蔓延；有力地支持了企业的投资和业务的扩展，使众多企业在金融危机中不仅得以生存下来，还得到了进一步的发展和壮大。

金融危机同时也极大地挤压了俄罗斯的减税空间。2010 年，俄罗斯财政赤字 2.4 万亿卢布，而俄联邦储备基金仅余 1.78 万亿卢布[③]，即使全部用于弥补赤字，也无法保障国家财政预算的平衡。

---

① 俄罗斯企业利润税在联邦与联邦主体预算间以分税率的形式划分税收收入，即 24% 的税率中，6.5% 的税率所得归联邦政府，17.5% 的税率所得归联邦主体政府。2009 年俄罗斯企业利润税率由 24% 降至 20%，联邦税率由 6.5% 下降到 2.5%，联邦主体税率不变，依然为 17.5%，由此，联邦主体下调地方企业利润税率 10 个百分点，即为 7.5%。

② 根据俄罗斯财政部发布的《2010～2012 年联邦政府预算》测算。

③ 根据俄罗斯财政部预算执行数据测算。

在储备基金已消耗殆尽的情况下，为保障宏观经济稳定，国家财政收支平衡以及国家机器的正常运转，继续大幅度减税显然已难以为继。为此，俄罗斯总统在2010年的预算咨文中提出，税收改革的未来发展趋势应转向"刺激创新经济的发展"，即税收政策应有利于推动创新产品的生产和研发，刺激对创新产品及技术的需求。

2010年3月，俄罗斯颁布《2011～2013年俄罗斯联邦税收政策基本方向》，扶持创新成为该草案的主要方向。草案规定，对开展创新活动的纳税人在2015年前给予保险缴费总税率降至14%的税收优惠；使用节能设备的企业自节能设备投入使用起免征3年财产税；缩短技术创新类性企业固定资产折旧期限；减化增值税出口产品退税程序；对科技、卫生、教育领域（包括非营利性和商业）企业给予利润税零税率特别优惠；对创新型公司实行专门的税务稽查；对科技园区实行单独的税收制度，如十年内免缴利润税、财产税和土地税，企业社会保险费减半征收等。①

除此之外，调整简化税制，促进小微企业发展也成为俄罗斯扶持创新经济发展的税收改革方向之一。2010年，俄罗斯有各类注册企业486.7万家，其中小微企业162.2万家，约占全部注册企业的33.3%，② 小微企业已逐渐成长为俄罗斯创新经济发展的主要力量。然而，在俄罗斯小微企业的发展状况并不乐观。为推动小微企业发展，俄罗斯对小微企业实行了特殊税制。

根据俄罗斯联邦《税法典》规定，俄罗斯小微企业既可按照普

---

① Основные направления налоговой политики в Российской Федерации на 2011 - 2013 гг. , http：//base. garant. ru/12176083/.

② Российский статистический ежегодник 2011, http：//istmat. info/node/46364.

通税制纳税，在符合特定要求的情况下，也可按特殊税制纳税。俄罗斯的特殊税制包括：①统一农业税；②简化税制；③统一收入认定税制；④产品分成协议征税制度；⑤特许税收制度。

普通税收制度是指俄罗斯国内默认的税收系统，适用于所有法人及非法人企业从事的一切经营活动，凡年收入超过6000万卢布的企业都需按普通税制（年收入不足6000万卢布的适用简化税制）纳税。适用普通税制的企业除了要缴纳所有的税收外，还有义务向税务机关提交财务报表、资产负债表、损益表及其他一些财务报告。而简化税制则不必向税务机关提交会计报告，会计核算简单，企业税收负担大大减轻，成为小微企业选择最多的一种纳税方式。

然而，俄罗斯小微企业特殊税制在实践中并没有发挥应有的作用，其主要原因在于：①优惠幅度较大的简化税制、统一收入认定税制的主要针对对象为微型企业，针对小型企业的税收优惠政策较少、幅度较小；②针对小微企业的简化税制与统一收入认定税制部分领域交叉重复。简化税制只提供给符合《税法典》第26.2章要求的企业，但依据《税法典》的其他条款，部分这类企业还可适用统一收入认定税制。由于一个企业只能选取一种方式纳税，由此给部分企业带来纳税选择上的混乱，也引发了简化税制与统一收入认定税制之间的税收竞争。③税收优惠效果不佳。例如，俄罗斯政府规定应对中小企业简化进出口业务报表并降低关税。但这样的政策实际上对小微企业的整体发展作用并不大，因为俄罗斯以出口为业的小微企业数量极为有限，反倒是利益集团成了该政策的实际受益对象。④简化纳税程序及减少相应手续费初衷良好，但需小微企业提交相关证明文件，使小微企业用于公证的支出相应提高；⑤在地方政府层面上，各行政主体迫于财政支出压力，在执行中小企业税收优惠政策时也大打折扣，减税承诺不兑现的情况普遍存在。

为解决简化税制和统一收入认定税制之间在课税领域方面存在的重复与交叉，提高地方政府发展地方经济的积极，增加地方预算收入，俄罗斯于 2013 年将简化税制中的特许形式分离出来，设立完全独立的特许税收制度，期望能以特许税收制度逐步取代统一收入认定税制，特许税收制课征的税收收入全部划归地方财政。

2.2　俄罗斯税制概况

2.2.1　俄罗斯税收基本情况

2012～2016 年，俄罗斯税收收入规模不断扩大，由 217420 亿卢布扩大到 251353 亿卢布，增长了 15.6%，略低于同期联邦汇总预算收入的增长速度（由 234351 亿卢布扩大到 281815 亿卢布，增长了 20.3%）。略微滞后的增长速度，使税收收入占联邦汇总预算收入的比重呈现出逐步下降的态势，由 2012 年的 92.8%，下降到 2016 年的 89.2%，下降了 3.9%。相应地，非税收入由 16931 亿卢布扩大到 30462 亿卢布，增长了 79.9%，远高于同期联邦汇总预算收入的增长速度，使其占联邦汇总预算收入的比重呈现出不断上升的态势，由 2012 年的 7.2%，上升到 2016 年的 10.8%，上升了 49.6%（见表 2-2）。

表 2 - 2　　　　　　　　　俄罗斯税收收入情况

项目 年份	2012	2013	2014	2015	2016
汇总预算收入（亿卢布）	234351	244427	267661	269220	281815
税收收入（亿卢布）	217420	225822	248643	243671	251353
非税收入（亿卢布）	16931	18605	19018	25549	30462
汇总预算收入占比（%）	100	100	100	100	100
税收收入占比（%）	92.8	92.4	92.9	90.5	89.2
非税收入占比（%）	7.2	7.6	7.1	9.5	10.8

资料来源：根据俄罗斯财政部网站数据测算。

　　对于俄罗斯的税收体系来说，强制社会保险缴费虽然以收费的形式征缴，但作为对个人所得税课征的一项收费，一直被视为税收收入。2012~2016 年，从增长规模来看，俄罗斯税收收入增长规模最大的税种是强制社会保险缴费，规模扩大了 22223 亿卢布，其次是增值税，规模扩大了 10873 亿卢布，居于第三位的是个人所得税，规模扩大了 7570 亿卢布；从增长速度来看，俄罗斯税收收入增长速度最快的税种是消费税，增长了 54.6%，其次是强制社会保险缴费，增长了 54.2%，居于第三位的是总收入税，增长了 43.2%。同期，关税收入因国际石油价格下降及反危机措施实施，出现了大幅度的下降，规模减少了 20458 亿卢布，下降了 49.9%（针对关税收入下降的缘由，本书第 8 章予以了详细分析，本处不再赘述）（见表 2 - 3）。

表 2 – 3　　　　　　　　　　俄罗斯税收结构及增长情况

年份　　项目	2012（亿卢布）	2013（亿卢布）	2014（亿卢布）	2015（亿卢布）	2016（亿卢布）	2016年比2012年规模扩大（亿卢布）	2016年比2012年增长（%）
税收收入	217420	225822	248643	243671	251353	33933	15.6
企业利润税	23557	20719	23753	25990	27703	4146	17.6
个人所得税	22615	24991	27027	28078	30185	7570	33.5
强制社会保险缴费	41037	46942	50357	56363	63260	22223	54.2
增值税	35461	35394	39402	42339	46334	10873	30.7
消费税	8370	10226	10722	10144	12939	4569	54.6
总收入税	2713	2928	3151	3478	3885	1172	43.2
财产税	7855	9007	9575	10686	11171	3316	42.2
自然资源使用税费	24845	25980	29347	32507	29518	4673	18.8
关税	40998	40579	46374	27801	20540	－ 20458	－ 49.9
其他收入	9969	9056	8933	6281	5818	－ 4151	－ 41.6

资料来源：根据俄罗斯财政部网站数据测算。

2.2.2　俄罗斯税制构成

俄罗斯现行税收制度始建于 1992 年，由联邦税、地区税和地方税组成。需要指出的是，在俄罗斯，联邦税、地区税和地方税并不表示该税种的全部收入都划归该级次预算，有部分联邦税和地区税实际上是联邦、联邦主体和地方分享的共享税，例如，企业利润税按税率在联邦政府和联邦主体政府间分享，2% 税率的收入归联邦政府，18% 税率的收入归联邦主体政府，联邦主体立法机构有权降低这部分税率，但最低不得低于 13.5%；消费税在联邦政府和联邦主体政府间5:5分成；矿产开采税（石油）按一定比例在联邦政府和联邦主体政府间分配；个人所得税按85%和15%在联邦主体政府和地方政府间分享。

1. 联邦税

根据《税法典》规定，俄罗斯联邦税在俄罗斯境内依照统一的税率、计算方法以及管理规定课征。联邦税费主要包括：增值税、消费税、个人所得税、企业利润税、矿物开采税、水税，以及动物及水生物资源使用费和国家规费。

属于联邦税的还有俄罗斯的一些专门税制，例如简化税制、统一收入认定税、统一农业税和特许税收制度。

俄罗斯的联邦税大多为共享税，例如增值税、消费税、个人所得税、企业利润税、矿物开采税等，这些税种虽然名义上为联邦税，但其实际收入为联邦政府、联邦主体政府以及地方政府所共享。

俄罗斯联邦税费收入情况如表2-4所示。

表2-4　　　　　**2012～2016年俄罗斯联邦税费收入情况**　　　单位：亿卢布

年份 项目	2012	2013	2014	2015	2016
联邦税费收入	127909	129688	143859	133989	133079
企业利润税	3758	3522	4205	4914	4910
增值税	35461	35394	39402	42739	45712
消费税	3953	5244	5924	5819	6942
对外经济活动所得	49627	50111	54634	32953	26060
关税	40998	40579	46374	27801	20540

续表

项目＼年份	2012	2013	2014	2015	2016
国家规费	923	922	909	1017	942
自然资源使用税费	24428	25548	28846	31811	28829
矿物开采税	24205	25353	28579	31600	28635
自然资源利用费	1013	2451	2287	1663	2367
国有资产所得	5433	3480	4456	6900	12834
其他	3313	3016	3196	6173	4483

资料来源：俄罗斯国家统计局，http：//www.roskazna.ru/reports/cb.html。

2. 地区税

地区税也称联邦主体税，俄罗斯各联邦主体立法机构可在《税法典》规定的范围内对地区税予以调节，地区税收入上缴联邦主体预算。地区税主要包括：组织财产税、博彩税、交通税。

俄罗斯地区税费收入情况见表2-5。

表2-5　2012~2016年俄罗斯联邦汇总财政收入及税收收入情况

单位：亿卢布

项目＼年份	2012	2013	2014	2015	2016
联邦主体税收收入	6269	7219	7527	8531	9045
企业财产税	5364	6153	6347	7126	7647
交通税	902	1061	1175	1399	1390
博彩税	3	5	5	6	8

资料来源：俄罗斯国家统计局，http：//www.roskazna.ru/reports/cb.html。

3. 地方税

俄罗斯地方税可由地方立法机构在《税法典》规定的范围内进行调节，地方税收入上缴地方预算。地方税费主要包括：土地税、个人财产税和交易费。

俄罗斯联地方税费收入情况如表 2 - 6 所示。

表 2 - 6　　　　　2012 ~ 2016 年俄罗斯地方税费收入情况　　　单位：亿卢布

项目　　　　　　　年份	2012	2013	2014	2015	2016
地方税收收入	1585	1788	2046	2177	2205
个人财产税	176	223	271	303	361
土地税	1409	1565	1775	1851	1764
交易费	—	—	—	23	80

资料来源：俄罗斯国家统计局，http：//www.roskazna.ru/reports/cb.html。

2.3　俄罗斯税收法律体系

在俄罗斯，与税收相关的法律体系由 4 个层级组成：一是宪法，二是联邦税收法律，三是联邦主体税收法律，四是地方税收法律。

2.3.1　俄罗斯联邦宪法

在俄罗斯，宪法具有举足轻重的地位。宪法作为国家的根本大法，作为国家机关和公职人员行为的基本准则，作为一切法典和法律的渊源，是俄罗斯法制建设最为突出、最为集中的代表和体现。

1. 宪法的基本内容

（1）关于国家体制及权力制衡。

俄罗斯宪法第1条第1款即明确提出了关于国家政治体制的规范，即"俄罗斯是具有共和制政体的民主的、联邦制的法治国家"。

俄罗斯宪法第3条即对国家的权力予以了限定，即"俄罗斯联邦各族人民是它的主权的拥有者和权力的唯一源泉；人民直接地或者通过国家权力机关和地方自治机关行使自己的权力；全民公决和自由选举是人民行使权力的最高直接体现；任何人不得将俄罗斯联邦的权力据为己有。对篡夺权力或把权力职能据为己有者，要按联邦法律追究责任。"①

同时，宪法还对国家权力机构进行了分权与制衡设计，俄罗斯宪法第10条规定："在俄罗斯联邦，国家权力的行使是建立在立法权、执行权和司法权分立的基础之上。立法、执行和司法权力机关相互独立。"宪法第11条第1款规定："俄罗斯联邦的国家权力由俄罗斯联邦总统、联邦会议（联邦委员会和国家杜马）、俄罗斯联邦政府、俄罗斯联邦法院行使"。② 也就是说，在俄罗斯，联邦会议是俄联邦的代表与立法机关，行使立法权，即俄联邦的最高立法机关。俄联邦政府行使执行权，俄联邦法院行使俄联邦境内的司法审判权。宪法对国家权力机构的分权

---

①② конституция，http：//www. constitution. ru/10003000/10003000 - 3. htm.

与制衡，可以防止权力因失去制约和监督而腐败，政府的权力只能根据法律行使，任何政府机构，超越法律所规定的权限就是违法。

（2）关于国家对公民应尽的义务。

俄罗斯宪法还明确提出了国家在财政预算领域应尽的义务和责任。在保证公民的劳动权利和健康方面，俄罗斯宪法第 37 条和第 39 条规定："俄联邦有义务规定有保障的最低劳动报酬限额""保证国家对家庭、母亲、父亲、子女、残疾人和老年人实施帮助，发展社会服务体系，建立国家养老金、补助金以及其他社会保障。具体体现为：保证每个人在患病、致残、丧失供养人、抚养子女和在法律规定的其他情况下按年龄享受社会保障；确定国家退休金和社会补助金的相关法律规定；鼓励自愿参加社会保险、建立社会保障的补充形式和慈善事业。"①

在保障居住条件方面，俄罗斯宪法第 40 条规定："在俄罗斯每个人都享有拥有住宅的权利，任何人都不能被随意剥夺住宅；国家权力机关和地方自治机关应鼓励住宅建设，并为实现拥有住宅的权利创造条件；对贫穷的以及法律规定的其他需要住宅的公民，按照法律规定的标准从国家、地方和其他住房中以免费或适当收费的方式提供住宅。"②

在保障医疗条件方面，俄罗斯宪法第 41 条规定："在俄罗斯每个人都享有健康保护和医疗服务的权利，国家和地方的医疗保健机构应依靠相应的预算资金、保险费及其他收入免费为公民提供医疗

---

①②　конституция，http：//www.constitution.ru/10003000/10003000 - 4.htm.

服务；在俄罗斯联邦，向保护和增强居民健康的联邦计划拨款，采取措施发展国家、地方和私人保健系统，鼓励有助于增强健康、发展体育运动、保护生态和顺利实施卫生防疫的活动。每个人都享有良好的环境和了解环境状况的可靠信息以及要求赔偿因破坏生态所造成的健康或财产损失的权利。"①

在保障教育方面，宪法第 43 条规定：在俄罗斯每个人都享有受教育的权利；由国家或地方的教育机构以及企业提供人人可享受的、免费的学龄前教育、基本普通教育和中等职业教育；每个人都有权通过竞争在国家或地方的教育机构以及企业中免费获得高等教育；基本普通教育为义务教育。父母或父母的替代人应保障子女受到基本普通教育；俄罗斯联邦制定联邦国家教育标准，支持各种形式的教育和自学成才。②

上述俄罗斯联邦宪法提出的各类国家应对公民提供的社会保障，显然应由联邦或地方政府承担，这些宪法义务和责任也成为各类具体法律和法规制订的出发点和基石。

2. 宪法关于税收的规范

在俄罗斯宪法中列有关于税收的专门条款，即第 57 条 "每个人都必须依法纳税。开征新税种或使纳税人状况恶化的法律不具有追溯力。"③

虽然宪法中只有这一条款与税收有关，但俄罗斯联邦宪法法庭 1996 年 4 月 4 日发布的《关于莫斯科市和莫斯科州、斯塔夫罗波尔边疆区、沃罗涅日州和沃罗涅日市常住居民登记法规的宪法合法性

---

①②③　конституция，http：//www. constitution. ru/10003000/10003000 - 4. htm.

审查令》①，对宪法第 57 条进行了详细解析和说明。该法令明确指出，在俄罗斯只有立法才可开征税收和收费。无立法不得征收税费。这一法令的颁布极为重要，它不仅解析了宪法相关条款的具体含义，同时也对俄罗斯联邦主体税收法律的构建、俄罗斯国家行政机关在税收课征方面的权限予以了明确限定。俄罗斯宪法明确表示，国家行政机关不拥有税收立法权，即"依法纳税"的依法是指立法机构正式通过与批准的法律，不包括各项法规、法令或行政命令，各项法规、法令或行政命令可以对税法予以解析和说明，但不具有开征或停征税收的权力。

2.3.2 俄罗斯税收法律体系

俄罗斯税收体系由三级组成，其税收法律体系也相应地由三级组成，即联邦税收法律、地区税收法律和地方税收法律。

1. 俄罗斯联邦税收法律

联邦税收法律是俄罗斯最高层级的税收法律，在俄罗斯境内所有地区都具有法律效力，其他所有税收法律法规都不得与之相悖。属于联邦税收法律范畴的有俄罗斯《税法典》、依据《税法典》基本条款出台的联邦税收法律、俄罗斯联邦总统税收法令、俄罗斯联邦政府税收命令等。

俄罗斯联邦《税法典》是俄罗斯境内一切相关税收法律的基

---

① Постановление Конституционного Суда РФ от 4 апреля 1996 г. N 9 – П "По делу о проверке конституционности ряда нормативных актов города Москвы и Московской области, Ставропольского края, Воронежской области и города Воронежа, регламентирующих порядок регистрации граждан, прибывающих на постоянное жительство в названные регионы" (с особым мнением судьи Конституционного Суда Российской Федерации Баглая М. В.) http: //www. garant. ru/products/ipo/prime/doc/10006058/.

础，所有的联邦税法均应符合《税法典》的要求。1999 年 1 月 1
日俄罗斯联邦《税法典》第一部颁布实施，2001 年 1 月 1 日《税
法典》第 2 部前 4 章颁布实施，2002 年 1 月 1 日《税法典》第 2
部增补 4 章，2003 年 1 月 1 日《税法典》第 2 部再次增补 4 章。
随着俄罗斯联邦税法典的不断增补，俄罗斯税收法律体系得以逐
步完善。

俄罗斯联邦《税法典》第 1 部的主要内容有：①俄罗斯联邦征
收的税收和收费种类。俄罗斯联邦《税法典》第 1 部确定的税收和
收费项目在俄罗斯联邦《税法典》第 2 部通过后开始实施；②税收
和收费开征、修改和中止的条件，以及税收和收费缴纳义务履行的
方法；③俄罗斯联邦主体和地方的税收和收费确定、实施和中止的
原则和方法；④纳税人、税务机关，以及由税收和收费法律调节的
其他相关参与者之间的权力和义务；⑤税收监督的方式和方法；
⑥违法税法的责任；⑦对税务机关及税务机关工作人员行为的
申诉。

俄罗斯联邦《税法典》第 2 部确定了增值税、消费税、个人所
得税、强制社会保障费、企业利润税、矿物开采税、统一农业税、
简化税制、统一收入认定税、交通税、赌博税的征收方法。

在俄罗斯的税收法律体系中还包含由俄罗斯联邦财政部、税务
总局根据《税法典》的要求，发布的一些对《税法典》和其他联邦
税收法律相关条款进行详细说明和解释的一些文件。《税法典》确
定了俄罗斯税收的总体性质以及各个税种的征收方法，但税法的落
实则需要依据由俄罗斯联邦财政部或税务总局制定的实施细则。需
要注意的是，俄罗斯联邦财政部和税务总局无权确定和取消税收课

征义务，其任务是制定统一的实施细则，指导纳税人、税务代理，以及与税费准确、及时计算和征收有关的税务机关的实际活动。

除本国法律外，在俄罗斯对税收关系进行干预的还有一些国际协议，例如免除双重课税合约等。如果国际协议中与税收有关的条例、法规与俄罗斯的税收法律和法规存在差异，则以国际协议为准。

2. 俄罗斯地区税收法律

俄罗斯联邦主体税收法律是指，依照俄罗斯《税法典》相关规定，由俄罗斯联邦主体立法机构批准的与税收和收费有关的法律、法规。例如，《莫斯科市个人财产税法》《莫斯科市组织财产税法》《莫斯科市交通税法》《圣彼得堡市部分税收课征问题法》《关于圣彼得堡市范围内部分活动列入统一收入认定税课征体系法》《圣彼得堡市组织财产税和个人财产税修订法》等。

3. 俄罗斯地方税收法律

俄罗斯联邦主体税收法律是指，依照俄罗斯《税法典》相关规定，由俄罗斯联邦主体立法机构批准的与税收和收费有关的法律、法规。这类法律法规众多，在此不一一列举。

2.3.3 俄罗斯税收的基本概念和原则

1. 俄罗斯联邦税费的基本概念

俄罗斯联邦《税法典》第一部分（17 条）指出，只有当纳税人和税收要素明确了以后，税收才能最后确定。税收要素有：

（1）课税对象。

课税对象包括商品（工程、劳务）的销售、财产、利润、收入和其他纳税人有义务纳税的经济行为。俄罗斯联邦公民法规定的公民权力也属于公民财产。所有出售或准备出售的财产都视为商品。所有能带来物质收益、其结果可出售的活动都属于工程，所有能带来物质收益、其结果可出售、或对其过程本身有需求的活动都属于劳务。每一税种都有自己独立的课税对象。

（2）税率。

税率是应征税额占单位税收基数得的比例。有固定、比例和累进税率。

（3）税收期限。

纳税期限指时间期限（通常为日历月、日历季度和日历年度），在期末确定税收基数、计算应纳税额。纳税期限可以是一个，也可以是几个报告期，根据报告预缴税收。

（4）纳税方法和期限。

纳税可以现金或非现金形式，可一次性缴纳所有税款，也可按法律为每一税种规定的期限分次预缴。

（5）税收优惠。

税收优惠是一个极为特殊的税制要素。税收优惠可以给特定的纳税人和缴费者带来有别于其他税费缴纳者的优势，他们可以不纳税或仅纳减少的税。

（6）组织和自然人。

根据俄罗斯联邦《税法典》，组织和自然人可以是税费的缴纳者和税收代理人。

组织和自然人的纳税人资格认证的依据为税收法律及税收管辖权条例。税收管辖权大体上有两个划分标准：属人主义和属地主义。

属人主义规定，所有居民都有无限纳税义务，即应就其所有收入纳税，而不论其收入来自本国还是外国。非居民只承担有限纳税义务，只就其在该国境内所得纳税。

属地主义只对来源于本国境内的收入课税，对来源于国外的收入不课税。

俄罗斯采用属人主义。每个日历年度在俄罗斯居住不少于183天的自然人，以及根据俄罗斯法律成立的法人组织都是俄罗斯联邦的纳税人。

2. 课税原则

俄罗斯税法和《税法典》确定的税收原则有：

（1）人人都要依法纳税。

（2）税收的共性和平等，课税时应考虑纳税人的实际纳税能力。

（3）课税的公平性。

（4）税收应有经济根据，而不能是武断的。应以科学的方法确定税率，使纳税人完税后还能进行正常的生产活动。

（5）税法应使每一纳税人明确知道：需缴纳哪些税收、何时缴纳、缴纳多少。

（6）税收不能有歧视性，不能按社会、种族、国民、宗教和其他标准来区别对待。

（7）不允许按所有制形式、自然人国籍或资本发生地规定差别税率。

（8）不允许征收破坏俄罗斯经济统一，包括直接或间接限制商品和资金在俄罗斯境内自由流动的税费。

（9）联邦税的确定、修改和取消由《税法典》规定，地区和地方税的确定、修改和取消由俄罗斯联邦主体法律和地方自治代表机关的法规坚定。

（10）任何人都没有义务缴纳《税法典》以外的其他税费。

（11）执行机关的税费法令不能修改或增补税收法律。

（12）税收法令应与《税法典》保持一致。

《税法典》确定的上述原则对俄罗斯税收制度具有重要意义。

3 所得税类

本章着重探讨俄罗斯个人所得税和企业利润税。针对所得课征的税收是俄罗斯联邦汇总预算收入的主要来源，俄罗斯联邦汇总预算收入的1/5来自于此（见表3-1）。

表 3 - 1 俄罗斯所得税类收入情况

项目 \ 年份	2011	2012	2013	2014	2015	2016
联邦汇总预算收入（亿卢布）	208537	234351	244427	267661	269220	281815
个人所得税收入（亿卢布）	19958	22615	24991	27027	28078	30185
企业利润税收入（亿卢布）	22705	23557	20719	23753	25990	27703
个人所得税收入占比（％）	9.57	9.65	10.22	10.10	10.43	10.71
企业利润税收入占比（％）	10.89	10.05	8.60	8.87	9.65	9.83
合计占比（％）	20.46	19.7	18.82	18.97	20.08	20.54

资料来源：根据俄罗斯财政部官网数据测算。

3.1 个人所得税

个人所得税在俄罗斯是一个传统但又颇为特殊的税种，虽然《税法典》明确指出，个人所得税为联邦税，但个人所得税收入的支配权却不属于联邦政府，而是全额纳入联邦主体和地方预算，由联邦主体预算及地方预算共同支配。依据《预算法典》第58条第2

款规定，俄罗斯85%的个人所得税收入纳入联邦主体预算，15%纳入地方预算。

3.1.1 俄罗斯个人所得税现状

近年来，俄罗斯个人所得税收入持续增长，由2008年的16663亿卢布，增长到2016年的30185亿卢布，增长了81.15%，同期，俄罗斯联邦汇总预算收入由160034亿卢布提高到281815亿卢布，扩大了76.10%，个人所得税收入的增长速度比联邦汇总预算收入的增速快6.65%。俄罗斯个人所得税收入的较高速增长，使个人所得税收入占联邦汇总预算收入的比重小幅上升，由2008年的10.41%上升到2016年的10.71%，提高了3%（见表3-2）。

表3-2 俄罗斯个人所得税发展情况

年份\项目	2008	2009	2010	2011	2012	2013	2014	2015	2016
汇总预算收入（亿卢布）	160034	135997	160319	208537	234351	244427	267661	269220	281815
个人所得税收入（亿卢布）	16663	16658	17905	19958	22615	24991	27027	28078	30185
个人所得税收入占比（%）	10.41	12.25	11.17	9.57	9.65	10.22	10.10	10.43	10.71

资料来源：根据俄罗斯税务总局、俄罗斯财政部、俄罗斯统计局的数据计算。

3.1.2 俄罗斯个人所得税课征

自2001年起，俄罗斯依照《税法典》第23章课征个人所得税。

1. 纳税人

在俄罗斯，个人所得税的纳税人为俄罗斯联邦税收居民自然人，以及在俄罗斯境内取得收入的非俄罗斯联邦税收居民自然人。

所谓税收居民自然人是指连续 12 个月在俄罗斯境内居住不少于 183 日历天的自然人。在国外短期（不超过 6 个月）疗养或培训，以及在海上油气田因履行劳动或其他义务开展工作（提供劳务），不影响对居民自然人在俄罗斯逗留期限的计算。

派往俄罗斯联邦境外工作的俄罗斯军人以及政府机构官员，无论在俄罗斯联邦境内实际工作时间如何，都属于俄罗斯联邦税收居民。

2. 课税对象

俄罗斯个人所得税的课税对象为纳税人取得的收入，即俄罗斯联邦税收居民自然人来源于俄罗斯境内和（或）境外的收入；俄罗斯联邦非税收居民自然人来源于俄罗斯境内的收入。

3. 课税基础

俄罗斯个人所得税的税收基础为纳税人获得的所有形式的收入，包括货币收入、实物收入、所有权收入，以及《税法典》第 212 条规定的物质优惠形式所得。课税基础按收入的不同类型确定，同时适用不同的税率。

俄罗斯《税法典》对不同形式个人所得税收入的税基测算予以了统一规范：

（1）实物收入。

当纳税人获得来自企业和个体业主以商品（工程，劳务）或其他财产等实物形式发放的收入时，应依据《税法典》第 105 条第 3 款规定的测算方法，确定这些商品（工程，劳务）和其他财产的价格，并在此基础上计算出相应税基。

纳税人获得的实物收入包括：企业或个体业主支付给其的（全

部或部分）商品（工程，劳务）或财产权，包括纳税人可从中获益的公益服务、食品、疗养、教育。

（2）物质福利。

物质福利包括得自企业和个体业主的无息借贷资金、纳税人根据公民权利合同得到的商品（如以优惠价格购自企业的住房）、有价证券等。

（3）保险所得。

根据保险合同得到的收入，属于这类保险收入有：依据俄罗斯法律签订的强制保险合同赔付，自愿人身保险合同赔付，危害生命和身体健康自愿人身保险合同赔付，自愿养老保险合同赔付，自愿财产保险赔付等。

（4）利息收入。

纳税人在俄罗斯境内银行存款利息收入超过中央银行再融资利率 3/4 以上部分所得，得自俄罗斯组织和通过俄罗斯境内代表机关从事经营活动的外国组织的股息和红利。

（5）财产权所得。

俄罗斯境内版权和相关权利所得；俄罗斯境内财产租赁所得；出售动产、不动产、股票、有价证券和其他财产所得；利用各种交通工具和通讯工具所得，包括海船、江轮、管道、输电线、光缆和无线传输、通信工具、计算机网络；参股其他企业所得，等等。

4. 纳税期限

俄罗斯个人所得税的纳税期限为日历年度。

5. 税率

在俄罗斯，个人所得税统一依照 13% 的税率征收。但如下收入依照 35% 的税率课征：①参加为广告宣传进行的竞赛、游戏和其他活动获得的奖金和奖品价值超过《税法典》第 217 条第 28 款规定的数额。②俄罗斯境内银行存款利息收入，纳税人获得的超限额贷款节省的利息，信用消费合作社（或股东）成员投资收入。

非俄罗斯联邦税收居民自然人的所有收入按照 30% 的税率课税，但对俄罗斯组织投资股权分红所得依照 15% 的税率课征，劳动所得依照 13% 税率课税，高级外国专家劳动所得也按照 13% 税率课税。

6. 税收扣除

在确定个人所得税税收基数时，俄罗斯纳税人有权得到标准扣除、社会扣除、投资扣除、财产扣除和职业扣除。

（1）标准扣除。

①下列纳税人可享受每月 3000 卢布的标准税收扣除。因切尔诺贝利核电站事故受伤、生病、致残人员；1986～1987 年参与清理切尔诺贝利核电站灾难后果，或在此期间从事撤离人口、物资、动物以及其他工作的工作人员及军人；1988～1990 年参与"庇护"事件的军人及退役军人；1957 年放射性事故致残人员；参与核武器试验、研制人员；直接参与清除潜艇和其他军事设施辐射事故人员；直接参与地下核试验及放射性物质收集和埋藏工作人员；卫国战争中致残者；因在战争中受伤致残的一类、二类、三类残疾者。

②下列纳税人可享受每月 500 卢布的标准税收扣除。苏联和俄罗斯英雄，三级荣誉勋章获得者；伟大的卫国战争的参加者；1941 年 9 月 8 日至 1944 年 1 月 27 日，卫国战争中列宁格勒围城期间在该城居住者；第二次世界大战期间在法西斯德国及其盟友修建的集

中营、隔离区和其他强制拘留所囚禁的囚犯，包括未成年人；自幼残疾者和一级、二级残疾者；因核辐射致病者；参与切尔诺贝利事件救助受核辐射的医疗人员、消防人员；为挽救他人生命捐献骨髓者；为保卫苏联和俄罗斯，以及执行其他军务牺牲的军人，及为执行公务而牺牲的国家公职人员的父母和配偶等。

③抚养扣除。父母、父母的配偶、养父母以及监护人可享受如下税收扣除：第一，第一个孩子——1400卢布；第二，第二个孩子——1400卢布；第三，第三个及以后的每一个孩子——3000卢布；第四，残疾孩子18岁前每个孩子每月可享受12000卢布税收扣除；24岁以下的一级和二级残疾大学生、研究生、实习生可享受每月12000卢布税收扣除。

监护人可享受如下税收扣除：第一，第一个孩子——1400卢布；第二，第二个孩子——1400卢布；第三，第三个及以后的每一个孩子——3000卢布；第四，残疾孩子18岁前每个孩子每月可享受6000卢布税收扣除；24岁以下的一级和二级残疾大学生、研究生、实习生可享受每月6000卢布税收扣除。

（2）社会扣除。

社会扣除主要由慈善、教育、医疗、保险和养老储蓄等部分组成。所谓慈善扣除是指纳税人以捐赠的形式转让给慈善组织、非营利组织、科学文化教育、公民权利保护、环境和动物保护组织的捐款不超过收入的25%的部分可以扣除。纳税人每年不超过50000卢布的教育支出允许扣除。纳税人在纳税期限内为本人、配偶、18岁以下子女和父母支付的医疗费允许扣除。纳税人缴纳的养老保险基金缴费允许扣除。

（3）投资扣除。

在以下几种情况下纳税人可享受投资扣除：①纳税人出售持有3年以上有价证券所得；②纳税人纳税期限内向私人投资账户投入的资金（不超过40万卢布）；③向私人投资账户投资获得的收益。

（4）财产扣除。

在以下几种情况下纳税人可享受财产扣除：①买卖汽车；②出售财产。纳税人出售属自己所有五年以上的房屋、单元、别墅、庭院或土地获得的收入可以扣除，但不得超过1000000卢布。③购买财产。纳税人在俄罗斯境内新建或购买楼房、单元的实际支出允许扣除，但不得超过2000000卢布。纳税人用于偿还新建或购买楼房、单元的贷款支出允许扣除。④支付的按揭利息；⑤修整或修理房屋、公寓支出。

（5）职业扣除。

从事特殊职业活动的自然人和个体企业主都可享受职业扣除。对于按法定程序注册的无法人组织的个体业主来说，职业税收扣除额为实际发生、有凭据证明的、与取得收入有关的所有支出。如果没有支出凭据，则按所得收入的20%向个体业主提供职业税收扣除。

7. 税收优惠

在俄罗斯，下列所得免征个人所得税：①国家补助金、失业救助金、怀孕和分娩补助金；②联邦及联邦主体法律规定的所有形式的退休养老金，以及按自愿保险原则支付的追加养老金，包括从非国家养老基金中支付的养老金；③在法律规定的额度内支付给职工的补偿费，包括公出补助费、一次性补助金、私车公用补助费、未发工作服的补助及其他补偿费；④献血、捐献母乳和其他血液捐赠奖励；⑤纳税人得到的赡养费；⑥纳税人得自俄罗斯和外国组织的科学和教育、文化和艺术资助；⑦纳税人在科技、教育、文化、艺术等方面获得的国际、外国和本国杰出成就奖；⑧雇主支付给死亡雇员家属的一次性补贴；⑨由联邦预算、联邦主体预算和地方预算支付给低收入、无社保居民的补贴；⑩雇主支付给生育员工生育后第一年每个孩子不超过 5 万卢布的补贴；⑪由于自然灾害和其他特殊情况而提供的实物援助；⑫俄罗斯和外国慈善组织提供的现金和实物形式的慈善捐助；⑬俄罗斯以及联邦主体的国库券、债券和其他国家有价证券的利息与中奖额，以及地方政府发行的债券和有价证券的利息等。

8. 计算方式

在俄罗斯，应纳税额为税收基数与相应的税率所乘之积。应纳税总额为纳税人纳税期限内所有应纳税额的总和。个人所得税的税收基数计算时间为收入实际得到之日：①所得获得之日；②实物所得转交之日；③借贷资金利息支付之日，得到物品和有价证券之日；④按劳动合同履行劳动义务计取报酬当月的最后一天。

9. 税收申报

俄罗斯《税法典》明确指出，俄罗斯公民有填写个人所得税申报单的责任，即必须对日历年度内所取得的收入以及与取得这些收入相关的支出进行核算；必须向税务机关提交收入与支出申报单，提交能够证明申报材料可靠性的其他必要文件和资料；必须向企业、机构和组织以及税务机关出示有权做收入扣除的文件和凭证；必须及时和足额向预算交纳应缴税款；必须履行税收法规所规定的其他义务；必须允许税务机关公职人员进入其用于获取收入的场所和其他场地。自然人申报年总收入，须于报告年度下一年的 4 月 30 日前将申报单递交永久居住地的国家税务机关。

3.1.3 俄罗斯个人所得税的发展

2000 年前，俄罗斯个人所得税收入在联邦汇总预算收入中所占份额极低，不到 5%，远低于同期发达国家和转轨国家平均 25% ~ 35% 的这一比重。虽然导致俄罗斯个人所得税收入低迷的原因有许多，如居民收入水平偏低、税法复杂、税收优惠过多、税收征管薄弱，但其最根本的引致因素还在于：名义税负过高，偷漏税、特别是高收入阶层偷漏税现象严重，灰色经济大量泛滥。根据有关方面评估，2000 年俄罗斯隐性工资超过工资基金总额的 50%，而在居民的收入结构中，工资收入仅占全部所得的 2/3，其余 1/3 为难以监控的其他各类来源收入。由此，改革前俄罗斯的灰色收入几乎占到应税收入的 50%。普遍存在的偷漏税现象使俄罗斯财政每年遭受的损失超过 GDP 的 3%。[①]

鉴于全社会普遍无法接受过高的名义税率，偷漏税规模庞大，税收遵从度极低，俄罗斯当局认识到，降低所得税率将是优化所得税制、促使居民收入合法化、提高纳税遵从度、扩大税基，最终全面提高国家及地方财政收入的唯一途径。为此，俄罗斯于 2000 年宣布实行以单一税率为核心的个人所得税改革，并将个人所得税改革的基本目标锁定为：降低税率、促进收入合法化、提高个人所得税

---

① Синельников‑Мурылев С.，Оценка результатов реформы подоходного налога в Российской Федерации. Научные труды ИЭПП. №52. М.，2003.

在经济中的实际作用。

税制改革前，过高的累进税率使俄罗斯纳税人千方百计隐瞒收入、偷税漏税，偷逃税数额巨大。据统计，2000 年仅偷漏税一项就给俄罗斯财政带来 800 多亿卢布的损失，约为当年个人所得税收入的一半。税制改革后，单一税率使俄罗斯纳税人隐瞒收入的现象大为减少，个人所得税收入逐年快速提升。2001 ~ 2009 年，俄罗斯个人所得税收入连年快速增长，占国内生产总值的比重由 2000 年的 2.4%，上升到 2009 年的 4.3%，提高了 78.7%，相当于每年为国家财政带来约为 GDP1% 的额外收入。

1. 个人所得税 2000 年改革

2000 年，俄罗斯颁布税法典第二部，确定了个人所得税改革的总体方向和具体内容。

（1）取消三级超额累进税率，实行 13% 的单一比例税率。

俄罗斯《税法典》（第二部）规定，从 2001 年 1 月 1 日起，取消原有的个人所得税三级超额累进税制，将普遍适用税率确定为 13%。

（2）取消税收优惠，拓宽所得税基。

转轨初期，为了消除向市场经济过渡给低保障居民带来的不利影响，有效刺激储蓄，鼓励特定类型支出，俄罗斯为个人所得税提供了大量税收优惠。但由于法律未对各项税收优惠予以明确限制和详细说明，许多应税收入（如工资）被转换为非税收入（如利息、保险赔付），特别是收入来源广泛、渠道多样的高收入者，更是利用各种财务、技术手段，将所得藏匿于各类非税项目之中，使所得税基严重收缩，国家财政收入受损。

2001 年颁布的《税法典》第二部将纳税人各种形式的收入（货

币、实物和物质优惠）全部纳入课税范围，同时取消绝大部分税收优惠，例如，取消军人、司法人员和检察院工作人员的税收优惠，取消纳税人在公务交通等方面的税收优惠。税收优惠的取消使所得税基得以有效拓宽，税收收入提高。税收改革第一年，仅取消税收优惠一项就使俄罗斯个税收入增长了 114 亿卢布，约为全部增收额的 14%。

（3）扩大税收扣除范围，增强税收累进性。

以单一税率取代累进税率，其最大弊端即在于无法保障税收公平的实现。为照顾低收入者和纳税人的一般生活需求，新税制在提高纳税人基础扣除额（由每月 3168 卢布提高到 4800 卢布）的同时，增设多项针对低收入人群的税收扣除，以部分抵消单一税率带来的税负不公。

俄罗斯 2001 年的个人所得税改革对全社会带来了较大的影响，其后果远超预期，在促进国家财政收入增长的同时，还促使全民税收遵从度显著提高（详见本书第 9 章 9.3）。俄罗斯总统普京高度评价这次个人所得税制度改革，称为俄罗斯税制改革中精心研究、深思熟虑的范例，并指出：之所以选择单一税率作为基本税率，就是为了刺激工作积极性、充实国库和简化税制。

2. 个人所得税的完善与改进

继 2001 年将针对股息所得的税率由 30% 调至 6% 以后，2004 年 7 月，俄罗斯重新将股息所得税率提高至 9%。2007 年，俄罗斯将有价证券和期货交易所得与工资、薪金一样，按 13% 的税率纳税。

2004 年，俄罗斯将纳税人可享受的教育支出扣除和医疗支出扣除的限额提高至 3.8 万卢布，2007 年又进一步提高到 5 万卢布。

2007 年 7 月 24 日颁布的第 216 号联邦法律对社会扣除制度进行了改革，将原先的分类限额扣除，改为 10 万卢布的总额限制扣除，在总额范围内，纳税人可自由选择各项扣除的搭配与比重。2009 年 1 月 1 日，俄罗斯新增添劳动养老储蓄补充保险缴费扣除，社会扣除限额因此由 10 万卢布提高到 12 万卢布。

2005 年，俄罗斯将纳税期内扶养每个 18 岁以下子女和每个 24 岁以下全日制学校学生，每月可享受的税收扣除由 300 卢布提高到 600 卢布。2010 年，子女抚养扣除提高至 1000 卢布。2012 年，俄罗斯取消了每位纳税人都可获得的每月 400 卢布的基础扣除，但对子女抚养扣除实行指数化上升，2017 年俄罗斯子女抚养扣除提升到 1400 卢布。

2018 年，俄罗斯雇主支付给员工生育后第一年每个孩子不超过 5 万卢布的补贴不再缴纳个人所得税，这一补贴扣除适用于父母双方。

3.2 企业利润税

在俄罗斯，企业利润税是取代苏联时期的集体企业所得税和国营企业的利润提成，于 1992 年 1 月 1 日开征的，由 1991 年 12 月 27 日颁布的第 2116 - 1 号联邦法律《企业和组织利润税》调节。自 2002 年起，俄罗斯企业利润税开始根据《税法典》第 25 章课征。

长期以来，俄罗斯对该税的名称表述不一：1991 年颁布的俄罗斯税法将该税定名为"企业和组织利润税"；1997 年版的《税收》一书称该税为"企业、联合公司和组织利润税"；1998 年出版的《税收体制基础》称其为"企业利润税";1999 年版的《俄罗斯联邦预算体制》一书又将其称为"企业(组织)收入(利润)税";1999 年正式生效的俄罗斯联邦《税法典》将该税定名为"企业和组织利润(收入)税"[①]。自 2002 年起,新版税法将其称为"组织利润税"[②]。为表述和理解上的方便,以下将其统称为"企业利润税"。

3.2.1 俄罗斯企业利润税现状

在俄罗斯的税收体系中,企业利润税是一个非常关键性的税种,对构建一个以所得为主体的税收制度的建设来说发挥着极为重要的作用。

俄罗斯企业利润税是直接税,其数额直接取决于经济活动的最终成果,即取决于所获得的利润。因此,该税对投资过程和资本累积过程都产生影响,是针对企业和公司的基本税种。企业利润税是俄罗斯各级预算最重要的收入来源。近些年,随着税率的日益稳定,其占联邦汇总预算收入的比重也基本保持在 10% 左右,如表 3 - 3 所示,2011 年俄罗斯企业利润税收入为 22705 亿卢布,2016 年增至 27703 亿卢布,增长了 22.01%。其占联邦汇总预算收入的比重从 2011 年的 10.89% 降至 2015 年的 9.65%,2016 年有所回升,为 9.83%。相应地,其占 GDP 的比重也下降了 1 个百分点(见表 3 - 3)。

---

① 郭连成. 俄罗斯联邦税制 [M]. 北京:中国财政经济出版社,2000 年版,第 114 页。

② Пестрикова А. Б. Теоретические и практические аспекты оптимизации налога на прибыль организации. Электронный вестник Ростовского социально - экономического института. Выпуск № 4 (октябрь - декабрь) 2014. Стр. 379 - 386.

表 3 – 3　　　　　　　　俄罗斯企业利润税发展情况

年份 项目	2011	2012	2013	2014	2015	2016
汇总预算收入（亿卢布）	208554	234351	240824	267661	269220	281815
企业利润税（亿卢布）	22705	23557	20719	23753	25990	27703
企业利润税占汇总预算收入比重（%）	10.89	10.05	8.60	8.87	9.65	9.83
企业利润税占 GDP 比重（%）	4.2	3.8	3.1	3.3	3.2	3.2

资料来源：俄罗斯联邦统计局。www.gks.com。

3.2.2　俄罗斯企业利润税的课征

俄罗斯联邦《税法典》第 2 部第 25 章确定了企业利润税的课税基础。

1. 纳税人

俄罗斯企业利润税的纳税人是：①俄罗斯组织。②在俄罗斯境内通过常驻代表机构从事企业活动，并在俄罗斯有收入来源的外国组织。

俄罗斯的企业和组织包括：按俄罗斯法律规定具有法律地位的俄罗斯企业和组织，其中包括从事商业性经营活动的预算经费领用机关；合资企业和在俄罗斯从事经营活动的国际组织；有单独资产负债表和往来结算账户、同业往来结算账户的企业和组织分支机构和其他特殊附属部门；通过常设代表机构在俄罗斯从事经营活动的外国法人；各类商业银行，包括有外资参加的银行和获得俄罗斯许可证的银行；俄罗斯联邦外贸银行；信贷和保险机构及其有单独资产负债表和往来结算账户的分支机构；俄罗斯中央银行和储蓄银行；储蓄银行在共和国、边区、州、莫斯科和圣彼得堡的分支机构或地区银行；按《国家支付俄罗斯联邦小企业活动法》标准规定的小企业。小企业活动的主体是法定资本中俄联邦、联邦主体、社会和宗教组织，以及慈善和其他基金的参与份额不超过 25% 的商业组织。

2. 课税对象

俄罗斯企业利润税的课税对象是纳税人获得的利润。对于俄罗斯企业来说，所谓利润是指扣除俄罗斯联邦《税法典》第二部确定的支出后的收入。对于通过常驻代表机关从事经营活动的外国组织来说，利润是代表机构扣除生产支出后的收入。

俄罗斯企业利润税的收入分为两类：①商品（劳务）和财产权销售所得；②非销售所得。销售所得包括商品（劳务）、财产和财产权销售收益。在确定销售收益时，应扣除销售税、增值税和消费税。所得的外汇收入按卢布换算课税，外汇收入按认定之日俄罗斯中央银行的卢布汇率进行换算。属于非销售收入的所得有：参加其他组织事务性活动所得；外汇买卖交易所得；违法合同义务罚款所得；出租财产所得（如果该收入不被认定为销售所得）；利息所得；无偿获得的财产；其他所得。

俄罗斯《税法典》规定了 43 种无须列入企业利润税税基的收入，其中包括：纳税人根据权责发生制认定的程序，从他人手中获得的资产、产权、工程或劳务；以质押或存款的形式、企业的合伙人（继承人）退出时或企业清算时获得的资产和产权；无偿援助的资金或其他资产；为提高原子能电站的生产安全性，根据国家协议和俄联邦法律无偿获得的固定资产和非物质财产；为协调各级行政机关关系，联邦中央和自治机关获得的资产；根据信贷或贷款协议获得的资金或其他形式的抵偿资产；俄罗斯企业获得的无偿资产；超过注册资本50%以上的企业捐赠；超过注册资本50%以上的自然人捐赠。获得的上述资产在一年之内若转赠第三方，则将被纳入企业利润税的税基。

在俄罗斯，与取得收入有关的支出按其性质分为与生产、销售有关的支出和非经营性支出。其中，与生产、销售有关的支出包括：材料支出；劳动报酬支出；折旧提成；其他支出。所谓材料支出主要包括以下纳税人支出：购买生产用原材料；购买生产用制品、半成品、辅助材料；购买燃料、水、能源；购买生产用劳务；与自然保护用途基金的维护和开发有关的费用。劳动报酬支出包括：工资；奖励和补贴支出；俄罗斯联邦法律规定的各种津贴；一次性酬金；雇主按合同为雇员购买的各项义务和自愿保险①。

折旧提成额取决于被折旧财产的认定方法和折旧提成方法，有效使用期超过12个月以上，价值超过10000卢布，属纳税人所有，并以此取得收益的财产、脑力劳动成果和其他知识产权成果都属于可折旧财产。土地、农产品、生产物资储备、商品、有价证券、预算和非商业组织财产、依靠预算拨款购买的财产、外部公用设施、产品畜和其他财产不属于可折旧财产。

---

① 雇主为雇员购买的人寿险、养老保险和非国家的养老保险的支出不得超过工资总额的12%。雇主为雇员购买的个人自愿保险——医疗保险，不得超过工资总额的3%。雇主根据合同为雇员购买的个人自愿保险（应履行工作义务而造成意外死亡和丧失劳动能力除外）不得超过每人每年10000卢布。

所谓其他支出为纳税人各类生产支出，如固定资产维修支出、自然资源开发支出、科学研究和实验设计支出、财产保险支出，以及其他与生产和销售有关的支出，包括：产品和服务认证支出；员工聘用支出，包括雇佣猎头机构支出；维修、保养支出，包括预支的保修费；租金；公务交通支出，在联邦政府设定的职权范围内，有偿使用私家车和摩托车；差旅费用；法律、信息、审计、咨询和其他类似服务费用；公证费用；企业及其分支机构管理成本；参与生产或企业管理的第三方技术和管理人员的服务费用；办公用品支出；邮费、电话费、电报及其他通讯费；购置计算机程序或数据资料（许可）费用，包括购买低于 2 万卢布的计算机程序使用权以及程序和数据库的更新；市场竞争环境的常规性调查研究，信息收集等与商品生产和销售直接相关的支出等。

与生产和销售没有直接关系的特殊费用属于非销售支出，如：

（1）债务利息；

（2）固定资产废弃物清除支出；

（3）暂停使用的生产设备的维护支出；

（4）法庭和仲裁支出；

（5）包装支出；

（6）银行服务支出；

（7）呆账准备金；

（8）维修和服务担保储备金；

（9）带薪休假储备金和年终优先服务奖励储备金。

3. 税率

在俄罗斯税法的演变过程中，企业利润税税率的确定历经了以下几个阶段：1991 年第一个税法确定的税率相当高——38%。1992 年企业和组织的利润税率降到 32%（对证券、中介、银行和保险公司 45%）。1995 年企业最高税率上升到 35%，但对证券、中介、银行和保险公司的税率有所下降（从 45% 降到 43%），其后对所有企业的税率一度下降了 5 个百分点，但从 2001 年开始，允许地方将税率提高 5 个百分点。2002~2008 年，俄罗斯企业利润税的税率为 24%，同时取消了所有的税收优惠，并实行非线性折旧，但在某些情况下可加速折旧（例如固定资产在具有腐蚀性环境里工作）。2009 年其税率继续降至 20%，其中 2.5% 纳入联邦预算，17.5% 纳入联邦主体和地方预算。2012~2014 年，俄罗斯企业利润税税率依然为 20%，但其在联邦预算与联邦主体预算间的划分比例发生了变化，其中 2% 纳入联邦预算，18% 纳入联邦主体和地方预算。

2018~2020 年，企业利润税税率仍保持在 20% 的水平，其中 3% 纳入联邦预算，17% 纳入联邦主体和地方预算。联邦主体立法机关有权降低纳入本级预算的部分类型纳税人（包括经济特区纳税人、地方投资项目纳税人）的税率，但该税率不得低于 12.5%，也就是说，利润税税率不得低于 15.5%。

俄罗斯《税法典》中关于经济特区的规定给外国投资者带来了更多的机会，零税率是在俄境内建立企业集团的重要激励措施。根据俄联邦《税法典》规定，下列情况下企业利润税税率为 0：

——从事教育和医疗活动（不包括休闲疗养机构）的纳税人可以享受零税率，但需满足下列条件：①拥有教育和医疗活动许可证；②持有专业医疗证书的医务人员比重不低于 50%；③纳税期内工作人员不低于 15 人；④纳税期内未发行票据或其他衍生金融工具。若无法满足上述条件，应按 20% 的税率缴纳利润税。相关纳税人需在纳税申报前一个月内将申请提交至当地税务机关。

——根据俄联邦决议，被确定为经济特区内技术创新型和旅游休闲型的企业，从下一个纳税期开始，应纳入联邦预算的利润可享受零税率；若联邦决议规定，该企业不再属于技术创新型或旅游休闲型企业，则不再享受零税率。

——应纳入联邦预算的自由经济区企业可享受十年零利润税率。根据自由经济区协议、克里米亚共和国和塞瓦斯托波尔市出台的法律法规，应纳入联邦主体预算的企业税率可酌情降低，不得高于 13.5%（2017～2020 年为 12.5%）。

——根据《俄联邦超前社会经济发展区法》和《符拉迪沃斯托克自由港法》，超前社会经济发展区和符拉迪沃斯托克自由港的企业，在其获得利润后的五个纳税期内，应缴纳至联邦预算的利润税税率为 0，缴纳联邦主体预算的利润税税率不得高于 5%，在其后的十个纳税期内税率不得低于 10%。该类企业需满足以下条件：①在超前社会经济发展区或符拉迪沃斯托克自由港登记的法人；②在该区域外未设有独立的分支机构；③不适用于俄联邦《税法典》规定的其他特殊税收制度；④不属于联合纳税组织成员；⑤不属于非商业机构、银行、保险公司（中介）、非政府养老基金、专业证券机构和清算机构；⑥不属于任何类型的经济特区纳税人；⑦不是地区投资项目参与者。

——根据俄联邦政府 1999 年 5 月 31 日颁布的《俄罗斯联邦马加丹特别经济区法》，应纳入联邦预算的马加丹州纳税主体的利润税税率为零。

——从事农业和渔业生产与加工的企业利润税税率为零。

——被列入俄联邦主体社会服务供应商名册、长期工作人员不低于15人、纳税期间未发行票据或其他衍生金融工具的企业，可享受利润税零税率。

——俄罗斯企业通过出售或其他方式进行股权（持有五年以上）转让获得的收入可享受零利润税率，但至少要满足下列条件之一：①纳税人在持有股权期间，股权未在有组织的证券市场流通；②在证券市场流通的高新技术和创新经济股；③企业注册资本中不低于50%直接或间接由俄联邦境内不动产构成。俄罗斯企业出售其持有一年以上的有价证券或投资债券获得的收入可享受零税率。

通常情况下，未通过常驻代表机关从事经营活动的外国企业利润，税率为20%。使用或承租船舶、飞机及其他可移动交通设施或集装箱进行国际货运获得的收入，利润税税率为10%。

俄罗斯银行在履行《俄联邦中央银行法》规定的职能时获得的利润，税率为零，其他经营活动的企业利润税税率仍为20%（见表3－4）。

表3－4　　　　　　　　　　特殊企业利润税税率

特殊收入类型的税基	税率（%）
不通过常设机构在俄联邦境内从事生产经营活动的外国组织收入	
使用、维护或租赁船舶、飞机或其他移动交通工具进行国际运输的收入	10
其他收入（不含股息）	0

续表

特殊收入类型的税基	税率（%）
股息收入	
不少于 365 个日历日连续持有股息发放组织 50% 以上固定资本的俄罗斯组织	0
从俄罗斯和外国组织获得股息收入的俄罗斯组织	9
从俄罗斯组织获得股息收入的外国组织	15
利息收入	
俄联邦及联盟国家、联邦主体和自治机关发行的债券；2007 年 1 月 1 日之后发行的按揭抵押债券；持有 2007 年 1 月 1 日之后发放的按揭股权参与凭证的资产委托管理机构收益	15
2007 年 1 月 1 日前不低于三年发行的自治机关有价债券；2007 年 1 月 1 日前发行的按揭抵押债券，以及发放的按揭股权参与凭证的资产委托管理机构收益	9
1997 年 1 月 20 日之前（包括 1997 年 1 月 20 日）发行的国家和自治机关债券；根据俄联邦政府颁布的"国家有价证券创新的决定"，为稳定后苏联空间内部债务、清算俄罗斯内外部债务，于 1999 年发行的国家外汇债券	0

资料来源：http：//www. grandars. ru/student/nalogi/nalog – na – pribyl – organizaciy. html.

俄罗斯税收协定将股息预提税税率限制在 5%、10% 或 15%。目前，俄签订的税收协定中还没有关于预提税税率为零的规定。2013 年 11 月，俄罗斯关于股息征税的新规定出台，旨在对跨境滥用税收规定的行为进行限制。第 282 号联邦法就股息通告、记录和支付日期做出了新的规定。《税法典》第 275 条要求披露受益所有人信息，否则要缴纳 30% 的无披露预提税。这两部法律仅适用于经股东大会批准的记录日期在 2014 年及以后的股息支付。因此，自 2014 年 1 月 1 日起，受益所有人的预提税款取决于是否遵守受益所有人信息披露的要求。值得注意的是，现行大多数双边税收协定并不支持按照经济特区法律框架进行的投资及税收优惠制度，也就是说，俄罗斯的税收协定通常没有关于税收饶让抵免的规定[①]。

4. 税收优惠

在俄罗斯，与税收相关的法律法规为特定纳税人创造的有利条件，并不总以税收优惠的形式体现。《税法典》第 25 章关于企业利润税的规定中，就不包括税收优惠的具体内容，但条款中却隐藏着诸多的优惠政策：如第 251 条 "无须纳入税基的部分收入"，既指出了构成税基的一般规则，又对企业可以抵免的税收收入进行了明确界定，其本身就是一项优惠条款。总的来说，俄罗斯企业利润税的税收优惠包括以下几种形式：

（1）针对纳税人。

《税法典》第 246 条规定，根据俄联邦法律《2017 年国际足联联合会杯和 2018 年世界杯的筹备和举行以及对俄罗斯联邦部分法规进行变更》，国际足联及其子机构不被视为纳税人。

（2）针对税基。

①纳税人有权纳入报告期（纳税期）的支出：不超过固定资本原始价值（无偿获得的固定资本除外）10% 的资本投入，以及不超出改装、重建、技术改造和固定资产清理支出的 10%（第 257 条）；大型广告活动优胜者的奖品支出，以及不超过销售收益 1% 的其他

---

① 丹尼尔·V. 温尼斯基. 俄罗斯税制改革最新趋势［J］. 国际税收，2015 年第 1 期。

形式的广告支出（第 249 条）；报告期（纳税期）内不超过劳动报酬支出 4% 的招待费（第 264 条）；购置土地的支出（第 264 条第 1 款）；质保和保修服务储备资金支出（第 267 条第 1 款）；为残疾人提供保障的未来储备支出（第 267 条第 1 款）；②亏损结转：纳税人有权将某一纳税年度发生的经营亏损，于其后十年内进行抵补（第 283 条）；③加速固定资产折旧（第 259 条第 3 款）。

（3）其他形式。

其中包括降低税率（第 284 条）、税前扣除、延期或分期缴纳、税收返还（税收赦免）、专项（投资）抵免。

然而，有专家认为，俄罗斯企业利润税对税收优惠的提供并不具有系统性。一方面，税收优惠政策在刺激企业创新积极性方面起到的作用并不十分明显，潜在的、能够获得优惠条件的企业，其目的主要在于逃税，并不参与经济创新活动，这不仅影响了政策的实施效果，同时也不利于俄罗斯创新产业的进一步发展；另一方面，俄罗斯目前依然没有专门的税收机制，为其经济发展创造良好的投资环境。俄政府致力于通过降低税率或税收抵免的方式来降低企业的税收负担，却没有规定相应的责任，使其将更多的资金用于实现生产现代化和技术革新①。

5. 计算方式

收入和支出的确定需要通过税收核算，它是确定税基的基础。图 3－1 展示了俄罗斯税收核算的目的和原则。

---

① Баландина А. С. Анализ применения налоговых льгот по налогу на прибыль в Российской Федерации. Вестник томского государственного университета. 2013. №1（21）. Стр. 85－88.

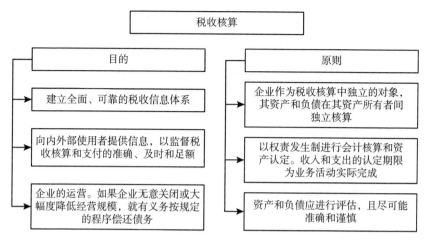

图 3 – 1　俄罗斯税收核算的目的和原则

俄联邦《税法典》规定了两种确认企业利润税收入（支出）的方法：一是权责发生制（计入账户法），是指收入和费用的确认以实际发生为标准，即一切要素的时间确认，尤其是收入和费用的时间确认，均以权利已经形成或义务（责任）已经发生为标准；二是收付实现制（现金法），以现金收到或付出为标准，来记录收入的实现和费用的发生。根据收付实现制，收入和费用的归属期间与现金收支行为的发生与否紧密相关，即现金收支行为在其发生期间全部记作收入和费用，而不考虑与现金收支行为相连的经济业务是否发生。

收入（或支出）的认定程序取决于收入（或支出）确定的直接方法。在对利润课税中，收入（或支出）认定的主要方法是计入账户法。计入账户法的要点在于收入（或支出）在（税收）报告期中被认定的地点，而与实际支付无关。例如，企业在 1 月 15 日发出价值 30000 卢布的商品，按合同规定支付的运出商品的货款发生在 2

月 15 日,其收入认定日为 1 月 15 日。如果上四个季度的平均商品(劳务)销售收益,不含销售税、增值税和消费税,每季度不超过 100 万卢布,该企业(银行除外)有权以现金法认定收入取得之日。现金法的收入(或支出)认定时间为资金进入(转出)银行账户之日。

6. 纳税期限

俄罗斯企业利润税的纳税期限为日历年度。税收报告期为日历年度的季、半年和 9 个月。对于按实际得到的利润每月预缴的纳税人来说,税收报告期为月。各企业根据纳税期预计利润与税率计算预付税款。

所有纳税人,无论其是否存在纳税(和/或预付税款)义务,不论其核算和支付的具体特征,在每一报告期或纳税期满后,都必须向所在地税务机关或附属机关提交利润税纳税申报单。纳税人及其代理机关应在纳税报告期满后的 28 天内,向税务机关提交税单;不得晚于纳税期满后下一年度的 3 月 28 日提交税单;根据实际利润按月缴纳预付税款的纳税人,应在规定的期限内提交税单。

在俄罗斯,下列组织(或自然人)无须按月预付税款:

(1)前四个季度平均销售收入不超过 300 万卢布的组织;

(2)预算机构;

(3)通过常驻机构在俄联邦境内从事生产经营活动的外国企业或组织;

(4)非商业机构,不具备商品(工程、服务)销售收入;

(5)产品分成协议的投资者;

(6)资产管理协议的受益人。

3.2.3 俄罗斯企业利润税的发展

在 2002 年俄罗斯联邦《税法典》第 25 章 "企业利润税" 颁布前，俄罗斯企业利润税具有以下特点：①在计算利润税时对可扣除支出项目有明确限制，受俄罗斯联邦政府法令 "产品（加工、劳务）生产和销售支出管理条例" 控制；②固定资产只能按苏联部长会议确定的标准进行直线折旧；③税收优惠面大、数量多，虽然名义税率35％，但享受税收优惠后的有效税率仅为 19.5％。

俄罗斯企业利润税根本性改革开始于 2002 年。从 2002 年开始，按照俄罗斯联邦《税法典》第 2 部第 25 章征收企业利润税，企业利润税占俄罗斯联邦汇总预算收入的比重不断提高，一度超过增值税成为俄罗斯各级预算中最重要的收入来源。

2002 年 1 月 1 日，俄罗斯联邦《税法典》25 条正式颁布实施，俄罗斯利润税由此发生了巨大变化，主要有：①将企业利润税税率由35％下降到24％；②取消对可扣除支出名目的限制，只要符合经济原则，所有与取得收入相关且有凭据证明的资金都可扣除；③取消亏损结转以外的所有税收优惠（可结转年限放宽至开始盈利后的10 个税收年度）；④折旧自由化（可采取直线和非直线方法折旧；缩短固定资产有效使用年限）；⑤会计核算方式由现收现付制转向权责发生制，即按销售的产品和已发运产品的利润进行核算，而不是按现金的收付进行核算；⑥引进独立的税务核算系统。

俄罗斯企业利润税改革使各类企业的税收条件相对公平，税收负担的分配更为均衡。在此之后，俄罗斯对企业利润税进行了不断的完善与发展。2005 年，俄罗斯将企业得自俄罗斯企业的股息所得税率由6％提高到9％。2006 年，俄罗斯将亏损结转额提高到50％，再次投入的固定资产奖励 10% 的加速折旧（折旧奖励），改变科研、实验设计支出的冲销期限。

2009 年，在金融危机的冲击下，俄罗斯的企业亏损面及亏损金额急剧上升。为帮助遭遇重创的实体经济渡过难关，2009 年，俄罗斯将企业利润税的税率降低到 20%。税率的降低，再加上实体经济的滑坡，使当年俄罗斯联邦预算中企业利润税收入下降了 20.1%。虽然国家预算收入由此减少，但对于处境艰难的俄罗斯企业来说，这部分留存下来的资金起到了雪中送炭的作用，有效地减少了贷款违约企业的数量，遏制了企业支付危机的蔓延；有力地支持了企业的投资和业务的扩展，使众多企业在金融危机中不仅得以生存，还得到了进一步的发展。

2012 年，俄罗斯在企业利润税税率不变的情况下，将其在联邦预算与联邦主体预算间的划分比例进行了调整，其中 2% 纳入联邦预算，18% 纳入联邦主体和地方预算。

2017 年，俄联邦《税法典》提出了关于企业利润税改革的新规定①。

第一，2017 年俄罗斯企业利润税的最大变更在于分配比例的改变：在维持 20% 的利润税税率的基础上，纳入联邦预算的比例提高了一个百分点，由 2% 增至 3%，鉴于企业利润税是俄联邦主要税种之一，这将有利于增加联邦中央的财政收入。相应地，纳入地方和联邦主体预算的利润税由 18% 降至 17%，此外，地方政

---

① Изменения по налогу на прибыль организаций 2017 года. Источник: http://ppt.ru/news/138001.

府对特殊纳税人给予税收优惠的权力也有所下降，最低缴纳税率由13.5%降至12.5%。

第二，细化了呆账（可疑债务）准备金的计算规则。为客观反应纳税人的财务状况，2017年税法典第266条对呆账进行了准确界定，即在约定期限内未偿付的、没有质押或银行担保的任何账务。2016年11月30日通过的联邦法[①]涉及了可疑债务准备金的数额及其用途，规定纳税人仅可利用准备金抵偿不良债务带来的损失。准备金数额不得超过前一纳税期或当前报告期企业利润的10%，同时，若准备金数额超过前一报告期资产负债表准备金余额，则差额部分应纳入本年度非销售成本之中，与之相反，则纳入非销售收入。

第三，计算资产折旧时应充分考虑俄罗斯固定资产分类的新标准以及损失转嫁的新程序，取消了损失转嫁的期限限制（10年），此外，还规定2017年1月1日至2020年12月30日企业利润税税基中扣除往期损失的比率不得高于50%。

第四，员工专业水平评估支出被撤销。

第五，特税区名单有所更新。2017年俄罗斯将不再与109个国家和19个地区互换税务信息，其中包括巴西、中国台湾和韩国。此次从特税区名单中删除了格鲁吉亚、爱沙尼亚、中国香港、开曼群岛和百慕大群岛。

第六，通过了新的未缴纳税款的惩罚措施。从2017年10月1

---

① Федеральный закон от 30. 11. 2016 № 405 – ФЗ «О внесении изменений в статью 266 части второй налогового кодекса Российской Федерации». http：//ppt. ru/docs/fz/405 – fz – 94855.

日起，对于未及时缴纳税款的业主，罚款将有所增加。根据税法第
75 条，新的惩罚机制包括：延迟 30 个日历日（包括）之内，罚款
金额为俄罗斯央行再融资利率的 1/300；超过 30 天则增至 1/150。
由于当前俄罗斯法律允许为第三者纳税，因此该项惩罚并不会经常
发生。

4 商 品 税 类

本章着重探讨增值税和消费税。增值税和消费税都是俄罗斯极为重要的税种，对俄罗斯联邦财政贡献巨大，占联邦汇总预算收入的比重通常在18% ~20%，且近年来呈不断上升态势（见表4-1）。

表4-1 俄罗斯商品税类收入情况

项目 年份	2012	2013	2014	2015	2016
预算收入（亿卢布）	234351	244427	267661	269220	281815
增值税收入（亿卢布）	35461	35394	39402	42339	46334
消费税收入（亿卢布）	8370	10226	10722	10144	12939
增值税收入占比（%）	15.13	14.48	14.72	15.73	16.44
消费税收入占比（%）	2.84	4.16	4.01	3.97	4.81
合计占比（%）	17.97	18.64	18.73	19.7	21.25

资料来源：根据俄罗斯财政部官网数据测算。

俄罗斯商品类税收收入的增长源自俄罗斯税收改革重心的转变。20世纪90年代，俄罗斯认为应该像西方国家一样提高直接税（特别是所得税）比重，降低间接税比重。但近年来俄罗斯官方已不断释放一种信号，即税制改革应将税收负担逐步转移至间接税，提高间接税，降低所得税，在减轻居民及企业负担的同时促进消费发展。

4.1　增值税

增值税最早开征于法国。在此之前，法国一直对销售课税，但对销售课税存在天然的弊端，商品的每一次转售都面临课税，商品价格因之不断增高，阻碍了商品流通，形成典型的"级联效应"。为克服这一弊端，法国于1948年试行新的税收支付体系：每个出售产品并缴纳税收的公司都可以扣除其购买该产品时支付给供应商的税款。1968年，该体系在法属殖民地"科特迪瓦"试行，运行成功后被正式引入法国。

20世纪70年代，增值税开始在欧洲推广开来。欧洲国家普遍认为，增值税的优势在于促进货物、工程和劳务自由流通，而这正是销售税所不具备的。由于增值税的引入，销售税逐步从欧洲经济共同体国家消失，截至1982年，所有欧洲经济共同体国家都或自愿或被迫转向增值税。

在俄罗斯，最早提出增值税的是瓦伦蒂娜·帕夫洛娃（Валентина Павлова）政府。1990年1月1日，苏联开始在全境内征收销售税，该税的课征方法与增值税极为接近。1992年，俄罗斯颁布《增值税法》，增值税正式在俄罗斯开征。俄罗斯最初的增值税税率为28%，这是一个相当高的税率水平，引起了劳动密集型产业危机，其后，俄罗斯增值税税率降低到20%，2004年进一步降到18%。目前，俄罗斯增值税税率共分为三档：一是零税率，二是10%低税率，三是18%标准税率。

4.1.1　俄罗斯增值税现状

增值税从开征伊始就成为俄罗斯预算收入中最为重要的税收来源，如果不算社会强制保险缴费，增值税可谓俄罗斯第一大税种。

2008～2016 年，俄罗斯增值税的收入规模不断扩大，由 21325 亿卢布增长到 46334 亿卢布，增长了 1.17 倍，同期，俄罗斯联邦汇总预算收入由 160034 亿卢布提高到 281815 亿卢布，扩大了 76.10%，增值税收入的增长速度是联邦汇总预算收入增速的 1.23 倍。

俄罗斯增值税收入的较高速增长，使增值税收入占联邦汇总预算收入的比重不断上升，由 2008 年的 13.33% 上升到 2016 年的 16.44%，提高了 23.33%（见表 4－2）。

表 4－2　　　增值税收入占俄罗斯联邦汇总预算收入比重

年份 项目	2008	2009	2010	2011	2012	2013	2014	2015	2016
预算收入（亿卢布）	160034	135997	160319	208537	234351	244427	267661	269220	281815
增值税收入（亿卢布）	21325	20503	24986	32507	35461	35394	39402	42339	46334
增值税收入占汇总预算收入比重（%）	13.33	15.08	15.59	15.59	15.13	14.48	14.72	15.73	16.44

资料来源：根据俄罗斯国库网站数据整理。

虽然俄罗斯增值税收入规模不断扩大，但其占 GDP 的比重却处于较为明显的波动之中。从 2008 年开始，俄罗斯增值税收入占 GDP 的比重呈现下降态势，由 2007 年的 6.86%，下降至 2016 年的 5.40%，下降了近 23.3%。其中，下降幅度较大的是 2008 年和

2014 年，这两年均为经济危机发生之年，在这两年里，俄罗斯增值税收入的增长速度都出现了较为显著的下降，使其占 GDP 的比重明显减少。2008 年，俄罗斯增值税收入占 GDP 的比重比最高点 2007 年减少 24.6% 。2014 年，俄罗斯增值税收入占 GDP 的比重比最高点 2007 年进一步减少，减少了 27.4% ，是这段时期降幅最大的一年。近年来，俄罗斯增值税收入占 GDP 的比重开始缓步回升，2016 年，俄罗斯增值税收入达到 GDP 的 5.40% ，但离最高点 2008 年的 6.86% 还有相当一段距离。①

俄罗斯增值税收入占 GDP 的比重如表 4 - 3 所示。

表 4 - 3　　　　　　　　俄罗斯增值税收入占 GDP 的比重

项目＼年份	2007	2008	2009	2010	2011	2012	2013	2014	2015	2016
增值税收入占 GDP 比重	6.86	5.17	5.29	5.56	6.01	6.20	5.31	4.98	5.09	5.40

资料来源：根据俄罗斯统计局、俄罗斯财政部的数据计算。

4.1.2　俄罗斯增值税的课征

自 2001 年起，俄罗斯依据《税法典》第 21 章课征增值税。根据《税法典》第 13 章相关规定，增值税为联邦税，增值税收入全额上缴联邦预算。

1. 纳税人

根据《税法典》规定，俄罗斯增值税的纳税人是：①组织；②私

_____

① 根据俄罗斯统计局，俄罗斯财政部的数据计算详见表 4 - 3。

营业主；③在关税联盟关税法律和俄罗斯联邦关税法律确定的海关边境从事货物流通的个人。

但 3 个日历月度内未享受税收扣除，且货物（工程、劳务）销售收入总额不超过 200 万卢布的组织和个体企业，不负有增值税纳税义务。

2. 课税对象

在俄罗斯，下列行为属于增值税的课税对象：①在俄罗斯境内销售的货物（工程、劳务），包括按违约或债务更新协议销售的抵押品和转让的货物，以及转让的财产权。无偿转让货物所有权、工程成果和提供服务也视为货物（工程、劳务）销售。②在俄罗斯境内用于满足自我需求转让的货物（工程、劳务），其支出（不含折旧扣除）在计算企业利润税时不可扣除。③自用的建筑安装工程。④向俄罗斯联邦境内及其管辖领地运输的货物。

下列行为不课征增值税：①无偿向政府部门转让的住宅、幼儿园、俱乐部、疗养院、其他社会文化及住房公共设施，以及道路、电网、变电站、燃气网络、取水设施和其他类似设施；或依照政府决定向使用上述设施的专业化组织进行的相关财产权转让。②私有化过程中发生的国有企业财产转移。③政府机构提供的俄罗斯联邦法律、联邦主体法律、地方自治法律规定职责范围之内的服务，例如，国库企业以及预算单位和自治单位依靠国家预算补贴完成的国家任务规定的服务；在联邦付费公路上根据合同提供的车辆通行权服务，但依照特许协议由特许公司提供的服务除外。④无偿向政府部门、政府机构、国有企业转移的固定资产，或无偿利用转移的固定资产为政府部门提供的服务。⑤出售土地业务。⑥转移给其继承人的组织财产权。

3. 税收基础

俄罗斯增值税的税基由纳税人在货物（工程、劳务）销售时根据货物（工程、劳务）生产或购买的不同特点确定。

俄罗斯增值税税基的确定方式为：

（1）转让用于自需的货物（工程，劳务），由纳税人根据《税法典》第166条规定确定税基；当货物进入俄罗斯联邦境内及其管辖领地时，税基由纳税人依照关税联盟海关法律和俄罗斯联邦海关法律相关规定确定税基；销售（转移、提供自用）不同税率货物（工程、劳务）时，纳税人应按照不同税率分别确定各类货物（工程、劳务）的税基；在适用同一税率的情况下，纳税人确定税基时可合并各类货物（工程、劳务）；转让财产权时，税基应按照《税法典》相关规定依据具体情况确定。

（2）确定货物（工程、劳务）销售及产权转移收入的税基时，应包含纳税人因上述货物（工程、劳务）而获得的所有现金、实物以及有价证券形式的总收入。

（3）在确定税基时，纳税人以外币形式发生的收入（支出），依照货物（工程、劳务）销售之时或支出发生之时俄罗斯联邦中央银行发布的汇率换算成卢布进行。

（4）如果按照合同销售货物（工程，服务）、转让财产权，支付义务约定为与卢布等量的外币或货币单位，在确定税基时，应以货物（工程、劳务）装运或财产权转让当天俄罗斯联邦中央银行卢布汇率为准。

4. 税收期限

俄罗斯增值税的税收期限为季度。

5. 税率

俄罗斯增值税最初的税率高达 28%，其后降低到 20%，从 2004 年 1 月 1 日起降到 18%。目前，俄罗斯增值税税率共分为三档：一是零税率，二是 10% 低税率，三是 18% 标准税率。

（1）零税率。

在俄罗斯，零税率适用于：①办理了关税手续的出口货物，以及办理关税手续后进入免税区的货物。②国际货物运输服务，目的地或出发地在俄罗斯境外的海运、河运、海河联运、航空、铁路和公路运输服务；由石油管道运输和石油产品企业完成（提供）的工程（劳务）；运往俄罗斯联邦境外的天然气管道运输服务，以及运入俄罗斯联邦境内用于天然气再加工服务；由国家（全俄）电网统一管理组织向国外电力系统提供的转让俄罗斯国家（全俄）统一电网电力服务；由俄罗斯组织（管道运输组织除外）提供的出发地和（或）目的地在俄罗斯境外，跨越俄罗斯边境的货物（工程、劳务）海河港口运输和存储服务；办理了关税手续在关税区的货物再加工服务等。③国际货物自俄罗斯入境抵达地关税局到离境出发地关税局的过境转运服务。④出发地或目的地在俄罗斯境外、办理了统一的国境出入文件的旅客和行李运输服务。⑤空间活动领域商品。⑥纳税人生产或从含有贵重金属的废弃物中提取并出售给俄罗斯联邦国家贵金属和宝石基金、俄罗斯联邦主体贵金属和宝石基金、俄罗斯联邦中央银行以及各银行的贵金属。⑦供外国外交使团机构工作使用、外交人员及其家属个人使用的货物（工程、劳务）。⑧来自从俄罗斯境内，供航空、船舶运行所必需的燃料和可燃润滑材料。⑨由俄罗斯运营商提供的货物转运或出口到俄罗斯境外，或在俄罗斯境内加工产品出口的铁路运输等。

（2）10%的低税率。

俄罗斯联邦《税法典》第164条规定，对所有食品和儿童商品按10%的税率征收增值税。征收10%税率的食品有：①活的畜禽；②肉及肉类制品（含所有的肉类分解产品）；③奶及奶制品；④蛋及蛋制品；⑤植物油；⑥人造奶油；⑦糖，包括原糖；⑧盐；⑨粮食、复合饲料；⑩油料作物及其加工产品；⑪面包及面包制品；⑫谷物；⑬面粉；⑭通心粉产品；⑮活鱼；⑯海鲜和鱼类产品，包括冷藏冷冻和其他类型加工产品；⑰儿童食品和糖尿病营养产品；⑱蔬菜（包括土豆）。

征收10%税率的儿童商品有：①给婴儿、学龄前儿童、中小学学生的针织品；②给婴儿、学龄前儿童、中小学学生的缝制衣物；③各类鞋子；④儿童橡胶制品；⑤童床；⑥玩具；⑦学生用练习本、文具盒、计算尺、日记本、图画本、画册、绘画本、练习本封面、教科书、数字字母盘等。

除此之外，采用10%税率的还有：①定期出版物的销售，广告和色情出版物除外；②与教育、科学和文化有关的纸制产品的销售，广告和色情出版物除外；③医疗设备的销售；④种猪、种羊、种牛的繁育；⑤旅客和行李的国内空运服务；⑥长途旅客和行李铁路运输服务等。

（3）18%的标准税率。

在俄罗斯，除零税率及10%低税率以外的其他货物（劳务）的销售，都按18%的税率课征增值税。

6. 税收扣除

根据《税法典》相关规定，俄罗斯纳税人在缴纳增值税时有权进行税收扣除，税收扣除额为纳税人在俄罗斯联邦境内及其领地购买货物（工程、劳务）和财产权时支付的税款，纳税人用于国内消费和加工的货物在进入俄罗斯境内及其领地办理海关手续时缴纳的税款，以及纳税人为非关税区域或临时进入俄罗斯境内未办理关税手续的货物缴纳的税款。

根据《税法典》规定，增值税的税收扣除人为货物（工程、劳务）的购买人，依法登记并履行税收义务的货物（工程、劳务）购买人拥有申请税收扣除的权利。

7. 税收优惠

俄罗斯《税法典》第149条明确规定了增值税的税收优惠范围，即免征增值税的货物（工程、劳务）销售行为有：①由出租人在俄罗斯领土上提供给在俄罗斯获得认证的外国公民或组织的租赁服务，此认证名单由俄罗斯财政部与联邦相关国际关系事务执行机构联合拟定。②在俄罗斯境内销售（转让、提供自用的）俄罗斯政府批准的国产、进口药品，例如最重要的和生活必需的医疗产品，矫形康复产品及其制造原材料和半成品，视力矫正眼镜、镜片、镜架等；医疗机构及从事医疗活动的个体业主提供的医疗服务，化妆品、兽医和流行病服务除外。③对由卫生组织、公民社会保护机构和（或）联邦医疗社会保护机构签发，确有看护必要的病人、残疾人和老年人提供的看护服务。④教育机构根据学前教育规划提供的托儿服务，教育机构提供的未成年子女课堂教育服务。⑤教育和医疗机构食堂直接提供的饮食服务，或大众饮食机构生产并直接提供给上述食堂的饮食服务。⑥档案机构提供的档案保存和使用服务。⑦客运服务，包括城市客运服务（出租车服务除外）以及近郊客运服务；海、河、铁路或公路客运服务。⑧殡葬服务，墓碑制作和坟墓埋葬，以及出售殡葬用品（根据俄罗斯联邦政府批准的清单）。⑨邮票（收集邮票除外），贴有油票的明信片和信封，有相关机构授权的彩票抽奖。⑩以各种所有权住房提供的住房服务。⑪属于俄罗斯联邦或外国（国家群体）合法现金支付手段的贵金属硬币。⑫法定资本金注入，合作股份基金和合作投资基金股份，有价证券和期货交易金融工具。⑬提供的保修期内免费的医疗物品和家用电器维修和保养服务，包括零部件更换。⑭非营利教育组织根据普通教育和（或）职业教育规划提供的职业培训和教育服务。⑮文化遗产（历史文化古迹）保护工程（服务）。⑯社会经济发展框架下实施的为军事人员兴建的住房项目。⑰由授权机构提供的各类规费征收服务。⑱免税店商品。⑲根据俄罗斯相关法律提供的无偿援助商品。⑳组织提供的文化艺术领域服务，包括为客户提供的音响设备、乐器、服装、鞋类、戏剧道具，用于教育的教材、复印、影印、印刷，用于博物馆的展品等方面的服务。㉑电影产品制作。㉒在俄罗斯机场及领空提供的飞行服务。㉓各类船舶在港停留期间的引航、船舶分类和检验服务（包括维修服务）。㉔医疗企业提供的视力、助听和假肢等康复和矫形产品的生产和维修服务。㉕具有专有权的新型发明、工业品外观设计、电子计算机程序、数据库、集成微电路、专有技术，以及根据专利协议可以使用上述智力产品的权利。㉖博彩的组织和开展。㉗养老金储蓄信托管理服务。㉘衍生金融工具基础上产生的权利转让交易。㉙废纸，包括生产和消费的纸张和纸废弃物，废弃和过时的纸张、纸板、印刷产品、商业文件，包括已过期的文件。㉚"一级方程式"世界锦标赛服务。㉛医疗产品转让服务。㉜根据 1994 年 12 月 29 日颁布的第 79 号联邦法《国家物资储备法》程序，对国家物资储备责任托管人和借款人提供的储备更新物资及资金借贷服务。

与此同时，在俄罗斯免征增值税的交易有：①销售（转让自己需要的）宗教用品和宗教文献（根据俄罗斯政府批准的宗教组织名单），以及这些机构开展的宗教仪式、祈祷会等宗教活动。②生产和销售货物（工程、劳务），不包含消费税课税产品、矿物原料和矿物产品，以及俄罗斯联邦政府根据全俄罗斯残疾人组织建议批准的货物。③银行业务。④提供的结算信息服务，包括信用卡交易信息服务。⑤根据俄罗斯联邦法律规定，虽未获得中央银行许可，但企业有权开展的部分银行交易。⑥销售具有公认的艺术价值的民间工艺品。⑦保险公司提供的保险、共同保险和再保险服务，非国有养老基金提供的非国有养老保险服务等。⑧贵金属、精选矿和含有贵金属的其他工业品的销售。⑨向各类企业出售用于加工的钻石原材料。⑩生产产品的企业内部销售。⑪根据"慈善活动和慈善组织联邦法"规定，用于慈善活动货物（工程、劳务）的无偿地转移，但消费税应税产品除外。⑫体育组织为其文化体育活动提供的门票和季票，以及为筹备和开展这些活动提供的体育设施出租服务。⑬律师公会成员提供的服务。⑭货币和有价证券信贷业务。⑮依靠国家预算以及俄罗斯基础研究基金、俄罗斯技术发展基金、各部和部门的预算外基金完成的科学研究和试验设计工作，由教育机构根据经济合同而完成的科学研究和试验设计工作。⑯提供的健康疗养服务。⑰森林火灾灭火服务。⑱从事农产品生产企业销售自产产品，此部分收入不得低于企业收入的70%。⑲出售住房、居住用地，以及转让共有产权。⑳用于广告目的，且价格不超过100卢布的货物（工程，服务）转让。㉑信贷债务的转让。㉒代理人在港口经济特区提供的服务。㉓根据俄罗斯联邦选举和投票法无偿提供的时间及印刷场地服务。㉔管理机构提供的住房、电力、燃气、冷热水等公共事业服务。㉕根据俄罗斯联邦广告法无偿提供的社会公益广告服务。㉖根据协议为投资合伙人提供的服务。㉗投资所有权转让。㉘出售种牛、种猪、种羊、种马、种蛋，以及相关的精液和胚胎。

8. 计算方式

俄罗斯《税法典》第166条明确规定了增值税的计算方法。应纳税额根据核定的税基及相应税率计算得出。应纳税总额为根据各项货物（工程、劳务）销售基数及相应税率求得的应纳税额的加总。未在税务机关注册登记的外国组织，其应税总额不由纳税人计算，而由税务代理机构对其在俄罗斯境内的每笔货物（工程、劳务）销售业务进行逐一计算。按照零税率课征的货物（工程、劳务）销售应纳税额每笔业务分别核算。在纳税人未做会计记录或课税对象记录时，税务机关有权依据其他同类纳税人的数据计算应纳税额。

9. 纳税期限及税收申报

在每一纳税期结束后，纳税人需就其该期限内在俄罗斯境内销售货物（工程、劳务）的应税情况进行汇总，并在其后3个月每月25日前缴纳税款。运入俄罗斯境内的货物依照关税联盟关税法律和俄罗斯联邦关税法律缴纳增值税。纳税人在俄罗斯境内销售货物（工程、劳务）缴纳的增值税，由纳税人向注册地税务机关缴纳。税务代理人（组织和个人企业）在其所在地缴纳税款。由个人缴纳的增值税，纳税人应在纳税期结束后第一个月的 25 日前缴纳税款。

纳税人有义务在税收期限结束后次月的 25 日前向注册地税务机关通过电子信息渠道提交电子报税申请。纳税申报书应包含纳税人买卖信息。

10. 增值税发票

发票是买方得到卖方提供的货物（工程、劳务）及税收扣除权的重要凭据。根据《税法典》第 169 条规定，增值税发票可以为纸质的，也可以为电子的。纳税人有义务开具发票，保留采购和销售账簿。

增值税发票应含有如下信息：①发票的序列号和日期；②纳税人和买方姓名、地址和身份证号码；③发货人、收货人名称、地址；④支付清算文件号码；⑤交付（发货）货物名称（工程、劳务）和计量单位；⑥货物数量；⑦单位价格；⑧货物（工程、劳务）的价值；⑨货物的应税消费额；⑩税率；⑪以适用税率为基础确定的货物（工程、劳务）、产权课征税额等。

发票应由企业的负责人和总会计师签字。电子发票应由企业的负责人和总会计师加注合乎规定的电子签名。

4.1.3　俄罗斯增值税的发展

1. 俄罗斯增值税由生产型转向消费型改革

俄罗斯 1992 年开征增值税，税率 28%，实行的是生产型增值税。1993 年，俄罗斯将增值税税率由 28% 降低到 20%。

2003 年，俄罗斯将增值税课征类型由生产型转向消费型，改变了对投入使用的基本建设项目的物质补偿方式，扩大了按 10% 税率征税的商品名单，并取消了一系列优惠。

2004 年，俄罗斯将增值税税率从 20% 降低到 18%。降低增值税税率对俄罗斯经济产生了一系列影响，联邦预算收入由此遭受的损失是 GDP 的 0.7%，但政府预算实际损失为 GDP 的 0.5%，由于企业将税率下降带来的收益转化为人员工资福利以及生产利润，使其他税收（企业利润税、个人所得税和社会保险基金缴费）收入得以提升，增值税预算收入损失因之得到一定程度弥补。同时，通过税收向投资的转化，又对国家的经济发展产生了一定的促进作用。据测算，由此带来的经济增长约为 GDP 的 0.2%。

2005 年 1 月对尤科斯石油公司开展的税务大检查补征到大量增值税，使 2005 年俄罗斯联邦预算中的增值税收入大幅度提高。由此带来的联邦预算收入达到 1380 亿卢布，约为当年 GDP 的 0.64%。如果不考虑增值税收入中来自尤科斯公司的这一一次性收入，俄罗斯 2005 年的增值税收入还在继续下降，而这与《税法典》第 21 章的补充条款——居住用不动产和土地交易免税的颁布有关（俄罗斯联邦税法典第 146 条第 6 款，以及第 149 条第 3 款第 22 ~ 23 补充条款）。随着"指定国家"，即独联体国家课税原则的颁布，在俄罗斯出口商要向独联体国家缴纳出口税的同时，俄罗斯也因此获得向独联体国家征收进口税的权利，但其最终结果是俄罗斯的增值税收入占 GDP 的比重下降了 0.12%。

2006 年，俄罗斯对增值税做了如下变动：①对税收义务和税收扣除进行核算的方式由现收现付制强制转向应计制。这一核算方式的改变相当于免除了对出口产品预付款的课税。②向增值税全面税收扣除制度过渡，即向基本建设的供货人和承包人提供税收扣除。③将企业和个人缴纳增值税的免税收益由 100 万卢布提高到 200 万卢布。④对一系列交易免征增值税（与银行卡发放有关的服务，黑色和有色金属废弃物的销售，个体公证人的公证活动）。

2007 年，俄罗斯允许出口商为其购进原材料已付增值税申请补贴，同时，下列两项业务也不再课征增值税：①宗教组织（团体）和宗教组织下属机构销售其生产的宗教性质商品和宗教文学作品；②俄罗斯政府规定的俄罗斯联邦对外贸易活动商品名目表上所列，输入俄罗斯境内的大型育种奶牛、种猪、育种山羊和绵羊，上述育种动物的精子和胚胎，以及种马和种蛋。

2008 年，俄罗斯继续扩大增值税的免征范围，拥有独家所有权的发明、可使用模型、工业样品、计算机程序、基础数据、集成电路、秘密生产工艺（诺浩）等的转让，以及特许权合同基础上的上述知识产品使用权的转让等，都被纳入免税范围。

自 2008 年开始，免缴增值税的还有：由各类组织完成的科研、实验研发技术工作，以及工程项目或技术体系的结构设计；新工艺研发；制造的具有创新性、无意销售给第三方的机器、设备和物资的实验模型，以及在整个数据收集期内为进行实验、累积经验和整理技术文件所做的实验都免征增值税。

2. 俄罗斯增值税的不断完善与发展

2018 年，俄罗斯增值税变化主要涉及纳税人身份的转换，一些以前无须纳税的组织和企业自 2018 年 1 月 1 日起将成为俄罗斯增值税的纳税人，例如，出售有色金属和黑色金属、合金、铝、废弃金属的企业不再享有免缴增值税的权利，销售未经处理动物皮毛的企业也不再享有免缴增值税的权利。

与此同时，俄罗斯加大了增值税的免税业务范围。自 2018 年 1 月 1 日起，医疗设备仪器的免税范围进一步扩大，假肢和骨科器材以及假肢和骨科器材生产原材料的租赁、购置和销售业务免税。增值税的税收优惠也出现了新的变化，例如航空客运可享受 10% 的低税率，转运至加里宁格勒可享受零税率，货物再出口可享受零税率。铁路出口货运 2018 年前只有集装箱运输能够享受零税率，2018 年后各种形式的出口转运都可享受零税率。

4.2 消费税

消费税是对消费品和特定消费行为课征的一种商品税，具有间接税的性质。作为俄罗斯历史上最古老的税种之一，消费税在补充国库收入方面发挥着重要的作用。

从 2001 年 1 月 1 日起，俄罗斯开始根据《税法典》（第二部分）第 22 章相关规定征收消费税。为保障税收征收效率，降低税收征管工作难度，俄罗斯消费税的课征主要在生产或进口环节开展。

4.2.1 俄罗斯消费税现状

1992 年，俄罗斯联邦颁布独立后第一个《消费税法》，开征消费税。在初始阶段，为发挥消费税补充国库收入的作用，俄罗斯消费税应税消费品的课征范围较为广泛，针对酒水饮料、纯酒精、啤酒、烟草、轻型汽车、1.25 吨以下的载重车、纪念品、钻石、水晶、地毯、皮制品、皮衣以及个别种类的矿产原料等课征消费税。

其后，伴随俄罗斯国库收入的日渐充沛，以及财政收入的逐步稳定，俄罗斯消费税补充国库收入的功能不断弱化，应税消费品种类不断精简。目前，消费税收入不到俄罗斯财政收入的5%。但作为间接说的一种，消费税在俄罗斯仍发挥着调整产品结构、引导消费方向的重要作用。

2008年以来，俄罗斯消费税收入规模呈整体上升趋势，从2008年的3506亿卢布上升至2016年的13563亿卢布，增幅达2.9倍（见表4-4）。俄罗斯消费税主要来自生产和进口环节，即在俄罗斯境内生产的应税消费品与进口至俄罗斯境内的应税消费品都需缴纳消费税。在消费税收入中，以对俄罗斯境内生产（生产环节）课征的消费税为主，对进口至俄罗斯境内进口环节课征的消费税为辅。生产环节的消费税收入约占消费税总收入的90%，进口环节的消费税收入约占消费税总收入的10%。总体来讲，生产环节课征的消费税规模呈逐年上升趋势，对进口环节课征的消费税规模尽管2015年有所下降，但整体呈现上升态势。

表4-4　　　　　　　　　　俄罗斯消费税发展情况　　　　　　　　单位：亿卢布

项目 年份	消费税 总收入	消费税收入 （在俄罗斯 境内生产）	消费税收入 （进口至 俄罗斯境内）	其他消费税收入 （天然气、油气凝 析气、纪念品）
2008	3506	3147	353	6
2009	3479	3274	198	7
2010	4715	4414	301	- 0.1
2011	6505	6039	466	0.5

年份 \ 项目	消费税总收入	消费税收入（在俄罗斯境内生产）	消费税收入（进口至俄罗斯境内）	其他消费税收入（天然气、油气凝析气、纪念品）
2012	8370	7836	534	0.4
2013	10159	9525	634	0.5
2014	10752	10006	716	0.5
2015	10688	10144	540	4
2016	13563	12939	621	3

注：这部分消费税归在"债务或对已经取消的税费或其他需要缴纳的费用的重新计算"（задолженность и перерасчеты по отмененным налогам，сборам и иным обязательным платежам）的税收入中。其中包括天然气消费税、石油天然气凝析气消费税、纪念品消费税，这部分占比不足消费税总收入的0.2%。

资料来源：根据俄罗斯国库网站数据整理。

近年来，消费税对于俄罗斯来说，其收入补充国库功能的作用已逐步削弱，消费税收入占联邦汇总预算收入的比重来看，2008～2016年该比重呈波动上升态势，从2008年的2.17%上升到2016年的4.81%，增长了46.1%（见表4-5）。

表4-5　　　俄罗斯消费税收入占联邦汇总预算收入比重　　　单位：%

年份	2008	2009	2010	2011	2012	2013	2014	2015	2016
消费税收入占联邦汇总预算收入比重	2.17	2.56	2.94	3.12	2.84	4.16	4.01	3.97	4.81

资料来源：根据俄罗斯国库网站数据整理。

从俄罗斯消费税收入占GDP的比重来看，2008～2016年，俄罗斯消费税收入占 GDP 的比重同样呈波动上升态势，由 0.85% 增长到 1.58%，增长了 85.9%，与消费税收入占联邦汇总预算收入比重的变化趋势基本吻合。2008～2013 年，俄罗斯消费税占 GDP 比重呈上升趋势，由 2008 年的 0.85% 上升至 2013 年的 1.43%。2014～2015 年，消费税占 GDP 比重下降，并降至 2015 年的 1.28%，2016年，俄罗斯消费税收入占 GDP 的比重再次回升至 1.58%，达近十年最高点（见表 4－6）。

表 4－6　　　　　　　俄罗斯消费税收入占 GDP 的比重　　　　单位：%

年份	2008	2009	2010	2011	2012	2013	2014	2015	2016
消费税占 GDP 的比重	0.85	0.89	1.02	1.16	1.25	1.43	1.33	1.28	1.58

资料来源：俄罗斯财政部网站。

按照俄罗斯消费税收入的归属，可以将消费税收入归为以下三个类别：全部上缴联邦预算；联邦及地方预算共享；全部上缴地方预算。

①全部上缴联邦预算收入：在俄罗斯境内生产的烟草制品、汽车用油中的汽油柴油、苯、对二甲苯、邻二甲苯、航空煤油、根据国际合同签订的天然气等；以及所有进口至俄罗斯的应税消费品；②联邦及地方预算共享：粮食以及非粮食作物的酒精类商品（如蒸馏酒、白兰地等），以及含有酒精成分的消费品；③全部上缴地方预算收入：不添加酒精的果酒以及酒精含量不超过 9% 的酒精制品（果酒、发泡酒、香槟除外）、啤酒、蜂蜜酒、苹果酒等酒类消费品、纪念品、炉子燃料、中质馏物等。

　　总体而言,在俄罗斯联邦预算收入和地区预算收入中,来自生产环节的消费税都呈不断上升的态势。2016年,俄罗斯联邦预算收入中有6322亿卢布来自生产环节的消费税,与2008年的1252亿卢布相比增长了4倍;地区预算收入来自生产环节的消费税由2008年的1894亿卢布,上升至2016年的6617亿卢布,增长了2.5倍(见表4-7)。

表4-7　　　　俄罗斯各级预算收入中来自生产环节的消费税　单位:亿卢布

年份 项目	2008	2009	2010	2011	2012	2013	2014	2015	2016
联邦预算收入	1252	817	1139	2318	3419	4610	5208	5279	6322
地区预算收入	1894	2457	3275	3721	4418	4914	4797	4865	6617
合计	3146	3274	4414	6039	7837	9524	10005	10144	12939

资料来源:俄罗斯国库网站。

　　从收入规模上来看,地区消费税收入高于联邦消费税收入的年份更多,但从增幅上来讲,联邦消费税收入的增幅快于地区消费税收入增幅。尤其是2013年以前,联邦消费税收入由2008年的1252亿卢布,上升至2013年的4610亿卢布,增幅达2.68倍,而地区消费税收入由2008年的1894亿卢布,上升至2013年的4914亿卢布,增幅为1.59倍。此后,2014~2015年两年,联邦消费税收入略高于地区消费税收入,但2016年地区消费税收入重新超过联邦收入(见图4-1)。

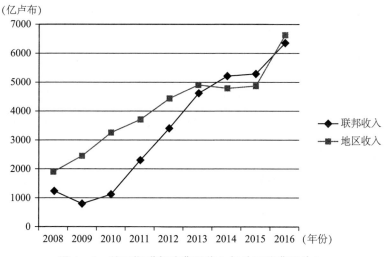

图 4-1 俄罗斯联邦消费税收入与地区消费税收入

除此以外，2015～2016 年俄罗斯生产环节的联邦消费税收入占俄罗斯联邦预算收入的比重有上升趋势。2015 年，俄罗斯联邦消费税收入为 5279 亿卢布，占联邦预算收入的比重为 7.7%，2016 年，俄罗斯联邦消费税收入为 6322 亿卢布，占联邦预算收入的比重为 9.1%。2016 年与 2015 年相比，消费税收入增长 19.8%[①]。

4.2.2 俄罗斯消费税的课征

1. 纳税人

在俄罗斯，消费税的纳税人包括组织、个体业主，以及依照俄罗斯联邦海关法和欧亚经济联盟法确定的欧亚经济联盟边境运输货物的个人。

俄罗斯消费税的纳税人不仅包括俄罗斯企业，还包括在俄罗斯

---

① http：//analytic. nalog. ru/portal/index. ru - RU. htm.

境内的外国法人、国际组织，例如，从事与消费税税目相关活动，不具备法人地位的外国组织、社会团体以及个体业主。

2. 课征范围

俄罗斯消费税的征收范围比较狭窄，目前主要可以划分为烟、酒、成品油、小汽车四个类别，根据俄罗斯联邦《税法典》规定，细化至以下17种应税消费品。

俄罗斯应税消费品有：①食用或非食用原料酿造的乙醇，其中包括工业酒精、粗酒精、各类酒精的蒸馏物；②酒类制品：酒精含量超过9%的酒类制品；③酒类制品：伏特加、烈性甜酒类、白兰地、葡萄酒、香槟葡萄酒等、苹果酒、啤酒以及酒精含量超过0.5%以上的其他饮品；④烟叶制品；⑤轻型汽车；⑥功率超过112.5千瓦（150马力）的摩托车；⑦柴油；⑧柴油及化油气式发动机的动力油；⑨直馏汽油：蒸馏、分馏石油、天然气凝析气、伴生石油天然气；页岩可燃物、煤炭、天然气凝析气及油气伴生气的加工物或生成的化学物质①；⑩直馏汽油②；⑪中质馏物③；⑫苯，对二甲苯，邻二甲苯④；⑬航空煤油；⑭天然气；⑮电子香烟；

---

① 其中汽油馏物是指在温度15～20度，压力760毫米汞柱呈混合液体状态的矿物质，其中特性为密度在650～749千克/立方米，温度在15～20摄氏度；蒸馏后混合物的体积不小于90%，温度不超过216摄氏度。

② 烷基取代（聚合作用）后产生的含烃天然气；甲醇—乙醇含量不超过85%；氧化、醚化后的烯烃、酒精、醛、酮、羧酸；氢化、水化、脱氢、醛酮、羧酸；苯、甲苯、二甲苯含量不超过85%；戊烷、异戊烷含量不超过85%；甲基苯乙烯含量不超过95%。

③ 中质馏物是温度在20摄氏度，压强为760毫米汞柱矿物的液态形式，所获得的石油、天然气凝析气、伴生油气、页岩油气的初次或二次加工的物质，同时需要满足以下两个化学属性：密度在750～930千克/立方米，温度在20摄氏度；蒸馏后混合物的体积不小于90%，温度在215～360摄氏度之间。不包括直馏汽油、机动车汽油、柴油燃料、苯、对二甲苯、邻二甲苯、航空煤油、天然气凝析气。

④ 芳香含量为99%的为苯，二甲基苯含量为95%的为对二甲苯。

⑯液体电子香烟；⑰加热型香烟或烟草制品。

在俄罗斯，以下商品不列入应税消费品行列：①已列入国家药品清单或欧亚经济联盟统一药品登记名单，按照相关规定用于医疗的含酒精类药品；制药厂制造的酒精类药品、医疗预防及诊断类药品；②不超过100毫升含有酒精的兽药；③100毫升以内乙醇含量不超过80%～90%的化妆品，或3毫升以下乙醇含量超过90%的化妆品；④乙醇生产废料；⑤葡萄酒、水果酒、麦汁酒。

3. 课税对象

在俄罗斯，消费税的课税对象包括：①俄罗斯境内由应税消费品生产者销售的应税消费品，包括依据补偿或债务更新协议对抵押品的销售。②根据判决书或法院裁定的由国家机关没收的无主应税消费品的销售。③俄罗斯境内生产者对应税消费品原材料的转让。④消费税应税产品企业用于深加工非消费税应税产品的内部转让，但将直馏汽油或中质馏物再加工成其他石油化工产品，或将酒精再加工为非酒精类商品除外。⑤俄罗斯境内用于满足自我需要的应税消费品生产者进行的转让。⑥合资企业生产的应税消费品的转让。⑦按照合同规定，采取合伙制的方式生产的应税消费品的转让。⑧用于再加工的消费税应税产品的转让。⑨应税消费品向俄罗斯及其领地的进口。⑩拥有非酒精产品生产许可证企业获得变种酒精生产许可。⑪拥有直馏汽油加工许可证企业获得直馏汽油生产许可。⑫非独立纳税人企业内部机构转让用于深加工的乙醇类产品。⑬拥有直馏汽油加工证书者为自用进行的直馏汽油加工。⑭具有苯、对二甲苯、邻二甲苯生产交易许可证者得到自用的苯、对二甲苯、邻二甲苯。⑮具有苯、对二甲苯、邻二甲苯生产交易许可证者提供的苯、对二甲苯、邻二甲苯价格服务。⑯拥有俄罗斯联邦民航运营资质者获得自用的航空煤油。⑰拥有中质馏物经营与加工许可证企业获得中质馏物。⑱进入船用燃料供应商名单和拥有装载卸载经营许可证的俄罗斯企业，其在俄罗斯境内提供自用或履行合同为驶离俄罗斯边境的船舶供应燃料。⑲俄罗斯企业（包括船用燃料供应商名单中的企业）履行合同提供自用或依照出口程序为俄罗斯境外国外机构从事俄罗斯境内及大陆架地质勘探、地理研究、矿产资源开发等方面的服务。

在俄罗斯，以下无须缴纳消费税：①非独立纳税人子公司对企业内部其他子公司用于其他应税消费品生产的应税消费品转让。②依照海关程序销售到俄罗斯境外，扣除合理范围内自然损耗的消费税应税商品，或运入俄罗斯境内港口经济特区的消费税应税商品，以及通过原材料生产自用或依照关税程序出口到俄罗斯境外、扣除合理损耗的消费税应税商品的转让。③没收的和无主的应税消费品，以及涉及国家利益或国家所有但应在关税或税务机构监督之下进行再加工或销毁的应税消费品的首次销售或转让。④企业内部转让生产化妆品和日用品的酒精，对用于制造酒精半成品的精馏乙醇，以及混合生产的酒精馏出物（红酒、葡萄酒、果酒、白兰地酒、卡尔瓦多斯酒、维斯科夫酒）不课征消费税。⑤与航空煤油、对二甲苯和邻二甲苯相关的业务不课征消费税。

值得一提的是，应税消费品在欧亚经济联盟内部流通时，当应税消费品进口到俄罗斯境内及其领地时①，需依据一定的关税原则

---

① 这些应税消费品不仅是指在俄罗斯境内，同时也包括在俄罗斯关税境内进行生产和销售的应税消费品。

进行课征：①依照海关程序进口用于满足国内需求以及国内加工需求的消费税应税商品需全额缴纳消费税，不含自由关税区内商品。②依照海关程序再进口消费税应税商品时，纳税人需缴纳消费税，根据《税法典》、欧亚经济联盟法规以及俄罗斯联邦海关法律对这部分产品的出口已免税或退税。③依照海关程序运输、仓储、再出口、无税贸易、免费保存、销毁的应税消费品，以及在港口经济特区保税区存放的应税消费品，无须缴纳消费税。④依据海关程序在关税区内加工、储藏，并在限期内运出的应税消费品无须缴纳消费税。但如果加工的应税消费品用于自由流通，依照欧亚经济联盟法及俄罗斯关税法需要全额缴纳消费税。⑤依照海关程序临时进口的应税消费品，根据欧亚经济联盟法及俄罗斯海关法全部或部分免除消费税。

对于从俄罗斯联邦境内向欧亚经济联盟出口应税消费品，应遵循以下条款课税：①根据海关程序向俄罗斯联邦境外出口的商品，根据税法典 184 条规定无须缴纳消费税，或根据税法典规定从税务机关予以税收返还。②依据海关程序向俄罗斯境外再出口商品，其缴纳的俄罗斯进口消费税根据欧亚经济联盟法及俄罗斯海关法规定，由税务机关退回。③当自然人将用于个人、家庭、住房以及其他与企业经营活动无关的消费税应税商品，转移出欧亚经济联盟海关边界时，其缴纳程序依照欧亚经济联盟法律确定。

4. 税率

俄罗斯联邦《税法典》第 193 条对应税消费品的税率进行了规定。俄罗斯消费税主要以定额税率为主，并根据不同税目或子目确定相应的单位税额。按照单位重量或单位体积确定单位税额。自 2018 年 1 月 1 日起，俄罗斯消费税税率如表 4 - 8 所示。

表 4 - 8　俄罗斯消费税税率

应纳消费税种类	税率（所占百分比%或以卢布为单位）					
	2015 年 1 月 1 日起	2016 年 1 月 1 日起	2017 年 1 月 1 日起	2018 年 1 月 1 日起	2019 年 1 月 1 日起	2020 年 1 月 1 日起
食用或非食用原料生产的酒精，包括工业酒精、粗酒精、各类酒精的蒸馏物：						
金属包装喷雾式含酒精化妆品、金属包装喷雾式含酒精日用品	每 1 升纯酒精为 0 卢布	每 1 升纯酒精为 0 卢布	每 1 升纯酒精为 0 卢布	每 1 升纯酒精为 0 卢布	每 1 升纯酒精为 0 卢布	每 1 升纯酒精为 0 卢布
无须预先缴纳消费税的企业生产的产品（其中包括俄罗斯境内非关税联盟生产产品的酒精）、金属包装喷雾式含酒精日用品	每 1 升纯酒精为 93 卢布	每 1 升纯酒精为 102 卢布	每 1 升纯酒精为 107 卢布	每 1 升纯酒精为 107 卢布	每 1 升纯酒精为 111 卢布	每 1 升纯酒精为 111 卢布
金属包装喷雾式含酒精化妆品	每 1 升纯酒精为 0 卢布	每 1 升纯酒精为 0 卢布	每 1 升纯酒精为 0 卢布	每 1 升纯酒精为 0 卢布	每 1 升纯酒精为 0 卢布	每 1 升纯酒精为 0 卢布
金属包装喷雾式含酒精日用品	每 1 升纯酒精为 0 卢布	每 1 升纯酒精为 0 卢布	每 1 升纯酒精为 0 卢布	每 1 升纯酒精为 0 卢布	每 1 升纯酒精为 0 卢布	每 1 升纯酒精为 0 卢布
除金属包装喷雾式含酒精的化妆品及日用品外的含酒精商品	每 1 升纯酒精为 500 卢布	每 1 升纯酒精为 400 卢布	每 1 升纯酒精为 418 卢布	每 1 升纯酒精为 418 卢布	每 1 升纯酒精为 418 卢布	每 1 升纯酒精为 435 卢布

续表

税率（所占百分比%或以卢布为单位）

应纳消费税种类	2015年1月1日起	2016年1月1日起	2017年1月1日起	2018年1月1日起	2019年1月1日起	2020年1月1日起
酒精含量在9%以上的酒精产品（不含啤酒、葡萄酒、香槟、果酒、用粮食原料制作的不含蒸馏酒精的葡萄酒饮品）	每1升纯酒精为500卢布	每1升纯酒精为500卢布	每1升纯酒精为523卢布	每1升纯酒精为523卢布	每1升纯酒精为523卢布	每1升纯酒精为544卢布
酒精含量在9%以下的酒精产品（不含啤酒、葡萄酒、香槟、果酒、用粮食原料制作的不含蒸馏酒精的葡萄酒饮品）	每1升纯酒精为400卢布	每1升纯酒精为400卢布	每1升纯酒精为418卢布	每1升纯酒精为418卢布	每1升纯酒精为418卢布	每1升纯酒精为435卢布
葡萄酒、未添加酒精的药酒、水果酒（非受地方保护）	—	每1升为9卢布	每1升为10卢布	每1升为18卢布	每1升为18卢布	每1升为19卢布
受地方保护的葡萄酒	—	每1升为5卢布	每1升为5卢布	每1升为5卢布	每1升为5卢布	每1升为5卢布
苹果酒、果酒、蜜酒	每1升为8卢布	每1升为9卢布	每1升为10卢布	每1升为21卢布	每1升为21卢布	每1升为22卢布
香槟酒	每1升为25卢布	每1升为26卢布	每1升为27卢布	每1升为36卢布	每1升为36卢布	每1升为37卢布

续表

应纳消费税种类	税率 （所占百分比%或以卢布为单位）					
	2015 年 1 月 1 日起	2016 年 1 月 1 日起	2017 年 1 月 1 日起	2018 年 1 月 1 日起	2019 年 1 月 1 日起	2020 年 1 月 1 日起
酒精含量 0.5% 以下的标准装啤酒	每 1 升为 0 卢布	每 1 升为 0 卢布	每 1 升为 0 卢布	每 1 升为 0 卢布	每 1 升为 0 卢布	每 1 升为 0 卢布
酒精含量 0.5% ~8.6% 的标准装啤酒	每 1 升为 18 卢布	每 1 升为 20 卢布	每 1 升为 21 卢布	每 1 升为 21 卢布	每 1 升为 21 卢布	每 1 升为 22 卢布
酒精含量超过 8.6% 的标准装啤酒	每 1 升为 31 卢布	每 1 升为 37 卢布	每 1 升为 39 卢布	每 1 升为 39 卢布	每 1 升为 39 卢布	每 1 升为 41 卢布
烟：						
可吸、可嚼、可吮、可闻的烟丝（不含原料）	每千克 1800 卢布	每千克 2000 卢布	每千克 2200 卢布	每千克 2772 卢布	每千克 3050 卢布	每千克 3172 卢布
雪茄烟	每支 128 卢布	每支 141 卢布	每支 155 卢布	每支 188 卢布	每支 207 卢布	每支 215 卢布

续表

应纳消费税种类	税率（所占百分比或以卢布为单位）					
	2015年1月1日起	2016年1月1日起	2017年1月1日起	2018年1月1日起	2019年1月1日起	2020年1月1日起
卷烟	每1000支1920卢布	每1000支2112卢布	每1000支2207卢布	每1000支2671卢布	每1000支2938卢布	每1000支3055卢布
雪茄烟、卷烟	每1000支960卢布+最高零售价的11%，但最高不超过每1000支1330卢布	每1000支1250卢布+最高零售价的12%，但最高不超过每1000支1680卢布	每1000支1420卢布+最高零售价的13%，但最高不超过每1000支1930卢布	每1000支1562卢布+最高零售价的14.5%，但最高不超过每1000支2335卢布	每1000支1890卢布+最高零售价的14.5%，但最高不超过每1000支2568卢布	每1000支1996卢布+最高零售价的14.5%，但最高不超过每1000支2671卢布
加热型烟草制品	—	—	—	1公斤5280卢布	1公斤5808卢布	1公斤6040卢布
电子尼古丁产品	—	—	—	1只44卢布	1只48卢布	1只50卢布
液体电子尼古丁产品	—	—	—	1毫升11卢布	1毫升12卢布	1毫升13卢布

续表

应纳消费税种类	税率（所占百分比%或以卢布为单位）					
	2015年1月1日起	2016年1月1日起	2017年1月1日起	2018年1月1日起	2019年1月1日起	2020年1月1日起
轻型汽车：						
发动机功率在67.5千瓦（90马力）以下的轻型汽车	每0.75千瓦（1马力）0卢布	每0.75千瓦（1马力）0卢布	每0.75千瓦（1马力）0卢布	每0.75千瓦（1马力）0卢布	每0.75千瓦（1马力）0卢布	每0.75千瓦（1马力）0卢布
发动机功率在67.5千瓦（90马力）~112.5千瓦（150马力）的轻型汽车	每0.75千瓦（1马力）37卢布	每0.75千瓦（1马力）41卢布	每0.75千瓦（1马力）43卢布	每0.75千瓦（1马力）45卢布	每0.75千瓦（1马力）47卢布	每0.75千瓦（1马力）49卢布
发动机功率在112.5千瓦（150马力）以上的轻型汽车	每0.75千瓦（1马力）365卢布	每0.75千瓦（1马力）402卢布	每0.75千瓦（1马力）420卢布	每0.75千瓦（1马力）437卢布	每0.75千瓦（1马力）454卢布	每0.75千瓦（1马力）472卢布
发动机功率在112.5千瓦（150马力）以上的摩托车	每0.75千瓦（1马力）365卢布	每0.75千瓦（1马力）402卢布	每0.75千瓦（1马力）420卢布	每0.75千瓦（1马力）437卢布	每0.75千瓦（1马力）454卢布	每0.75千瓦（1马力）472卢布

续表

应纳消费税种类	税率 （所占百分比%或以卢布为单位）					
	2015 年 1 月 1 日起	2016 年 1 月 1 日起	2017 年 1 月 1 日起	2018 年 1 月 1 日起	2019 年 1 月 1 日起	2020 年 1 月 1 日起
车用汽油：						
不属于 5 级的汽油	—	—	—	每吨 13100 卢布	每吨 13100 卢布	每吨 13100 卢布
5 级汽油	—	—	—	每吨 11213 卢布	每吨 11213 卢布	每吨 11213 卢布
柴油燃料	每吨 3450 卢布	每吨 4150 卢布	每吨 3950 卢布	每吨 7665 卢布	每吨 8541 卢布	每吨 88835 卢布
发动机润滑油	每吨 6500 卢布	每吨 6000 卢布	每吨 5400 卢布	每吨 5400 卢布	每吨 5400 卢布	每吨 5616 卢布
直馏汽油	每吨 11300 卢布	每吨 10500 卢布	每吨 9700 卢布	每吨 13100 卢布	每吨 13100 卢布	每吨 13100 卢布
苯、对二甲苯、邻二甲苯	每吨 2300 卢布	每吨 3000 卢布	每吨 2800 卢布	每吨 2800 卢布	每吨 2800 卢布	每吨 2800 卢布
航空煤油	每吨 2300 卢布	每吨 3000 卢布	每吨 2800 卢布	每吨 2800 卢布	每吨 2800 卢布	每吨 2800 卢布
中质馏物	—	每吨 4150 卢布	每吨 3950 卢布	每吨 8662 卢布	每吨 9241 卢布	每吨 9535 卢布

资料来源：根据俄罗斯《税法典》整理。

其中，消费税税率为 0 的应税消费品包括：金属包装喷雾式含酒精化妆品、金属包装喷雾式含酒精日用品；金属包装喷雾式含酒精化妆品；金属包装喷雾式含酒精日用品；酒精含量 0.5%以下的标准装啤酒；发动机功率在 67.5 千瓦（90 马力）以下的轻型汽车。

俄罗斯对消费税税率进行调整时，会以通货膨胀率作为主要参考因素，并以指数化对消费税税率进行调整。总体而言，2015～2018 年，俄罗斯应税消费品的税率有所提高，其中烟草类制品的消费税税率增幅较大，酒类制品的消费税税率变动幅度不大，如受地方保护的葡萄酒的消费税税率未发生调整。除此以外，发动机润滑油、直馏汽油、家用燃料等成品油的消费税税率则连续三年走低。可见，俄罗斯成品油消费税税率的调整具有较大的灵活性，主要受俄罗斯整体经济环境以及俄罗斯当年国内对成品油需求的影响。

5. 税收扣除

在俄罗斯，纳税人有权根据《税法典》规定进行税收扣除，对于在生产、保存、运输、加工过程中造成的应税消费品不可恢复的损失也可对其进行税收扣除，由俄罗斯联邦权力执行机构对技术或自然损失进行认定，但成品油不在此扣除行列；进口至俄罗斯境内及俄罗斯管辖范围内，用于制造消费品的原料可进行税收扣除；对于运输供加工使用的原料，若这些原料本身为应税消费品，则需根据其使用，或进口至俄罗斯境内的情况进行税收扣除；纳税人有权根据《税法典》第 194 条减少应税消费品消费税的总额或减少需缴纳的预付款额。

对于拥有利用酒精制品生产非酒精制品许可证的纳税人，可进行相应的消费税扣除。在计算酒精或含有酒精商品的消费税扣除时，根据酒精容积，即实际上生产时所用的酒精及酒精制品进行预付款，或根据一个企业向另一企业提供酒精进行生产的数量进行消费税扣除，并由税收机关对其进行认定。若预付款没有在当期扣除，可在下一税期进行扣除。

对于拥有生产、加工、销售直馏汽油许可证的纳税人，也可进行相应消费税扣除。对于使用直馏汽油，在超过700摄氏度的条件下生产石油化学制品，其扣除额乘以相应的系数：2016年1月1日~7月1日为1.6；2016年8月1日~12月1日为1.4；2017年1月1日为1.7。除直馏汽油用于生产苯、邻二甲苯等成品油外，其他的产品的系数为1。对馏化物预付款的扣除日期为纳税人向税务机构提交文件的日期。

对于拥有生产、加工、销售苯许可证的纳税人，也可进行相应的消费税扣除。联邦执行权力机关对生产、保存、运输、加工过程中造成的应税消费品不可恢复的损失的预付款扣除额进行认定。对于使用苯生产的化学制品，其扣除额乘以相应的系数：2015年为2.88，2016年为2.84，2017年为3.4。

对于销售中质馏物的俄罗斯企业，其中包括燃料供应商名单中的企业以及拥有运载—装载货船能力的企业、在欧亚经济联盟内部可以水路运输中质馏物的外国企业，其扣除系数为2，其他企业系数为1。销售中质馏物以及对俄罗斯大陆架矿产资源进行勘探、科研，或根据签署的合同从事开采等活动的企业，海上新矿产地的扣除系数为2，其他地区扣除系数为1。

6. 税收优惠

在俄罗斯，消费税税收优惠即国家给予部分纳税人的特权，允许其不缴纳消费税或实行 0 税率，以及降低消费税的计算或返还早先缴付的税款。享有税收优惠的纳税人具有更为优惠的地位。

尽管俄罗斯《税法典》没有对税收优惠进行明确描述，但欧亚经济联盟海关法涉及了部分税收优惠的内容。消费税税收优惠应根据俄罗斯法律（向俄罗斯进口的应税消费品，以及根据产品分成税确定的税收优惠）、国际公约（国际公司进口的应税消费品）以及其他法律（欧亚经济联盟关税区域需要交纳应税消费品）确定。

对于欧亚经济联盟来说，享受消费税优惠的有：①根据关税程序从经济联盟关税区进口，用于国内生产加工以及临时进口的应税消费品免征消费税。②从关税联盟进口，用于联盟内部成员外交和其他官方用途以及外交人员及其家庭的商品免征消费税。③符合国际协议或根据关税联盟协议免征消费税的商品。④关税联盟内从一地海关向另一地海关运输价值不超过 200 欧元的商品无须缴纳消费税，但私人用途的商品除外。

7. 计算方式

在俄罗斯，消费税的应税额应按下列两种方式计算：第一种方式是按包含消费税的出厂价格计算。这种方式适用于在俄罗斯境内由自有原料生产、销售的商品，以及由订购方提供的原料，在俄罗斯境外生产但在俄罗斯境内销售的商品。第二种方式是按含消费税的企业最高出厂价计算。这种方式适用在俄罗斯境内由订购方自备原料生产的商品，无偿转让或以低于市场价格进行转让的商品。对于用自有原料生产的商品，需在商品发货 10 天前，确定商品含消费税的最高出厂价。

8. 纳税期限及税收申报

俄罗斯消费税的交纳期限由消费税商品的种类确定。生产和销售伏特加、烈性甜酒、啤酒、汽油的企业，按旬交纳消费税。上旬税款于当月 15 日缴纳，中旬税款于当月 25 日缴纳；下旬税款于报告月度下一月的 5 日缴纳。消费税的其他纳税人可于报告月度下一月的 20 日前缴纳税款。为便于监督，纳税人每月应在 20 日前按规定向其所在地税务机关提交消费税报税单。

与其他税种申报相同，消费税的申报不能将所有应税物品填写在一张单子上进行税收申报，消费税申报主要分为：酒精、烟草制品、天然气、车用汽油及其他应税消费品（除烟草制品外）。税收申报时，以烟草申报单为例，申报内容应当明确烟草的主要用途及成分、负责烟草制品的经营商、烟草公司地址及公司存在的其他独立部门，及这些部门的地址等内容。

4.2.3　俄罗斯消费税的发展

2001 年，俄罗斯开征针对柴油及燃油的消费税，提高了针对酒精产品、汽油（提高了近 2 倍）① 以及天然气等消费品的税率，使消费税收入出现大幅度提升。

2004 年 1 月 1 日，俄罗斯取消了对天然气征收的消费税，消费税增长趋势终结，其占 GDP 的比重开始下降。

2007 年 1 月 1 日，俄罗斯对烟草产品确定了最低零售价格，并

_____

① 如此大幅度提高汽油的消费税税率是为了弥补因取消可燃润滑剂销售税和降低道路使用税税率带来的收入损失。

以此价格为基础从价计征消费税。对烟草产品课征的消费税税率及其计算方式的变化，严重地影响了俄罗斯消费税收入，使其占 GDP 的比重继续下降，并在 2008 年跌至低谷。

2010 年，俄罗斯对消费税缴纳方式进行了改革。2010 年前，俄罗斯消费税在纳税报告期结束后分两次等比例缴纳，第一次为纳税报告期结束后下月的 25 日前，应缴纳税额的 50%，第二次为纳税报告期结束后第二个月的 15 日前，此时缴纳应纳税额的另外 50%。自 2010 年 1 月 1 日起，俄罗斯消费税缴纳办法发生了改变，即一次性缴纳消费税，且不晚于纳税报告期结束后第一个月的 25 日。

2011 年底，俄罗斯国家杜马通过了《2012～2014 年消费税指数化联邦法》，该法指出，应依据通货膨胀率提高消费税税率，对烟酒产品消费税税率的提升应高于通货膨胀率。该法的实施使俄罗斯消费税收入出现了大幅度提升。

2014 年 7 月 1 日，俄罗斯对消费税课征进行了另一项改革，即酒精和（或）乙醇生产者负有提前支付消费税的义务。

自 2018 年 1 月 1 日起，俄罗斯大幅度提高消费税税率，汽油、柴油的价格将消费税税率的提升而增长。除此之外，俄罗斯还计划进一步完善出口商品免征消费税的程序，简化消费税缴纳手续等举措，例如，支持出口政策，逐步简化出口消费税课征程序，修订《税法典》，强化消费税监管力度，简化出口商品消费税返还程序，实行"一站式窗口"管理等。

5 财产和其他税类

本章着重探讨俄罗斯对企业和个人财产课征的税收，以及俄罗斯一些具有一定特色和特点的税种，例如通过简化程序为小微企业和个体业主提供便利课征渠道的简化税制，针对农业生产及服务者课征的统一农业税等。

5.1 组织财产税

根据俄罗斯《税法典》第 30 章规定，组织财产税为俄罗斯地区税，其收入上缴俄罗斯联邦主体预算。虽然为地区税，但组织财产税在俄罗斯全境范围内课征。

5.1.1 俄罗斯组织财产税现状

2012~2016 年，俄罗斯组织财产税收入规模呈逐年上升态势，由 2012 年的 5364 亿卢布，上升至 2016 年的 7647 亿卢布，增幅 42.6%。随着规模数量的扩大，组织财产税占俄罗斯联邦汇总预算收入的比重也出现小幅度上升，由 2008 年的 2.29% 上升到 2016 年的 2.71%，增长了 19%，占俄罗斯联邦主体预算收入的比重由 2008 年的 6.65% 上升到 2016 年的 7.71%，增长了 16%（见表 5-1）。

表 5 – 1   俄罗斯组织财产税收入情况

项目 \ 年份	2012	2013	2014	2015	2016
联邦汇总预算收入（亿卢布）	234351	244427	267661	269220	281815
联邦主体预算收入（亿卢布）	80645	81651	89057	93082	99238
组织财产税（亿卢布）	5364	6153	6347	7126	7647
组织财产税占联邦汇总预算收入比重（％）	2.29	2.52	2.37	2.65	2.71
组织财产税占联邦主体预算收入比重（％）	6.65	7.54	7.13	7.66	7.71

资料来源：根据国库网站数据整理。

5.1.2　俄罗斯组织财产税的课征

俄罗斯组织财产税也称"企业财产税"，依照俄罗斯相关法律规定，其立法开征权属于联邦立法机构，但联邦主体立法机构享有在《税法典》规定的范围内设定税率、纳税程序、纳税期限、纳税申报形式以及税收优惠等方面的权力。

1. 纳税人

俄罗斯组织财产税的纳税人为拥有《税法典》第374条规定的课税对象"财产"的组织，在国际条约未做专门限定情况下，根据《税法典》第306条规定，外国组织在俄罗斯联邦设立的常驻代表机构也属于组织财产税纳税人。

2. 课税对象

对于俄罗斯组织来说，财产税课税对象为依照会计核算程序计入资产负债表固定资产的动产和不动产，包括拥有所有权、使用权、处置权、托管权的临时转让财产，以及用于开展共同经营活动或依据特许协议获得的财产。

对于外国组织来说，财产税课税对象分为两类，一类为在俄罗斯境内通过常设代表机构开展经营活动的外国组织，这类组织的财产税课税对象为其拥有的固定资产不动产和动产，以及根据特许协议获得的财产，这类组织需依照俄罗斯联邦会计核算程序对这些财产进行核算；另一类为在俄罗斯不通过常设代表机构开展经营活动的外国组织，其财产税课税对象为在俄罗斯境内拥有所有权的不动产以及根据特许协议获得的财产。

俄罗斯组织财产税课税对象不包括下列财产：

（1）土地及自然资源（水资源和其他自然资源）；

（2）俄罗斯联邦法律限定从事军事或类军事服务的联邦执行机构和联邦国家机关享有管理权限，专门用于国防、民防、安全保障、法律维护等方面事务的财产；

（3）依照俄罗斯联邦法律程序认定的俄罗斯联邦国家级文化遗产（历史和文化古迹）；

（4）用于科研的核设施，核材料、放射性物质及废弃物储存设施；

（5）破冰船，核动力船，核技术服务船；

（6）航空载体；

（7）在俄罗斯国际船舶登记簿上注册登记的船舶；

（8）根据俄罗斯联邦政府批准的固定资产分类法计入第一或第二类折旧的固定资产。

3. 课税基础

俄罗斯组织财产税的课税基础为财产的平均年度价值。部分不动产的课税基础为纳税年度 1 月 1 日的地籍价值。当以平均年度价值为应纳税财产的课税基础时，在会计核算时需要考虑财产的剩余价值。如果财产剩余价值中含有用于未来开展资产评估所需费用，则该笔费用不计入剩余价值。如果固定资产未计提折旧，在课征财产税时该固定资产的价值为初始值与纳税期末会计核算的折旧提成额之间的差额。

4. 税率

俄罗斯组织财产税的税率由各联邦主体法律确定，但最高不得超过《税法典》规定的 2.2%。对于以地籍价值为税基的不动产来说，其税率则取决于所处地域，例如，针对位于联邦直辖市莫斯科相关财产的税率，2014 年为 1.5%，2015 年为 1.7%，2016 年及以后年度为 2%；针对位于其他俄罗斯联邦主体相关财产的税率，2014 年为 1.0%，2015 年为 1.5%，2016 年及以后为 2%。

俄罗斯联邦主体可依据组织的活动类型实行差别税率。除此之外，联邦主体法律在确定以下财产税率时不得高于《税法典》规定的范围，如主干管道、输电线路以及上述设施不可或缺技术装备的财产税率：2013 年不得高于 0.4%，2014 年不得高于 0.7%，2015 年不得高于 1.0%，2016 年不得高于 1.3%，2017 年不得高于 1.6%，2018 年不得高于 1.9%。具体哪些财产属于上述范畴由俄罗斯联邦政府确定。

以地籍价值为税基的财产主要包括：①商贸中心、写字楼等；②用于办公、商贸中心、餐饮等用途的非居住场所；③在俄罗斯境内没有常设机构的外国企业的不动产；④会计核算不计入资产负债表的住宅或住宅场所。

俄罗斯《税法典》将下列财产的税率确定为零：①输气管线、天然气生产设施、氦气生产和储存设施；②为矿藏资源加工提供的技术装备，为地下资源利用工程建设提供的基本建设设备，为确保不动产功能发挥提供的必要设施。③2015年1月1日后首次投入使用的财产。④完全或部分地位于萨哈（雅库特）共和国、伊尔库茨克以及阿穆尔州的财产等。

与此同时，《税法典》还规定，俄罗斯联邦主体在确定公共铁路及其重要组成设施财产税税率时，2017年不得超过1%，2018年不得超过1.3%，2019年不得超过1.3%，2020年不得超过1.6%。克里米亚共和国和联邦直辖市塞瓦斯托波尔在依法确定财产税税率后的5个纳税年度内不得提高税率。

5. 税收期限

俄罗斯组织财产税的纳税期限为日历年度，税收报告期为第一季度、半年和9个月。

6. 税收优惠

对于俄罗斯组织财产税的纳税人来说，下列组织拥有的财产可不纳税：

（1）刑事执行系统的组织和机构用于保障其职能履行的财产；

（2）宗教组织用于从事宗教活动的财产；

（3）残疾人及其法定代表占成员总数80%以上的全俄罗斯残疾人社会组织（包括残疾人社会联盟）用于从法定经营活动的财产；

（4）制药企业用于生产预防和治疗流行病的兽用免疫生物药品的财产；

此外，下列组织可免缴财产税：

（1）拥有俄罗斯联邦政府财产清单中联邦级公路及其不可分割技术设备的组织；

（2）专业假肢和矫形器企业；

（3）律师、律师事务所和法律咨询部门；

（4）被授予国家科学中心称号组织；

（5）根据与经济特区签订的协议，组织在经济特区内兴建或购买用于特区内经营活动，且登记于企业资产负债表的财产，组织自财产登记起 10 年内免缴财产税；

（6）俄罗斯各科学院的科研机构、企业和单位，以及各部和部门的科研机构；

（7）根据联邦法律《关于斯科尔科沃创新中心》由管理公司认定的组织；

（8）根据联邦法律《关于斯科尔科沃创新中心》参与创新产品的研究、开发和商业化组织；

（9）再次引进的俄罗斯联邦政府清单范围内高能效设备，再次引进的符合俄罗斯联邦法律规定的能源效率等级的高等级能效设备，自财产注册登记之日起 3 年内免征财产税；

（10）工业生产经济特区内船舶制造组织，其资产负债表中用于船舶生产与修理的财产，自注册登记之日起十年免税；

（11）由经济特区管理公司认定，根据签署的经济特区建设协议由组织兴建的固定资产，自注册登记之日十年免税。

此外，根据《税法典》规定，在纳税期限满足下列条件的俄罗斯组织的财产可免征财产税：

（1）位于俄罗斯联邦内陆水域、俄罗斯联邦领海、俄罗斯联邦大陆架、俄罗斯联邦专属经济区或里海，用于近海油气开发，包括地质研究、勘探和开发准备的财产。

（2）2013年1月1日后登记为固定资产的动产，但下列动产不属于其列：重组或清算的法人动产，转让或购买的动产等。

7. 纳税申报

每个纳税期结束时，俄罗斯组织财产税纳税人应向其所在地的税务机关、拥有独立资产负债表机构所在地税务机关，以及其各项不动产（就该不动产设立了单独的税额计算及缴纳程序）所在地税务机关，递交预缴税税额计算表及纳税申请表。

处于俄罗斯联邦领海、俄罗斯联邦大陆架、俄罗斯联邦专属经济区内和/或俄罗斯联邦领土外（针对俄罗斯组织）的财产，应向俄罗斯组织所在地（外国组织的永久机构在税务机关登记的所在地）税务机关，递交组织财产税预缴税额计算表及纳税申报表。

俄罗斯组织财产税的预付款核算不得晚于纳税报告期结束后的30日内，纳税申报不得晚于纳税期结束后30日内。

8. 税款缴纳

俄罗斯组织财产税的纳税人应当根据其年平均财产价值和联邦主体立法机构规定的税率，计算缴纳组织财产税。税款由纳税人从年初起根据报告期确定的实际年均财产价值，以累计方式按照季度预缴。纳税人按俄罗斯联邦主体法律规定的期限分四次平均预缴税款。俄罗斯境外企业按照相关法律纳税，应提交税收核算声明以及境外俄罗斯企业依照外国标准缴税的文件，并将以上两个文件提交当地机关，以避免双重征税。

具体来说，俄罗斯组织财产税的计算公式为：

（1）应纳税额＝适用税率×税基。

（2）组织财产税＝适用税率×税基－预付款。

（3）预付款＝$\dfrac{税收基础}{4}$×税率，其中税收基础为 1 月 1 日的调查地籍登记财产价值。

5.1.3　俄罗斯组织财产税的发展

2014 年，俄罗斯《税法典》针对组织财产税提出如下改革思路：对用于办公、商贸、餐饮的场所，不再按照注册登记价值课税，转而以地籍核算价值课税，为此，俄罗斯要求各联邦主体全面开展不动产核查与登记，建立地籍价值登记清单。此后，俄罗斯有多个联邦主体先后开始建立不动产调查登记清单，确定各不动产的地籍登记价值及其在纳税年度之初的价值。截至 2017 年底，已有 72 个俄罗斯联邦主体建立了清单制①。

---

①　2015 年：巴士吉尔斯坦共和国、布里亚特共和国、阿尔泰共和国、科米共和国、鞑靼斯坦共和国、乌德穆尔特共和国、哈卡斯共和国、车臣共和国、滨海边疆区、斯塔夫罗波尔边疆区、阿穆尔州、伊万诺沃州、克麦罗沃州、利佩茨克州、马加丹州、莫斯科州、诺夫哥罗德州、新西伯利亚州、奔萨州、普斯科夫州、萨哈林州、斯维尔德洛夫斯克州、托木斯克州、图拉州、秋明州、后贝加尔边疆区、莫斯科（市）、圣彼得堡、汉特－曼西斯克区。2016 年：达吉斯坦共和国、印古什共和国、卡巴尔达—巴尔卡尔共和国、北奥塞梯共和国、阿尔泰边疆区、哈巴罗夫斯克边疆区、别尔哥罗德州、沃洛格达州、加里宁格勒州、基洛夫州、科斯特罗马州、库尔干州、下诺夫哥罗德州、梁赞州、萨马拉州、萨拉托夫州、特维尔州、车里雅宾斯克州、雅罗斯拉尔州。2017 年：阿迪格共和国、卡尔梅克共和国、卡拉恰耶夫斯克—切尔克斯克区、摩尔多瓦共和国、克拉斯诺达尔边疆区、布良斯克州、列宁格勒州、摩尔曼斯克州。未建立该制度的联邦主体包括：卡累利阿共和国、马里埃尔共和国、萨哈（雅库特）共和国、图瓦共和国、楚瓦什共和国、克拉斯诺亚尔斯克边疆区、阿尔汉格尔斯克州、阿斯特拉罕州、弗拉基米尔州、伏尔加格勒州、沃罗涅日州、伊尔库茨克州、卡卢加州、勘察加边疆区、库尔斯克州、鄂木斯克州、奥伦堡州、奥廖尔州、彼尔姆州、罗斯托夫州、斯摩棱斯克州、坦波夫州、乌里扬诺夫州、犹太自治区、楚科奇自治区、亚马尔—涅涅茨克自治区、克里米亚共和国、塞瓦斯托波尔（市）。

2015 年, 俄罗斯对组织财产税继续进行调整, 调整主要集中在以下几个方面: ①对地籍登记价值制定单独税率; ②超过 3 年未开采的矿产将不再视为课征对象; ③对天然气相关业务的组织财产税实行零税率; ④根据财产的不同运用方法确定税基。

此外, 大型组织合并纳税也是 2015 年组织财产税的一个改革内容。2015 年后, 对于有独立分支机构且分别缴纳组织财产税的大型纳税人来说, 可以将这些分支机构的不动产统一到一个申报单中。

具体来说, 2015 年俄罗斯对组织财产税进行的调整如表 5 – 2 所示:

表 5 – 2　　　　　2015 年俄罗斯组织财产税的主要变化

变化实质	具体条款
大型纳税人在申请俄罗斯联邦主体财产税时可以同一个申报单进行申请	2014 年 11 月 4 日第 No. 347 – Ф3 号联邦法律
按照地籍登记价值确定税收支付的程序, 确定所有者在税期内发生和中止的权利	2014 年 4 月 2 日第 No. 52 – Ф3 号联邦法律
确定剩余价值①在未来所需支出, 2015 年 1 月 1 日后按剩余价值计算的税基可相应减少	2014 年 4 月 2 日第 No. 52 – Ф3 号联邦法律
重新确定按地籍登记价值课征的不动产课税规定	2014 年 4 月 2 日第 No. 52 – Ф3 号联邦法律

---

① 剩余价值: 根据财政部 2003 年 10 月 13 日 No. 91H, 剩余价值 = 最初剩余价值 – 按照计算日期起的折旧剩余价值。OC = ΠC – CA, OC 为剩余价值, ΠC 为最初剩余价值, CA 为按照计算日期起的折旧价值。组织有权每年对剩余价值进行重新评估, 其中包括初始价值以及如果按照重新估计的价格的现有价格 (根据 2001 年 3 月 30 日 No. 26н 号财政部发布的法律)。每年核算期末对剩余价值进行重新估算 (2010 年 12 月 24 日财政部第 No. 186н 号文件)。重新估算的剩余价值 = 现有剩余价值 – 折旧后的价值。

续表

变化实质	具体条款
行政或商业中心需按照地籍登记价值进行税收核算	2014 年 11 月 4 日第 No. 347 – Φ3 号联邦法律
对部分新增动产课征组织财产税	2014 年 11 月 24 日第 No. 366 – Φ3 号联邦法律

资料来源：俄罗斯联邦税务局。

2016 年，俄罗斯组织财产税的变化主要在于，对依照地籍缴纳组织财产税纳税人的变更予以了补充，即根据地籍登记价值核算的课税对象，在核算期内更换所有者，需按所有者实际持有财物的月份，按照一定系数折算地籍登记价值，并以每月 15 日为限，确定该财产的实际所有者。

2017 年，俄罗斯《税法典》做出新的调整，规定铁路及相应设施的组织财产税税率按照各地实际情况，由联邦主体自行决定，但 2017 年最高税率不得超过 1%，2018 ~ 2019 年最高税率不得超过 1.3%，2020 年最高税率不得超过 1.6%。

5.2　个人财产税

俄罗斯个人财产税属于地方税，但在俄罗斯全境范围内课征。1991 年 12 月 9 日，俄罗斯颁布第一个针对个人财产课税的法律文件《个人财产税法》。自 2001 年 1 月 1 日起，俄罗斯依照《税法典》第 32 章规定课征个人财产税。2014 年 10 月 4 日联邦法律《关于修正俄罗斯联邦税法第一部分和第二部分第 12 条和第 85 条以及俄罗斯联邦"个人财产税法"失效》颁布后，俄罗斯对个人财产税进行了较大幅度改革。

5.2.1 俄罗斯个人财产税现状

对于俄罗斯来说，个人财产税是一个相对较小的税种，税收收入较少。2012～2016 年，俄罗斯个人财产税由 176 亿卢布上升至 361 亿卢布，增长了 1 倍，使其在联邦汇总预算收入和联邦主体预算收入中所占比重也有一定程度提高，由 0.08% 和 0.22% 上升到 0.13% 和 0.36%，分别增长了 71% 和 67%（见表 5-3）。

表 5-3　　　　　　　　俄罗斯个人财产税收入增长情况

年份 项目	2012	2013	2014	2015	2016
联邦汇总预算收入（亿卢布）	234351	244427	267661	269220	281815
联邦主体预算收入（亿卢布）	80645	81651	89057	93082	99238
个人财产税（亿卢布）	176	223	271	303	361
个人财产税占联邦汇总预算收入比重（%）	0.08	0.09	0.10	0.11	0.13
个人财产税占联邦主体预算收入比重（%）	0.22	0.27	0.30	0.33	0.36

资料来源：根据俄罗斯国库网站数据整理。

5.2.2 俄罗斯个人财产税的课征

在俄罗斯，个人财产税的课征依据《税法典》及地方代表机构批准的相关法律规范执行。

1. 纳税人

俄罗斯个人财产税的纳税人为在俄罗斯境内拥有财产的自然人，其中包括：俄罗斯公民、外国公民（包括独联体国家公民）、无国籍人士。

2. 课税对象

俄罗斯个人财产税的课税对象包括个人拥有的下列财产：①住房；②公寓和房间；③车库和车位；④全套不动产；⑤未完工建筑物；⑥其他建筑物；⑦私人辅助房屋，乡下别墅、菜园、果园等。

俄罗斯个人财产税的课税对象不包括多个房主共有的财产，如公寓楼里的公共财产部分不视为应税财产。

3. 税收基础

自 2015 年 1 月 1 日起，俄罗斯个人财产税的税收基础为地籍登记价值。俄罗斯个人财产税的税收基础依照地方代表机构批准的法规程序确定。为适应向地籍登记制度的转变，俄罗斯《税法典》明确规定，由俄罗斯联邦主体立法机构确定本地区地方立法机构在 2020 年 1 月 1 日前完成地籍登记征收程序的统一日期。

4. 税收期限

俄罗斯个人财产税的税收期限为 1 个日历年度。

5. 税率

俄罗斯个人财产税的税率由地方立法机关在《税法典》规定的范围内确定。与此同时，《税法典》也明确指出，在依据地籍价值课税情况下，地方立法机关在确定税率时下列财产税的税率不得高于：①0.1%：住宅、单元和房间；居住用未完工建筑物；包含独栋住宅的成套不动产；车库和车位；在私人土地、果园和花园中不超过 50 平方米的建筑物。②2%：地籍登记价值超过 3 亿卢布的不动产；③0.5%：其他财产。

莫斯科（市）和莫斯科州是最先实行按照地籍登记价值计算个人财产税的地区，莫斯科个人财产税税率如表5-4所示：

表5-4　　　　莫斯科地籍登记价值课征的个人财产税税率

地籍价值	税率（%）
1 千万卢布以下	0.1
1 千万~2 千万卢布	0.15
2 千万~5 千万卢布	0.2
5 千万~3 亿卢布	0.3
超过 3 亿卢布	2

资料来源：俄罗斯莫斯科税务局。

依照地籍登记价值课税使俄罗斯个人财产税税基的测算与房产评估价值直接相关，如果一名自然人拥有多套房产，则以所有房产评估价值之和扣除免征额作为税基来计算个人财产税。

通常情况下，房屋的免征额为：房间面积 10 平方米、公寓面积 20 平方米，单栋房屋面积 50 平方米，全套房地产 100 万卢布。若纳税人住宅面积为 43 平方米，则税基为 43 - 20 = 23（平方米）。若纳税人房产的总面积为 85 平方米（根据个人财产税规定，纳税人可扣除 20 平方米），总价为 1800 万卢布，则每平方米价值 = 18000 ÷ 85 = 21176（卢布）。刨除扣除的 20 平方米，即纳税基础为 85 - 20 = 65 平方米。按照税率为 0.1% 计算，则需缴纳税款 = 21176 × 65 × 0.1% = 137644（卢布）。若该房产由 4 人共同持有，则税收基础为

85 － (20 × 4) = 5 （平方米），需缴纳税款 = 21176 × 5 × 0.1% = 10588 （卢布）。通过以上计算可知，若房产持有人增多，则需缴纳的税款下降。因此，可以通过该方式减少个人财产税的缴纳金额。

上述为依据地籍价值课征个人财产税，在未全面转向地籍课征制前，在俄罗斯还有部分个人财产税是依据存货价值确定课税对象的，在这种情况下，税率的高低取决于纳税人所拥有应税财产存货价值与平减指数之积求得的财产价值，即30万卢布以下的财产适用0.1%的税率，30万~50万卢布的财产适用0.1%~03%的税率，50万卢布以上的财产适用0.3%~2%的税率（见表5－5）。

表5－5　　　　　　依据存货价值课征的个人财产税税率表

乘以平减指数后的财产价值（卢布）	税率（%）
300000 以下	0.1
300000 ~ 500000	0.1 ~ 0.3
500000 以上	0.3 ~ 2.0

资料来源：俄罗斯《税法典》，http://kodeks. systecs. ru/nk_rf/nk_glava32/nk_st406. html。

除此之外，俄罗斯对个人财产税的课税还依据纳税人财产地籍登记价值、应税物种、纳税所在地、所在区域等因素实行差别税率。

6. 税收优惠

个人财产税在俄罗斯属于地方税，虽然俄罗斯联邦主体立法机构有权在其管辖区域内确定税收优惠办法，如降低税率，为部分类型纳税人提供额外优惠等，但各地方首先还要遵循《税法典》提出的税收优惠条款。《税法典》指出，在俄罗斯享受个人财产税税收优惠的人员有：①苏联时期及俄罗斯时期英雄，被授予三级荣誉勋章的个人；②一级、二级残疾；③自幼残疾；④参加卫国战争，以及其他为保护苏联参军的老兵；⑤为保护苏联和俄罗斯，以及执行其他军务牺牲的军人，及为执行公务而牺牲的公职人员的父母和配偶等；⑥因切尔诺贝利核电站事故受伤、生病、伤残人员；⑦连续服役超过20年，因超龄、健康及编制原因退伍的军人；⑧参加核武器试验、研制人员；⑨无供养人的军人家属；⑩超过60岁，女性超过55岁每月领取退休金的退休人员；⑪参加阿富汗及其他国际军事行动的退伍军人；⑫参加核试验及核武器研究、航空领域研究致残的人员；⑬执行公务而牺牲的公职人员的父母和配偶；⑭从事职业艺术创作的人员，其中包括在工作室、摄影棚等住房以及非国家博物馆、画廊、图书馆等工作的人员；⑮在私人果园、花园等私有住处不超过50平方米建筑物的自然人。

7. 税款计算

《税法典》规定，俄罗斯个人财产税要按照财产的地籍登记价值，采用下列公式计算税额：

$$H = (H_1 - H_2) \times K + H_2$$

其中：H 为应缴税款；

H_1 为根据《税法典》第403条核定的税收基础计算出的税款；

H_2 为课税对象的投资价值或个人财产税；

K 为系数，其中，0.2%——第一纳税期；0.4%——第二纳税期；0.6%——第三纳税期；0.8%——第四纳税期；1%——第五纳税期及以后纳税期。

在俄罗斯税务局网站输入地区、年份、地籍登记价值、课税对象的面积，纳税人在缴税中占比、税期、税率、税收优惠等内容，网站就会根据提供的数据计算出需缴纳的个人财产税①。

8. 税收缴纳

俄罗斯个人财产税的缴税不得晚于下一年度的 12 月 1 日，纳税人应向课税对象所在地税务机关缴税。

5.2.3　俄罗斯个人财产税的发展

2015 年，俄罗斯对个人财产税的课税方式进行了较大幅度的调整。俄罗斯资产地籍登记局对俄罗斯各联邦主体拥有的房地产（包括私有的）进行了全面登记和评估。2015 年 1 月 1 日后，俄罗斯就是在评估的基础上开始对个人财产税依照地籍登记价值课税的。2015 年，俄罗斯新的个人财产税课征模式在 28 个地区开始实施，2016 年春至 10 月 1 日在其他地区普及开来②。

---

① 组织财产税计算公式网址：https：//www.nalog.ru/rn77/service/nalog_calc/.
② 其中，2015 年采用该方式的地区包括：巴什科尔托斯坦共和国、布里亚特共和国、印古什共和国、卡拉恰耶夫斯克—切尔斯克共和国、科米共和国、摩尔多瓦共和国、鞑靼斯坦、乌德穆尔特共和国、阿穆尔州、弗拉基米尔州、伊万诺沃州、马加丹州、莫斯科州、下诺夫哥罗德州、诺夫哥罗德州、新西伯利亚州、奔萨州、普斯科夫州、梁赞州、萨马拉州、萨哈林州、特维尔州。外贝加尔边疆区、莫斯科（市）、汉特—曼西斯克自治区、亚马尔—涅涅茨可自治区。2016 年确立名单的地区包括：卡巴尔达—巴尔卡尔共和国、卡尔梅克共和国、哈卡斯共和国、车臣共和国、斯塔夫罗波尔边疆区、别尔哥罗德州、布良斯克州、沃洛格达州、沃罗涅日州、加里宁格勒州、勘察加边疆区、克麦罗沃州、基洛夫州、科斯特罗马州、库尔斯克州、图拉州、车里雅宾斯克州。2017 年包括：阿迪格共和国、卡累利阿共和国、马里埃尔共和国、克拉斯诺达尔边疆区、哈巴罗夫斯克边疆区、阿斯特拉罕州、摩尔曼斯克州、奥伦堡州、奥廖尔州、坦波夫州、犹太自治州、楚科奇自治区。未采用该形式的俄罗斯联邦主体包括：阿尔泰共和国、达吉斯坦共和国、萨哈（雅库特）共和国、北奥塞梯亚共和国、图瓦共和国、阿尔泰边疆区、克拉斯诺亚尔斯克边疆区、滨海边疆区、伏尔加格勒州、伊尔库茨克州、卡卢加州、库尔干州、利佩茨基州、罗斯托夫州、萨拉托夫州、斯维尔德洛夫斯克州、斯摩棱斯克州、坦波夫州、秋明州、乌里扬诺夫州、克里米亚共和国、塞瓦斯托波尔（市）。

由于个人财产税的税率由地方立法机构在《税法典》规定的范围内自由调节，俄罗斯各地方的个人财产税税率是不相同的，以圣彼得堡、布良斯克、斯塔夫罗波尔 2016 年的税率为例，圣彼得堡地区将个人财产税课税对象划分为两类：①按住宅（公寓、房间），居住用未完工建筑，以及全套不动产或其他建筑物，适用税率为 0.1% ~ 0.31%；②车库、非住宅未完工建筑，全套非住宅不动产，以及其他非住宅建筑，适用税率为 0.11% ~ 2%。

斯塔夫罗波尔也将个人财产税课税对象划分为两类：①住宅（公寓、房间）、车库、停车位，适用税率为 0.1% ~ 2%；②独立的不动产，未完工建筑或其他建筑物，适用税率为 0.1% ~ 2%。

布良斯克仅依据房地产的价值划分税率，而未区别课税对象的种类，税率为 0.1% ~ 2%（见表 5 – 6）。

表 5 – 6　俄罗斯圣彼得堡、斯塔夫罗波尔、布良斯克个人财产税税率

圣彼得堡	
总价值/按照课税种类	税率（%）
30 万卢布以下的住宅（公寓、房间），未完成的用于住宅的建筑，以及独立不动产或其他建筑	0.1
30 万 ~ 50 万卢布的住宅（公寓、房间），未完成的用于住宅的建筑，以及独立不动产或其他建筑	0.2
超过 50 万卢布的住宅（公寓、房间），未完成的用于住宅的建筑，以及独立不动产或其他建筑	0.31
30 万卢布以下的车库、未完成的建筑（非住宅），独立的不动产（非住宅），以及其他非住宅建筑	0.1
50 万卢布以下的车库、未完成的建筑（非住宅），独立的不动产（非住宅），以及其他非住宅建筑	0.3

圣彼得堡	
总价值/按照课税种类	税率（%）
50 万卢布以上的车库、未完成的建筑（非住宅），独立的不动产（非住宅），以及其他非住宅建筑	2
面积超过 3000 平方米俄罗斯联邦税法典中第 3～5 点第 378.2 条，实际用于商务、行政以及贸易的课税对象，俄罗斯联邦税法典中第 7 点第 378.2 条办公室或餐饮的场所	1

斯塔夫罗波尔	
总地籍登记价值及课税对象类型	税率（%）
不高于 30 万卢布的住宅（公寓、房间）、车库、停车位	0.1
30 万～50 万卢布的住宅（公寓、房间）车库、停车位	0.3
50 万～60 万卢布的住宅（公寓、房间）、车库、停车位	0.7
60 万～70 万卢布的住宅（公寓、房间）、车库、停车位	0.8
70 万～80 万卢布的住宅（公寓、房间）、车库、停车位	0.9
80 万～90 万卢布的住宅（公寓、房间）、车库、停车位	1.1
90 万～100 万卢布的住宅（公寓、房间）、车库、停车位	1.2
100 万～110 万卢布的住宅（公寓、房间）、车库、停车位	1.3
110 万～120 万卢布的住宅（公寓、房间）、车库、停车位	1.5
120 万～130 万卢布的住宅（公寓、房间）、车库、停车位	1.6
130 万～140 万卢布的住宅（公寓、房间）、车库、停车位	1.7
140 万～150 万卢布的住宅（公寓、房间）、车库、停车位	1.8
150 万卢布以上的住宅（公寓、房间）、车库、停车位	2
不高于 30 万卢布独立的不动产，以及未建设完成的建筑，或其他建筑物	0.1
30 万～50 万卢布独立的不动产，以及未建设完成的建筑，或其他建筑物	0.3
50 万～60 万卢布独立的不动产，以及未建设完成的建筑，或其他建筑物	2
60 万～70 万卢布独立的不动产，以及未建设完成的建筑，或其他建筑物	2
70 万～80 万卢布独立的不动产，以及未建设完成的建筑，或其他建筑物	2
80 万～90 万卢布独立的不动产，以及未建设完成的建筑，或其他建筑物	2

斯塔夫罗波尔	
总地籍登记价值及课税对象类型	税率（%）
90 万~100 万卢布独立的不动产，以及未建设完成的建筑，或其他建筑物	2
100 万~110 万卢布独立的不动产，以及未建设完成的建筑，或其他建筑物	2
110 万~120 万卢布独立的不动产，以及未建设完成的建筑，或其他建筑物	2
120 万~130 万卢布独立的不动产，以及未建设完成的建筑，或其他建筑物	2
130 万~140 万卢布独立的不动产，以及未建设完成的建筑，或其他建筑物	2
140 万~150 万卢布独立的不动产，以及未建设完成的建筑，或其他建筑物	2
150 万卢布以上独立的不动产，以及未建设完成的建筑，或其他建筑物	2
以及：按照课税对象种类/地籍登记价值/课税对象所在地（%）	
根据俄罗斯税收法典第 7 点第 378.2 条或第 10 点第 378.2 条中规定的名单的课税对象	0.9
地籍登记价值超过 3 亿卢布	0.9
住宅、未完成的住宅、独立的住宅、不超过 50 平方米的车库或自家建筑、私人花园、果园等私人用地	0.3
其他课税对象	0.5
布良斯克	
总价值/按照课税种类	比例（%）
小于 30 万卢布	0.1
30 万~50 万卢布	0.3
50 万~65 万卢布	0.31
65 万~150 万卢布	0.9
超过 150 万卢布	2

资料来源：http：//oformi. su/nalog－na－imushhestvo－fizlits/.

　　除此以外，2015 年以后，俄罗斯纳税人必须向财产所在地的纳税机构缴税，若逾期未缴，则需承担一定的罚款。2015 年购买的不动产，其缴税期限应为 2016 年 1 月 1 日~12 月 31 日，若至 2017 年仍未缴税，则需承担未缴纳税款 20% 的罚款。

综上而言，尽管俄罗斯组织财产税和个人财产税的纳税人不同，但二者近年来的改革方向颇为相似，都围绕"地籍登记价值"进行。同时，俄罗斯各地正逐步建立地籍登记价值清单及详细分类课征标准，这种课税方式的改革将促进组织财产税和个人财产税与财产的市场价值挂钩，有利于加强对财产的课征与监管。

5.3 统一农业税

俄罗斯的统一农业税是针对农业生产者和从事农产品服务的小微企业设置的特殊征税制度，具有优惠便利的特征。

5.3.1 俄罗斯统一农业税现状

俄罗斯统一农业税近年来的增长速度较快，由 2012 年的 38 亿卢布增长到 2016 年的 114 亿卢布，增长了 2 倍，但因其税收收入规模有限，占联邦汇总预算收入的比重并不高，仅为 0.2% ~ 0.4%（见表 5 - 7）。

表 5 - 7   俄罗斯统一农业税收入发展

年份 项目	2012	2013	2014	2015	2016
联邦汇总预算收入（亿卢布）	234351	244427	267661	269220	281815
统一农业税（亿卢布）	38	40	47	74	114
统一农业税占联邦汇总预算收入的比重（%）	0.02	0.02	0.02	0.03	0.04

资料来源：http：//oformi. su/nalog - na - imushhestvo - fizlits/.

5.3.2 俄罗斯统一农业税的课征

俄罗斯统一农业税的纳税人可享受一系列税收优惠，如企业纳税人可免缴增值税、企业利润税和组织财产税，个体业主纳税人可免缴增值税、个人所得税和个人财产税，但《税法典》规定的其他税费还需要依法缴纳。

1. 纳税人

俄罗斯统一农业税的纳税人为农产品生产、销售或服务收入占其总收入70%以上的农业生产或服务供给者。具体包括：①从事农产品生产、初级加工、深度加工和销售的企业和个体业主；②从事渔业饲养、鱼类预加工或深加工、鱼类销售的企业和个体业主；③从事放牧、家畜家禽饲养等养殖服务的企业和个体业主。

2. 课税对象

俄罗斯统一农业税的课税对象为扣除所有支出后的收入。《税法典》对于可以扣减的支出做出了明确规定，主要包括：

（1）购置、兴建和制造固定资产，以及固定资产的改建、更新、升级和技术重装的支出；

（2）无形资产购置支出；

（3）固定资产维修支出（包括对租赁房屋的修理）；

（4）资产租赁支出；

（5）有形支出，包括种子、幼苗、树苗和其他种植材料、肥料、饲料、兽药、生物和植物保护产品的购置支出；

（6）按照俄罗斯联邦法律规定支付的薪金、补偿金、临时性伤残补贴支出，以及保障技术和农机安全的必要支出；

（7）人身及财产强制和自愿保险支出，包括强制养老保险，临时丧失工作能力强制社会保险，强制医疗保险，工伤事故和职业病强制社会保险，以及运输工具自愿保险（包括租用），自愿货物保险，固定资产、无形资产、未完工建筑自愿保险。与工程风险有关的自愿保险，储备自愿保险，作物和动物自愿保险，纳税人为获取收益的其他财产自愿保险；

（8）纳税人购买商品（工程、劳务）支付的增值税；

（9）使用货币资金（赊账、贷款）的应付利息，以及支付信贷机构服务费的相关支出；

（10）依据俄罗斯联邦法律规定用于确保消防安全的支出，购置消防用品和设施的支出、消防报警系统的维修费用、财产安保服务费用以及其他安保服务的支出；

（11）因进出口商品向俄罗斯联邦海关支付，且根据俄罗斯联邦海关法规定不能退回的关税；

（12）在俄罗斯联邦政府规定的标准范围内，用于公务运输工具维护的费用支出，以及根据俄罗斯联邦政府规定费率对公务出差使用私家车及摩托车的补偿支出；

（13）差旅支出：支付员工往返差旅费；宾馆住宿费用，以及宾馆提供的其他附加服务费（包括酒吧或餐厅服务费，宾馆房间服务费，娱乐及康体设施费）；每日津贴和餐饮费；签证、护照、证明、邀请函及其他文件支出；领事费及机场费，搭乘陆地和海上交通工具支出以及其他类似支出；

（14）公证费；

（15）会计、审计和法律服务费；

（16）根据俄罗斯联邦法律规定用于发布会计（财务）报告的

支出；

（17）文具费；

（18）邮政、电话、电报等相关服务费用、通讯服务费用；

（19）根据许可协议购买数据库的费用，包括升级硬软件和更新数据库的支出；

（20）制作商标和广告的费用；

（21）筹备新的产品、车间及材料的费用；

（22）为农业劳动者和船员提供饮食的费用；

（23）按照各项税收法律法规要求缴纳的其他税款和费用；

（24）购置后续销售物品的支出，包括与这些物品的购置和处置有关的费用，如储存、维修和运输费用；

（25）信息及咨询服务费；

（26）资质评估费，人员培训费；

（27）诉讼费用及仲裁费用；

（28）因未能履行义务或履行义务不当，法院判决需支付的罚金，以及为赔偿损失而支付的费用；

（29）纳税人接受中等职业教育和高等职业教育的培训费；

（30）购买土地所有权支出，包括购买农业用地，用于农业生产的城市土地及其地上建筑物；

（31）购置幼牛、幼禽、鱼苗的费用；

（32）用于建设和维修畜牧临时安置地的费用；

（33）根据转让合同支付的佣金、代理费和报酬；

（34）产品认证费；

（35）购买知识产权、发明、模型、专利的费用；

（36）当税基计算存在争议，为保证纳税的正确性进行强制评估的费用，以及对抵押品的市场价值评估产生的费用；

（37）提供注册登记权信息费用；

（38）专业机构提供不动产地籍和技术核算资料服务费；

（39）为获得专项活动许可证支付给专业机构开展检查、调查、出具结论和其他文件的服务费；

（40）投标（竞争、拍卖）费用；

（41）除自然灾害、火灾、事故、流行病和其他紧急情况外，在俄罗斯联邦政府批准的条例范围内强迫屠宰牲畜、家禽和动物的费用；

（42）港口费、引航费和其他类似费用；

（43）自然灾害、火灾、事故、流行病和其他紧急情况造成的损失，包括用于预防和事后处置的相关费用；

（44）登记注册的最大载重量超过 12 吨的车辆，所缴纳的公路损害补偿费用。

俄罗斯《税法典》对于如何识别统一农业税的可扣除支出也作出具体规定，例如，对于购置的固定资产（建造、改装、翻新、现代化和技术重整）和无形资产支出，需要满足如下条件：

（1）纳税人转缴统一农业税后购置固定资产和无形资产的支出。

（2）固定资产和无形资产如为纳税人转缴统一农业税前购置，应分情况计入固定资产购置支出：若固定资产和无形资产使用寿命为 3 年的，在转缴统一农业税的第一年全额计入；若固定资产和无形资产使用寿命为 3~15 年的，固定资产和无形资产价值的 50% 计入转缴统一农业税的第一年，30%计入转缴统一农业税的第二年，20%计入转缴统一农业税的第三年；若固定资产和无形资产的使用寿命超过15年的，在转缴统一农业税的头十年内等值扣除。

（3）在转缴统一农业税纳税期内购置固定资产的支出应依据以上规定的等额进行识别。在确定固定资产使用寿命时，应依据《税法典》第258条规定的《固定资产折旧分类》进行。

（4）转缴统一农业税后出售（转让）固定资产的纳税人，有义务根据《税法典》第25章的规定，从其购置该固定资产之日起到其出售（转让）该固定资产之日止重新计算税基，并缴纳追加的税额。

3. 税率

《税法典》规定，俄罗斯统一农业税的税率为6%，但克里米亚共和国和塞瓦斯托波尔联邦直辖市实行税率减免：2015～2016年统一农业税的税率为0%；2017～2021年为4%。

4. 税收核算

俄罗斯统一农业税的税基的核算规则为：

（1）统一农业税的税基为货币形式的收入减去支出后的金额；

（2）以外币表示的收入和支出，应以获得该收入或支出当日的俄罗斯联邦中央银行官方汇率为基础换算为卢布，最终以卢布表示；

（3）以实物支付的收入，应根据《税法典》第105.3条规定的市场价格认定程序，以市场价格计算税基；

（4）核算税基时，收入和支出应为自纳税期开始时累计的总额；

（5）纳税人可以亏损冲减纳税期税基：纳税人可将亏损结转至其后的10个纳税期；纳税人超过一个纳税期的亏损，应按照先后顺序结转至其后的纳税期；纳税人可将上一纳税期亏损结转至当前纳税期；如果纳税人因重组而中止工作，可按照《税法典》规定的方式和条件将亏损额结转到重组后的税基；纳税人有义务保留证明其亏损的文件，以便每个纳税期从税基中核减亏损额。

5. 缴纳方法

俄罗斯《税法典》规定，统一农业税的纳税期限为一个日历年，报告期为半年。

俄罗斯统一农业税的纳税方式是预缴税款，纳税人根据报告期内实际获得的收入减去半年内可减免的支出总额，按照税率计算统一农业税的预缴税额，在报告期结束后的 25 日内向实际所在地（居住地）税务部门支付统一农业税的预缴税款。纳税人最晚应在纳税期结束第二年的 3 月 31 日前提交纳税申报表，并缴纳全年税款。

6. 转缴统一农业税及转回一般纳税程序的规则

在俄罗斯有意转缴统一农业税的农产品生产者，应在转缴统一农业税上一年的 12 月 31 日前，向其所在地（居住地）的税务机关递交转缴统一农业税申请。在递交的申请中，纳税人需要注明其销售农业产品（包括通过农业原材料产生的初级加工产品及提供的服务）所获得的收入占其销售商品总收入的比重。

俄罗斯有意转缴统一农业税的新注册组织和个体业主，有权在向税务机关递交注册申请的同时递交缴纳统一农业税申请。若两个申请通过审核，则该新注册组织、个体业主可在税务机关注册当年开始缴纳统一农业税。申请未通过者将不被视为统一农业税纳税人，对于已转缴统一农业税的纳税人，在纳税期结束前不得转回一般税收程序。

若俄罗斯统一农业税纳税人销售农业产品（工程、劳务）所获得的收入占其销售产品收入的比重不到70%，则必须基于一般纳税程序重新计算其应承担的个人所得税、个人财产税、企业利润税、增值税、企业财产税，并补缴税款和缴纳相应罚金。与此同时，纳税人有义务在纳税期结束后15日之内，向所在地（居住地）的税务机关递交申请，申请重新计算其所应承担的税额，并转回一般税务程序。

俄罗斯统一农业税纳税人可在每年开始时计划转回一般税收程序，在计划转回的当年，纳税人最迟应在1月15日前告知所在地（居住地）的税务机关。已转回一般税收程序的纳税人，可在丧失缴纳统一农业税一年后重新申请转缴统一农业税。在转缴统一农业税的过渡时间内，纳税人可不支付向农业生产者征收的增值税。若统一农业税纳税人计划终止其一切经济和商业活动，则纳税人有义务最迟在终止日前15日内，向所在地（居住地）税务机关告知计划终止日期。

5.4 简化税制

根据《税法典》规定，俄罗斯企业及个体业主既可按普通税制纳税，在符合特定要求情况下，也可按简化税制纳税。选择简化税制时，企业纳税人免缴企业利润税、组织财产税和增值税（进口增值税除外），个体业主纳税人免缴个人所得税、个人财产税和增值税（进口增值税除外）。

5.4.1 俄罗斯简化税制现状

2012～2016 年，俄罗斯简化税制收入不断扩大，由 1888 亿卢布增长到 2871 亿卢布，增长了 52.1%，其占联邦汇总预算收入的比重也不断提高，由 0.81% 提高到 1.02%，提高了 26.0%（见表 5－8）。

表 5－8 俄罗斯简化税制收入发展

年份 项目	2012	2013	2014	2015	2016
联邦汇总预算收入（亿卢布）	234351	244427	267661	269220	281815
简化税制收入（亿卢布）	1888	2123	2303	2542	2871
简化税制收入占联邦主体预算收入比重（%）	0.81	0.87	0.86	0.94	1.02

资料来源：http：//oformi. su/nalog－na－imushhestvo－fizlits/.

5.4.2 俄罗斯简化税制的课征

1. 纳税人

俄罗斯《税法典》对适用简化税制的纳税人做出如下规定：企业在提交简化税制申请的当年，前九个月的收入总和不超过 1.125 亿卢布，则该企业可适用简化税制。反之，下列企业或个体业主无权选择简化税制：

（1）拥有分支机构的企业；

（2）银行；

（3）保险公司；

（4）非国家养老基金；

（5）投资基金；

（6）证券市场专业人士；

（7）当铺；

（8）从事消费税应税产品生产、矿物开采和销售（普通矿物除外）的企业和个体业主；

（9）组织和经营博彩的企业和个体业主；

（10）私人执业的公证员、律师，律师事务所和其他律师机构；

（11）产品分成协议参与方；

（12）适用统一农业税的企业及个体业主；

（13）其他企业参股超过 25% 的企业。但此限制不适用于残疾人社会组织、非营利组织（消费者协会、工会），以及从事计算机、人工智能、集成芯片等高新技术研发的科研机构和高等教育机构；

（14）纳税期内平均工人数超过 100 人的企业、个体业主；

（15）固定资产及无形资产残值超过 1.5 亿卢布的企业；

（16）国库和预算机构；

（17）外国组织；

（18）审核未通过，未能转入简化税制的企业及个人；

（19）小型金融机构；

（20）私人职业介绍机构。

2. 课税对象

《税法典》将俄罗斯联邦简化税制的课税对象确定为两类，一是收入；二是扣除支出后的收入。采用哪一个为课税对象由纳税人自行选择，纳税人可在每年年初变更课税对象。作为简单合伙协议或信托管理协议参与者的纳税人，则以扣除支出后的收入作为课税对象。

3. 税收基础

俄罗斯《税法典》对简化税制税收基础核算做出明确规定：

（1）当企业和个体业主以收入作为课税对象时，其税收基础为货币形态收入；

（2）当企业和个体业主以扣除支出后的收入作为课税对象时，其税收基础为扣除支出后的货币形态收入；

（3）外币形式的收入和支出，应以获得该收入或支出当日的俄罗斯联邦中央银行官方汇率为基础换算为卢布；

（4）实物形式的收入应按市场价格核算；

（5）核算税收基础时，应将纳税期开始后的所有收入和支出累计加总；

（6）纳税人以扣除支出后的收入作为课税对象时，应按程序缴纳最低税额，最低税额为税基的1%。当按照一般规定计算的税额低于最低税额时，按照最低税额纳税，纳税人有权在下一纳税期申请扣除多缴的税款；

（7）以扣除支出后收入为课税对象的纳税人，有权从税基中扣减亏损，亏损扣减可结转至其后的10个纳税期，纳税人可将上一纳税期的亏损结转至当前纳税期，也可结转到下一纳税期，或结转至未来九年的任何一年；

（8）若纳税人需要转入统一收入认定税和特许税收制度，收入和支出需要分别核算，如果无法分割，则按比例分摊。

4. 税率

俄罗斯简化税制的税率由联邦主体立法机构在《税法典》规定

的范围内确定。

（1）当课税对象为收入时，税率为6%，联邦主体法律可根据纳税人的类别设置1%～6%的差异税率，在特殊情况下税率可降至0%。

（2）当课税对象为扣除支出后的收入，税率为15%，联邦主体法律可根据纳税人的类别设置5%～15%的差别税率。

（3）2017～2021年，当课税对象为扣除支出后的收入，克里米亚共和国和塞瓦斯托波尔联邦直辖市的税率可低于3%。

（4）对注册登记后从事生产、社会和科研工作以及提供日常生活服务的个体业主，不论其课税对象是收入还是扣除支出后的收入，俄罗斯联邦主体法律都可将其税率设置为零，且零税率可适用两个连续纳税期。适用零税率的生产、社会和科研类型由联邦主体在全俄经济活动分类基础上确定。适用零税率的经营活动收入不得低于总收入的70%。

5. 税收期限

俄罗斯简化税制的纳税期为日历年，纳税报告期为第一季度、半年和九个月。

6. 税收缴纳与申报

对于俄罗斯以收入为课税对象的简化税制纳税人来说，应在报告期末根据税率和实际得到的收入，以权责发生制为基础计算预缴税款。但以扣除支出后收入当课税对象时，俄罗斯简化税制纳税人可从预缴税中减去缴纳的强制养老保险，向员工支付的临时性伤、残、孕补贴。扣除的保险费和补贴所占份额不得超过50%。

在纳税期结束后，俄罗斯简化税制纳税人应向其所在地（居住地）税务机关提交纳税申报：企业应在纳税期结束下年的 3 月 31 日前提交纳税申报；个体业主应在纳税期结束下年的 4 月 30 日前提交纳税申报。对于使用简化税制的纳税人，必须按照俄罗斯联邦财政部批准的格式制作和记录会计收支明细，以便于计算适用简化税制期间的税基，并保留基于会计收支明细计算的纳税记录。

6　俄罗斯税收管理制度

税收制度的有效性取决于税收管理的质量，税收管理的重点和政策方向则随国家不同经济发展阶段的需求而任务不一。

俄罗斯税收管理制度继承于苏联，但又与苏联税收管理制度存在实质性的差异。苏联时期，俄罗斯与其他加盟共和国一样实行的是高度集中的财政税收管理，由于国有企业占到企业总数的90%以上，苏联各级政府与企业的关系集中体现为国有企业利润上缴，对国有企业课征的税收种类有限，税收收入在国家财政收入中的占比也不高。由于国有企业缴纳税款的遵从度较高，税务部门的征管相对容易。苏联解体之后，俄罗斯向市场经济的转轨使其税收管理体制也发生了根本性改变。

6.1　俄罗斯税收管理制度发展演变

随着私有化大规模推进，俄罗斯政府与企业间的关系发生了巨大改变，由上缴利润改为税收课征。这一改变不仅对于缺乏纳税意识和纳税经验的俄罗斯纳税人来说难以接受，纳税人数量的快速增长，税收任务的成倍增加也使经验准备不充分、人员储备不充足的税务机关陷入困境之中。一时间税收收入课征困难，税款流失严重，财政收入无法弥补财政支出，财政预算收支失衡，严重地影响了俄罗斯国家财政经济的稳定与发展。为此，俄罗斯政府开始着手对税收管理体制进行改革。

6.1.1　独立初期税收管理制度改革（1991～1998年）

独立之初俄罗斯便颁布了一系列与税收相关的法令，这些法令构成了俄罗斯税收体制改革的主要内容和税收制度的基本框架。在改革过程中，俄罗斯政府不仅扩大了地方政府税收征管权限，同时也对已有税种进行了调整：将周转税改为增值税和消费税，将利润上缴改为征收利润税，把居民所得税改为自然人所得税，调整进出口关税等。

与此同时，俄罗斯还在原有的基础上筹建了新的联邦国家税务系统，自上而下分别为俄联邦国家税务总局、联邦主体税务局和地方税务局。

6.1.2　俄罗斯联邦《税法典》颁布及相关改革（1999～2001年）

1999年，俄罗斯《税法典》第1部分颁布。《税法典》为俄罗斯的税制改革奠定了法律基础，其颁布与实施是俄税制改革进入实质性阶段的重要标志，也使得俄罗斯的税收管理体制更加规范化、系统化。

俄罗斯1999年颁布的《税法典》第1部分明确了税务机关、纳税人、代理人的职责与义务，税收报表和税收监督的内容，纳税人税收违法需要承担的责任，及其对税务机关决定的申诉和控告等方面内容。

2001年，俄罗斯颁布《税法典》第2部分，主要涉及增值税、个人所得税、社会统一税、企业所得税、矿产开采税、交通税、赌博税、物业税、土地税、水资源税等具体税种的规定。

6.1.3 税收管理制度改革深化（2002～2008 年）

在俄罗斯这一阶段的税收改革实践中，税收征管的主要任务是保障一切应征税收足额入库，以弥补财政赤字。但在这一时期，俄罗斯在税收监督方面的有效性及效率均不高（据专家估计仅为40%～60%）。纳入预算体系的税额不足表明，俄罗斯税务机关的监督模式已经无法控制税源流失以及纳税人的离去。为此，俄罗斯采取了提高税收征管效率的相关措施。

俄罗斯加强税收程序管理的方法为调整税务机关与纳税人之间关系，主要方法为：行政强制管理、调节管制、友好合作伙伴关系。

（1）加强行政强制管理。

俄罗斯加强行政强制管理的措施包括罚款、冻结纳税人银行账户等。基于税收的强制性，以这种形式课征税收不仅过去存在、将来依然会存在。在此方面，纳税人和税务机关都负有重要责任。当然，不当的或过于苛刻的行政强制措施会损害纳税人的利益，特别是在竞争十分激烈的环境下。

（2）实施调节管制。

《税法典》的颁布使俄罗斯税务机关和纳税人之间建立起一种新的平等关系——调节管制关系。《税法典》规定，纳税人有权在法律给定的解决方案中进行选择：依法经营、按程序进行税收审计、接受或拒绝税收裁定等。这种方法实际上是以预审的方式解决税收争端，严格说来这也可以归属于行政强制措施的一种。但世界上绝大多数国家都是以预审程序解决税收争端的。

（3）发展友好合作伙伴关系。

在发达国家税收征管中，税务机关与纳税人之间的关系已经从强制型转变为友好合作伙伴关系。这一税收伙伴型的典型案例就是：税务机关与纳税人签订交易监督价格协议，为投资提供税收信贷。在俄罗斯，这种方法多半运用于一些无法开展税收监控的复杂经济交易形式，如创新金融产品等。

上述税收改革措施的实施逐步改变了俄罗斯税务机关的管理理念，使对俄罗斯税务机关工作的评价维度也相应地发生了变化，以前对税务机关的考核标准集中于税收任务的完成程度，而现在对其的考核标准转变为：①税费的征集度；②法院判定税务机关胜诉的税收纠纷案件占所有与纳税人有关的税收纠纷案件的比重；③法院认为处罚无效的决定占税务机关做出的所有税收处罚决定的比重；④对税务机关工作质量表示满意的纳税人的比重（提供电子信息服务，税务服务环境舒适、井然有序，提供的信息材料数量和质量较高，需要填写的文件简单明了）；⑤由上级税务部门提出的税务纠纷案件占由税务部门和法院提起的税务纠纷案件的比重。

要保证各种税收监督模式能够得到合理利用，就需要在上述税收监督理论的基础上改变税收审查模式。由此，俄罗斯将税收审查主体的基本工作转为对税务机关掌握的各类信息（其中包括来自外部的信息）进行分析，并判定其是否处于税收违法的"风险领域"。税收机关开展重点审查的对象则主要为这样一类纳税人，即税务机关已掌握其偷漏税信息或故意隐瞒应纳税规模的纳税人。由此，俄罗斯将税收审查的目的确定为：围绕对违法行为开展的分析收集证据，而不是发现新的案件。

在税收审查主体和客体的定义发生改变以后，俄罗斯税收审查案件由 2005 年的 3.9%（22 万件）下降到 2009 年的 1.3%（8.4 万件），有效性从 90% 上升到 99.7%，其中一笔审查的绝对金额从 34.9 万卢布增长到 171.6 万卢布。

6.1.4　税收管理制度近年发展（2009 年至今）

随着新型商业模式的出现，以及新型信息系统的发展，俄罗斯将其税收管理的重点转向于：①调节电子手段支付的税费缴纳程序；②扩大相关部门间电子形式税收文件的传递，例如在税务机关、银行、政府部门、地方政府间，以及其他有义务向税务机关通报纳税人审计信息的组织之间以电子文档形式传递文件；③完善面向税费缴纳者及税务代理机构的信息及宣传工作；④扩大与提高俄罗斯税务机关与国外税务机关的相互合作，加强税收监督。

同时，为了实现提高税收管理效率，俄罗斯还着手加强以下几个方面的管理：①消除税收立法解释的歧义，减少纳税人和代表国家的税务机关的风险；要使纳税人主动遵循税收法律法规，就需要向纳税人详细解说相关法律规范及违反税法的后果，这将大大降低企业的税务违法风险，提高商业活动的稳定性。②确保税收征管过程中的各项法律条款和方式符合国家、组织和各类活动的经济和社会发展需求；③监测经济活动中出现的新现象，采取措施建立针对某些类型业务或活动的恰当的课税程序。

近年来，俄罗斯还不断创新税收管理办法，例如实施《税收监督休假》制度，即自 2016 年 1 月日起，如果企业在 3 年内没有发生严重地违反税收法律法规的行为，则可享受为期 3 年的《税收监督休假》。

6.2 俄罗斯税务管理机构

6.2.1 俄罗斯税务机关享有的权利和应履行的义务

根据俄联邦《税法典》规定，税务机关是统一、集中的监督系统，由联邦税务总局及其下属部门组成。在某些情况下，关税和国家预算外基金部门也享有税务机关的权力。税务机关在俄联邦法律框架内行使职权，与联邦政府、各联邦主体和地方自治机构行政机关以及国家预算外基金的活动相协调。税务机关的主要职责在于，监督税收征缴的合法性，即其是否与相关法律法规相适应；对纳入预算系统的联邦和地方各级税费的征缴进行监督；在联邦法律有特殊规定的情况下，对其他强制性支付的征缴进行监督，在税务机关的职权范围内，监督乙醇、酒精和烟草的生产、流通是否符合俄联邦外汇法的规定。

俄罗斯税务机关的主要任务是确保各税收主体对税收法律法规的高度遵从。在不损害其他税收主体合法利益的基础上，俄罗斯税务机关可以从四个层面履行职能：监督、信息咨询、财政收入和执法。

1. 俄罗斯税务机关拥有的权力

俄罗斯税务机关拥有如下权力：

（1）要求纳税人或税务代理人提供作为计税和纳税基础的凭证，提供能够证明正确计税和及时纳税的凭据和说明书；

（2）进行室内和室外的税务检查；

（3）在税务检查中，如若有足够的证据证明纳税人或税务代理人有违反税法的行为，税务机关可没收这些凭据，并加以销毁、修改或更换；

（4）传唤纳税人和其他义务人到税务机关，提供与其纳税有关的说明书；

（5）冻结有关人员的银行账户，查封纳税人和其他义务人的财产；

（6）查看纳税人用于取得收入的场所，清点属于纳税人的财产；

（7）在某些情况下确定纳税人应缴入预算的税款；

（8）要求纳税人和其他义务人消除违反税法的行为，并监督其执行情况；

（9）追缴税收欠款、追加罚金；

（10）监督自然人大额支出与其收入的一致性；

（11）要求银行提供税收缴纳凭证；

（12）引入专家、鉴定人和译员参与税收监督；

（13）传唤对税收监督有帮助的证人；

（14）声明废止或中止发放给法人和自然人从事某种活动许可证的效力；

（15）允许纳税人在下列情况下延期和分期缴纳因税收违法而产生的罚款，即自然人向普通司法法院、法人和企业主向仲裁法院提交下列诉讼：①对税收违法人员追缴税收罚款；②确认法人的国家注册无效，或作为个体业主的自然人的国家注册无效；③按俄罗斯法律规定注销的企业；④提前解除税收贷款合同和税收投资贷款合同。

2. 俄罗斯税务机关负有的职责

俄罗斯税务机关负有的职责包括：

（1）遵守与税收相关的法律；

（2）监督税收法律及其相关规范性法律文件的遵守；

（3）根据既定程序对组织和自然人进行税务会计核算；

（4）为纳税人及其代理机构无偿提供下列信息：现行税收法律及与之相关的法律性规范文件、税费缴纳程序、纳税人的权利和义务、纳税机关的职权及相关责任人，为其提供纳税申报（核算）单，并阐述其填写规范；

（5）遵循俄联邦财政部关于税收法律法规的书面阐释；

（6）告知纳税人及其代理机构在税务机关登记时联邦国库相应账户的详细信息，以及税收监督和检察机关规定的程序，更改账户需要填写的单据，转移税款和罚金；

（7）对纳税人及其代理机构多缴的税款和罚金提出返还的决议，联邦国库下属机构根据相关决议予以落实；

（8）遵循涉税保密原则；

（9）向纳税人及其代理机构发送税务审计报告及税务机关决议副本，提供纳税（或收费）通知单；

（10）当纳税人及其代理机构对税务机关发布的账户状况（税费、罚款、利息）及纳税义务履行情况存在疑议并提出质询时，予以回复（前者期限为五日内，后者为十日内）；

（11）根据集团纳税责任人的申请，对其税费、罚款和利息账户进行联合核算，形成书面文件，在第二日内以电子形式发送给责任人或寄送至纳税人私人信箱。

3. 俄罗斯税务工作人员的责任和义务

为维护纳税人的相关权益，俄罗斯《税法典》还针对税务工作人员的责任与义务作了专门的规定：税务人员应严格按照税法典和其他联邦法律法规行事，在职权范围内实行税务机关的权利和义务，同时以认真、良好的态度对待纳税人以及拥有纳税人法律关系代表的其他参与者，不得损害纳税人的名誉和尊严。该条规定旨在提高税务人员的法律素养，塑造税务机关公务人员的良好形象。

税务机关在执行税收监督的过程中，常会发生对纳税人惩罚或制裁不当的情况，使纳税人遭受财物损失。《税法典》第35条规定税务机关及其公职人员应承担以下责任：①税务机关及其公职人员在执行公务的过程中，由于不适当行为造成纳税人损失的，应对纳税人负责，可根据《税法典》及相关法律规定，以财政预算对纳税人予以补偿；②税务机关及其公职人员对其不适当的行为承担法律后果。此外，纳税机关公职人员有义务为纳税人保守秘密，包括税务机关获得的纳税人资料和情况，但其中不包括经纳税人同意公开的资料、企业和组织的法定资本金情况、违反税法和处理措施等。但税务机构在实施税收监督时不得对纳税人及其所属财产造成非法损害。

6.2.2　俄罗斯税务管理机构设置

俄罗斯税务部门的职能集中于解决全国性的宏观问题和专业性的微观问题两个层级：①全国性管理任务包括，以税收收入的方式征集预算内和预算外货币资金；优化各级预算间税收资源配置；运用统计数据和报告以及其他信息，编制短期和中长期税收收入规划和计划。②专业性管理任务包括，组织对法人和自然人的税收管理；研究制定合理的税率、税基评价体系，以及税收管理的方法；监督税收的及时、足额上缴，并与偷税漏税行为做斗争。

相应地，俄罗斯联邦税务局也由中央总局、联邦主体分局和市、区分局组成，整个系统在业务上实行垂直集中领导的管理体制，独立于地方政府部门，不受地方政府的直接领导。

1. 联邦税务总局

联邦税务总局是俄联邦政府主管税收工作的职能部门，是监督税法执行和税收缴纳的国家税务机关，其主要任务是，按课税类型和种类，以及业务活动对纳税人进行统计；按纳税人类型、地区、缴纳税种等统计税收收入；分析税收收入的动态；向联邦主体和地方政府通报税收收入情况；完善课税系统的职能；为纳税人提供税法和纳税相关信息。俄罗斯联邦税务总局隶属于财政部，局内设立的部门包括：分析研究部、总审计局、税务管理部、财务管理部、事前审计管理部、人事部、债务清偿和处理破产程序部、信息管理部、法律部、转让定价管理和国际服务部、行政监察部（见图6-1）。

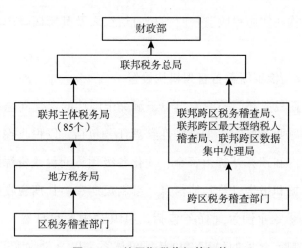

图6-1　俄罗斯税收征管机构

2. 联邦主体税务局

俄罗斯联邦主体税务局大多按行政区域划分，考虑到人口密度以及业务量的问题，为节省开支有些地区没有单独设立税务局，其业务由相关地方税务局代理。

3. 地方税务局

在俄罗斯，地方税务局是最基层的税务管理部门，共有 1053 个，负责所辖地区的税款征收，以及为纳税人提供相应的服务。依据所处的行政地区级别不同，分为下设区的市级地方税务局，共 124 个；不设区的市级地方税务局，共 142 个；区级地方税务局，共 40 个；跨区地方税务局，共 747 个。

在俄罗斯，联邦主体税务局和地方税务局既征收联邦税，又负责征收地方税，其构成结构如图 6－2 所示。

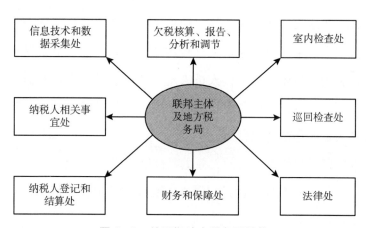

图 6－2　俄罗斯地方税务局结构

4. 特殊税务管理机构

根据 1998 年 1 月 6 日第 9 号政府令，俄罗斯还组建有为最大型纳税人服务的专门税务机构。所谓最大型纳税人是指为年产值在 3 亿卢布以上的企业，如石油和天然气开采企业、能源企业、军工综合体、银行等。2014 年 7 月 17 日，俄罗斯财政部颁布的第 61 号令对最大型纳税人税务管理机构的职能与行为规范予以了界定。

5. 税务警察局

根据 1992 年通过的《俄罗斯联邦税务警察法案》，俄罗斯于 1993 年成立联邦税务警察局。联邦税务警察局是俄联邦中央权力执行机关，负责领导全国税务警察机构，根据法律所赋予的权限，对涉嫌税务犯罪的法人和自然人进行业务侦查、调查和预审，保护税务人员免受非法侵害，并采取必要措施保证国家利益不受损失，是国家税收安全的重要保障。

俄罗斯税务警察局和税务机关之间既相互协调，又相互监督、互相检查。前者属于司法部门，后者属于行政部门。税务机关将偷税漏税等违法案件交由税务警察局处理，税务警察局在调查相关案件的过程中，主动与税务机关进行沟通、联系。税务警察局在保证税务机关正常秩序及其工作人员人身安全的同时，还负有监督税务人员的职责，可以对税务机构检查的案件进行重新审理，预防并打击税务人员的违法乱纪行为。

俄罗斯联邦税务警察的义务主要包括以下几点：

（1）对违法犯罪案件进行调查，受理和登记相关信息，并在职权范围内提起公诉；

（2）保证税务人员的人身安全，维护国家安全与利益，采取适当有效的措施，尽可能减少税收犯罪行为造成的损失；

（3）协助国家检察机关、税务机关及其他国家机关查处税收犯罪行为，揭露和制止税务机关内部的徇私舞弊行为等。

为保证税务警察局能够承担上述义务，俄罗斯通过法律赋予其广泛的司法权力，如查封或扣押纳税人财产、检查纳税人住宅和经营场所、获取国家机关及企事业单位详细资料、向企业派驻税警、利用公共媒体通缉税收犯罪分子、携带和使用武器等方面的权力。

由于税务警察执法手段过于粗暴，一度造成纳税人与征税人矛盾激化。为维护税收管理秩序，缓解纳税人与征管人之间的矛盾，在纳税意识逐步养成、税收秩序基本建立之后，俄罗斯于 2003 年解散了税务警察局。

6.3　俄罗斯税收管理规范

6.3.1　税务登记管理

俄罗斯的企业组织和自然人应在其所在地、分支机构所在地或自然人居住地的税务机关进行注册登记，或者在属于他们的不动产和运输设备所在地的税务机关进行注册，或根据法律规定的其他方式进行注册。若企业组织包括多个分支机构，且均位于俄联邦境内，则该组织要分别到每个分支机构所在地进行注册。若其分支机构位于同一个城市，且该市范围内有不同的税务机关，则由该企业自主选择税务机关进行注册登记。

在俄境内从事经营活动的外国企业分支机构在进行注册或注销时，一般应由该企业在 30 个工作日内向当地税务机关提交申请，并提供俄联邦财政部要求的、在税务机关进行注册或注销的必要文件。

俄罗斯《税法典》对不动产或运输设备的"所在地"作出了具体规定：①海、河和空中运输设备的所在地为港口，若没有，则为国家所在地，若没有国家所在地，则以财产所有者的居住地为准；②其他运输设备所在地为国家所在地，若没有，则以财产所有者的居住地为准；③不动产以其所在地为准。若不动产和运输设备为国家和企业所共有，即企业对这些财产也享有占有、使用、支配的权力，那么企业同样需要到税务机关进行登记。

俄罗斯境内自然人在注册时应提供个人信息，包括：姓氏、名字、父称、性别、国籍、出生日期和地点、居住地、护照信息或其他证明材料。税务机关办理注册的期限为收到纳税人材料起的五日内，并有责任向纳税人、财产所有人出示已经注册的证明文件。在俄罗斯，税务注册登记信息的变更是指所在地、居住地不变的前提下，其他信息的变更。信息变更需要在原注册税务机关进行登记。当企业组织及其分支机构所在地，以及法人居住地变更的情况下，由企业组织、法人注册的税务机关办理注销。注销程序应按照俄罗斯同意法人登记簿上的信息操作，税务机关应在收到申请之日起10日内办理，但同时，也不得早于对该企业组织的税务稽查结束之日。

向税务机关申请注册（注销）时，企业组织可通过法定代表亲自提交，也可以通过挂号信邮寄或电子渠道提交。通过电子渠道提交的，必须署有申请人或者代理人的有效数码签名。根据组织机构、法人和个体经营者的请求，税务机关可通过电子方式将注册证明或相关通知发给他们，通知中必须署有发件人的数码签名。申请程序、格式和形式等均由在税收领域行使监管权的联邦授权机构予以确定。

俄联邦境内的每个纳税人都有一个唯一的纳税人识别码，税务机关负责通过多种渠道将纳税识别码告知纳税人。纳税人向税务机关提交的申请或其他文件都要注明税务识别码。当向税务机关提交的文件含有个人信息时，按《税法典》相关规定，自然人可以不注明自己的税务识别码。

6.3.2　纳税申报管理

纳税申报是指纳税人及其代理机构按照税法规定的内容和期限，向税务机关提交相关纳税事项书面报告（纳税申报表，包括纳税人所获得的收入和产生的支出、收入来源、税收优惠、计税依据和应缴税款等信息）的法律行为，是纳税人依法履行纳税义务、承担法律责任的主要依据，是税务管理的一项重要制度，也是税务机关税收管理信息的重要来源。

俄罗斯的纳税申报方式由《税法典》统一规定。如果法律没有涉及，则由联邦税务总局统一制定，联邦主体税和地方税的申报方式分别由联邦主体税务局和地方税务局制定。纳税申报表的具体格式由俄税法规定，对于《税法典》中没有规定的部分，联邦税纳税申报表的格式由联邦税务总局决定，地区税和地方税纳税申报表由联邦税务总局下的各个税务分局确定。

除非《税法典》作出其他规定，俄罗斯的每个纳税人都要针对每一个应纳税种提交纳税申报表。在业务活动或所属资产因适用于特殊税收制度而获得税收豁免的情况下，纳税人无须向税务机关提交纳税申报表。需缴纳一种或几种税费的纳税人，因没有分别核算而导致现金全部流入其设立的收款银行账户的，要提交简化税务申报表。

在俄罗斯，纳税申报表应按照税法规定的期限呈报，联邦税、地区税和地方税的填报细则经联邦税务总局征得财政部同意后制定。一般情况下，纳税人需在不迟于相应季度、半年度、9 个月和日历年度最后一个月的 20 日，向所在地或居住地税务机关提交统一（简明）纳税申报表。纳税人向自己的归属地进行提交，若是通过邮局寄出的，则将寄出日期作为提交日期；若是通过电子邮件形式发送的，则发送日期为提交日期。税务机关无权拒收纳税申报表，必须按纳税人的要求，在纳税申报表的副本上签收，并填写递交日期。

首次注册登记的纳税人，应按规定将其应缴纳所有税种的纳税申报表以电子形式提交给注册地的税务机关。对于企业来说，应不晚于当年 1 月 20 日提交平均雇员数的纳税报告，对于新建或者重组的企业，则应不晚于其建立或重组月份下一个月的 20 日。平均雇员人数超过 100 人的纳税企业、新建立或重组的企业，应以电子形式提交给税务机关。

税务机关无权要求纳税人在纳税申报表上填写与税费和保险核算和支付无关的信息，下列信息除外：①文件类型：初级或修改版；②税务机关名称；③组织（分支机构）所在地或自然人居住地；④企业组织（分支机构）全称或自然人全名；⑤纳税人联系电话等。当纳税人发现税单存在信息错误或不完整而导致应纳税额被低估时，应对其进行必要变更并向税务机关提交修改版本。因此而延误纳税申报表提交的最后日期，不应被视为破坏了报税期限。若修改版纳税申报表在截止日期之前提交，则将该日期视为纳税申报日期。

6.3.3 税收征收管理

俄罗斯税收管理建立在三大基础之上：法律基础、组织基础和税收监督。税收征管便是税收管理的组织基础，其职责包括：监督纳税人遵守税收相关法律；监督纳税机关对税收法律的执行；对监督活动提供组织和方法论上的支持。其中，监督纳税人遵守税收法律是税收征管的核心任务。

1. 征税方式及计税规则

（1）征税方式。

纳税人缴纳税款应使用俄罗斯货币，俄罗斯《税法典》规定，若使用其他国家货币，则应将以外币计算的应纳税款换算成本国货币，按照纳税当天俄联邦中央银行公布的官方汇率为基准。当纳税人未能足额缴纳税费时，可使用强制执行措施。

银行有义务按照《税法典》规定的支付方式，将纳税人税款划缴至俄联邦国库账户，并将税务机关税款转缴至联邦预算。一般情况下，银行应在接到纳税人和税务机关转账要求后的一个工作日内进行支付。如遇特殊情况，推迟最多不得超过五个工作日。银行不履行或不当履行税费转账义务的，应承担法律责任，即便如此，银行仍须将税款转缴至联邦预算。

由于纳税人逾期缴纳而产生的罚金，须连同税款一并清偿。根据《税法典》规定，罚金根据延误履行纳税义务的日历天数计算。由于税务机关根据法庭判决查封纳税人财产或冻结其银行账户、控制现金交易和财产等原因，使得纳税人无力偿清欠款时，罚金不予累积。但提交延期或分期申请和投资税收信贷申请时，不会中止应付税款罚金的累积。罚金由当日应付税费总额的利息决定。

（2）计税方法。

根据《税法典》规定，俄罗斯纳税人应根据税收基础、税率和税收优惠，自行计算纳税期内应交纳的税款。在一些特定情况下，可以由税务机关或税务代理人承担计税义务。联邦税、地区税和地方税的课税基础及其确定方法均由《税法典》作出规定。

俄罗斯联邦税的税率由《税法典》确定，但俄罗斯联邦政府可在其规定的范围内对联邦税税率进行一定幅度调整。俄罗斯地区税和地方税的税率则由联邦主体立法机构及地方自治立法机构确定，但需在《税法典》相关条款限定的范围内。例如，《税法典》第54条确定了税收的计算基础，规定纳税人及纳税组织应根据每个纳税期的会计核算结果来计算课税基础；第55条提出应根据纳税人建立、改组和撤销的具体时间来确定纳税期限；第57条指出，税种不同，纳税期限不同。纳税期限可分为年、季、月、旬、周、天，只有依据《税法典》规定才能对纳税期进行更改。纳税人逾期缴纳税款需支付罚金。

（3）税收优惠。

税收优惠应遵循无差别原则，但针对不同情况，税收优惠仍具有一定的倾向性。个别税收优惠政策由相应层级政府通过的法律文件来规定：若涉及联邦税，则按联邦税法的有关法律文件确定；若涉及地区税，则按联邦主体税法的有关法律文件确定；地方税则按地区自治代表机构的相关法律文件来确定。

（4）税收期限变更及税收投资贷款。

俄罗斯《税法典》还明确了纳税期限变更的一般条件，以及申请税收贷款和税收投资贷款的方式。纳税人的义务不随纳税期限的变更而改变。不同税种期限的变更由不同部门决定。

根据《税法典》规定，具备下列条件之一时可申请延期或分期纳税：①由于自然灾害、重大技术事故或其他不可抗力给纳税人造成损失；②给纳税人的预算拨款受阻或拖延纳税人支付国家订单；③一次性纳税存在破产风险；④自然人的财产状况已不允许其一次性纳税；⑤商品和劳务的生产与销售带有季节性，需政府批准实行延期或分期纳税；⑥俄罗斯海关法允许通过关境的商品延期支付税款。

同时，若纳税人从事科研、实验设计、生产技术改造、环境污染治理和新技术工艺应用等工作，可申请税收投资贷款。对企业利润税以及地区税和地方税而言，贷款期限可达 1~5 年。企业组织享受税收投资贷款至少要满足以下要求之一：①自主开展科研活动或设计试验先进设备，包括旨在为残疾人士创造就业机会，为保护工业环境，或为提高生产、工程和服务的能源效率等；②进行实践创新活动，包括开发、使用新技术，开发新原料；③为区域社会经济发展作出特殊贡献，或为居民提供特别重要的服务；④完成国防任务；⑤具备一流的能源效率并进行建设项目投资。

提交书面申请是企业组织获得税收投资贷款的基本要求。在申请书中，企业需承诺按期偿还规定的欠款利息。税务主管部门与财务部协调，从申请递交日起的 30 天内决定是否提供税收投资贷款。延期、分期或终止税收投资贷款的原因包括合同期满、法律规定终止等。在法定期满前清偿所有应付税费及利息，则视为提前终止延期、分期或税收投资贷款。若纳税人违反了延期或分期规定，则有关部门可提前终止延期或分期。

2. 税收监督与审计

税收监督是指税务机关通过税收征管，对纳税人的生产经营状况、纳税情况和经济活动进行监督。税收监督作为财政监督的重要组成部分，也是国家宏观经济调控的一种有效形式。税收监督直接关系到对税法执行的维护，是敦促违法纳税人履行纳税义务的依据。此外，税收监督还具有预防功能，有助于强化税收纪律，推动税收文化的形成与传播。

为预防犯罪，确保纳税人及其代理机构税收行为合法，俄罗斯《税法典》规定，俄罗斯税务机关有义务通过集中闲散资金确保国家经济安全：①确保对政府收入及其使用情况的有效监督；②协调俄联邦税收征管和调节机关的活动；③对企业和自然人纳税义务的履行进行检查；④审查专项税收优惠的利用情况；⑤预防和制止税收领域的违法犯罪行为。

依据《税法典》规定，俄罗斯税收监督的主要内容有：一是税务检查；二是检查纳税人提供的计税凭证，指出纳税人存在的问题，并接受纳税人及其代理机构的解释；三是对会计和报告资料的完备性、纳税申报单提交的及时性，以及信息的可靠性进行核查；四是审查收入（利润）获得的地区和场所；五是发现违反税法者并令其承担责任；以及其他形式等。俄联邦税务机关、海关、内务部、审查机关和预算外基金管理机关相互协作，进行必要的信息交换，包括告知对方已掌握的违反税收法律的证据、已进行的税务审查、已采取的惩罚措施等。进行税收监督时，不得非法收集、存储、使用和传播纳税人信息。

税收监督的形式可根据监督时间、主体和场所三种方法进行划分。从时间来看，税收监督分为预先进行的初步监督（事前）、税期监督（事中）和后续补充（事后）监督。事前检查可防止税收违法行为的发生，显然，这是由纳税人的财务部门进行的检查；事中检查或义务检查是由税务机构进行的，是检查课税对象的确定以及纳税人的税基计算是否准确；事后检查是在纳税期结束后进行的检查，是在对纳税申报单进行分析的基础上开展的，这种检查较为普遍。从主体来看，分为税务机关、海关、内务部门和其他相关机构；从地点来看，分为室内监督和室外监督两种。

此外，还有其他分类方式。如按检查的对象可分为综合检查和局部检查：综合检查包括计算、缴纳、转账等所有与纳税人相关的财务操作；局部检查的范围则相对狭窄。计划内检查和计划外检查，连续性检查和选择性检查，文件资料检查和实际检查等。

税务检查是税收征管的一个重要环节，也是税务监督的重要组成部分。就其功能而言，一方面，税务检查是对纳税人及其代理机构纳税行为合法性进行监督；另一方面，正如2011年9月20日欧洲法院对俄罗斯"尤科斯"石油公司进行判决时指出的那样，税务机关有权进行税务检查，以查明资产的实际持有者和经济效益的实际获得者，确定其为逃税而采取的违法行为。

室内税务检查是在税务机关所在地对税收申报表、计税和纳税凭证，以及证明纳税人活动的凭证和报告进行的检查，是俄罗斯税务检查的最主要的方式。室内检查由税务人员于纳税申报单提交之日起三个月内进行，无须税务机关领导的任何特殊决议与批准。若进行室内检查时发现纳税申报单信息错误或与税务机关现有资料相矛盾时，需告知纳税人于 5 日内提供必要的解释或在规定的期限内做出相应修改；若发现纳税人存在违法行为，应在 10 日内形成税务检查报告（见表 6 - 1）。

表 6 - 1　　　　　　　　室内税收监督信息披露情况

在下列情况下，税务机关有权要求纳税人披露信息	根据税务机关要求，纳税人应提供的信息
纳税申报单存在错误	在规定的时间内作出解释或进行修改
纳税人提供的文件信息相互矛盾	
税收监督过程中，纳税人提供的信息与税务机关已掌握的资料不一致	
应纳税额被低估时，提供修改版的纳税申报单	对修改的税单参数进行解释
提交税单时，对相应会计期内的亏损额进行申报	对亏损规模进行说明
利用税收优惠	确认税务豁免权的文件
提交增值税税单时，对税收返还情况进行申报	确认税收扣除合法性的文件
增值税税单中的业务活动信息互相矛盾	发票以及与上述业务相关的初始及其他文件
增值税税单中的业务活动信息与其他纳税人提交的税单或发票信息不一致，而导致应纳税额被低估或高估	
对涉及自然资源利用的税收进行室内审查时	缴纳该类税收的证明文件
对享受税收优惠的地方投资规划参与者提交的税单进行室内审查时	能够证明地区投资规划的实施指标符合联邦或联邦主体相关要求的文件

税收监察（налоговый мониторинг）期间提交纳税申报单时，不进行室内检查，以下情况除外：①纳税申报单的提交晚于纳税监察年度的 7 月 1 日；②提交增值税或消费税纳税申报表时，申请退税资格或消费税返还；③修改版的纳税申报单与之前相比，减少了

应缴税款或增加了亏损金额；④税收监察提前终止。

对某项税或某些税的室外检查由税务机关的领导（第一副局长）决定，应提供纳税人名称、检查对象、期限以及检查人员相关信息。室外检查的对象通常应满足某些条件，如纳税人的税负低于该竞争领域经济主体的平均水平；在若干纳税期内，其会计或税收报表上显示亏损或大额的税收优惠；支出增速超出商品（工程、服务）销售收入的增长速度；员工人均月工资低于俄联邦主体该经济部门的平均水平；多次接近《税法典》规定的享受特殊税收制度的指标值；个体业主支出最大限度地接近其年收入额；纳税人未向税务机关提供相应文件，对资料损坏或不一致的情况作出解释；反复更改账户地址，在不同的税务机关办理撤销和登记手续；会计报表显示的盈利水平与该领域统计资料严重偏离；进行高税收风险的金融和经济活动。

室外检查信息不对外公开。一般情况下，室外检查时间不得超过2个月，可延期至4个月，特殊情况时——6个月。税务机关有权对地区或地方税的纳税人分支或代表机构进行独立的外出检查，期限不得超过1个月。由于文件泄露或为了获得外国国家机关信息、进行鉴定、翻译外文文件等，税务机关领导可暂停外出检查，期限为6个月。其中，因文件泄露而中止检查的情况不得超过一次；若6个月内未能获得外国国家机关信息，可酌情延长3个月。

在同一税收检查期内就同一税收进行重复巡回检查是被明令禁止的，只有在上级税务部门对下级税务部门的工作进行检查时，才允许重复巡回检查。此外，在重组或终止企业经营活动时也可进行重复巡回检查。在巡回检查中，工作人员可以对纳税人用于取得收入的生产场所、仓库、商场和其他场所进行检查和鉴定，并讯问证人。此外，税务机关可以传唤任何熟悉情况，有利于检查工作的自然人（职业审计师）作证人。必要时，还可在协商的基础上邀请与检查无利益关系的专家参与工作。税务机关应在巡回税收检查结束后2个月内完成并提交检查报告（见表6-2）。

表6-2　　　　　　　室内税务检查和外出税务检查的特征

	室内税务检查	外出税务检查
地点	税务机关所在地	纳税人或税务机关所在地（根据纳税人申请）
依据	纳税申报单和纳税人提供的其他文件，以及税务机关持有的纳税人业务相关文件	纳税机关领导（副局长）决议
获悉检查起始信息	无须向纳税人告知	向纳税人发布外出税务检查决议
时间	纳税人提交申报单之日起的三个月内	不超过两个月，可暂停或延长6个月
检查对象	具体税种	一种或几种税
审查期	提交税单的纳税（报表）期	通过检查决议后的3年内
巡回检查	—	上级税务机关对检察机关的活动进行监督时，或纳税人提交的修改版税单中税额低于之前申报额
检查报告	仅在纳税人违反了税收相关法律的情况下需要形成室内税务检查报告，时间为检查结束后的10天之内	审计单；于室外检查最后一天交至纳税人。外出检查报告应于审计单开具后的2个月内形成；报告中应包括检查过程中发现的税收违法行为

　　税务检查报告的方式和内容要求由税务局制定，其内容应包括检查中发现的违法事实、对会计报表检查的内容，并提出结论及消除违法行为的建议。税收检查报告应交由纳税企业负责人和个体业主签字。

　　如果纳税人不同意税收检查报告的内容和结论，可在领取报告后的2周内，向税务部门递交书面陈述拒绝签字或不同意报告的原因，税收机关领导应在14日之内审查税收检查报告和纳税人申述的材料，之后由税务机关领导（副局长）做出决定。纳税人对税务机关检查行为提出申述时，上级税务机关有权对出现的争议进行补充检查。

　　近年来，在俄罗斯的税收检查实践中，由于程序不合理而导致上级税务机关或法院的稽查决议被取消的情况并不罕见，主要表现在：税务人员没有为纳税人提供对补充税务检查资料进行解释的机会，没有及时告知其新的检查情况和结果；税务机关没有向纳税人提供室内检查报告，以及核查其资料的通知；税务机关没有允许纳税人参与税务检查资料的审核；无论是在税收检查报告还是税收责任决议中，均未包含对违反税收法律行为的系统性陈述，或缺乏与检查决议结果相关的证明；税收检查报告和税收责任决议中均不包含具体的文件链接、纳税人生产成本规模不合理的证据，没有指出具有争议性的支出是纳税人违反了俄联邦税法的哪一条目等信息；税收检查决议指出的未缴纳税收的新依据，没有体现在检查报告中；决议通过的未缴税额超出了检查报告的额度；检查人员未将其确立违法行为的依据（公司财务报表等）写入检查报告，也未核查纳税人对检查报告的申述；税务机关将审查通知等资料交给不具有相应职权的公司代表等①。

3. 税收违法行为与税收罚则

俄罗斯《税法典》规定，对纳税人的违法行为要追究责任，税务机关可在发现违法行为的 6 个月内向法院提起要求进行税收处罚的诉讼。税收处罚分为罚款和行政处罚两种。下列情况下，可被视为违反税法：

（1）违反税务核算材料的提交期限；

（2）逃避提交核算报告；

（3）未在规定的期限内提交在银行开立和撤销账户的信息；

（4）不提交纳税申报表；

（5）粗暴破坏收支核算和课税对象规则；

（6）不缴纳或不完全缴纳税收；

（7）税务代理人不履行代扣和划拨税收的义务；

（8）非法阻挠税务机关、海关和国家预算外基金组织的工作人员进入场地和工作场所；

（9）不遵守被查封财产的占有、使用和支配制度；

（10）不向税务机关提供税务检查必需的信息；

（11）拒绝按税务机关的要求提交凭证和物品；

（12）不履行证人的责任；

（13）拒绝鉴定专家、翻译和其他专家参与检查税收工作，提供虚假的凭证和译文；

（14）向税务机关提供虚假的信息。

---

① https：//www. audit – it. ru/articles/account/court/a53/840643. html.

4. 涉税保密

在税收监督的法律关系中，纳税人提交给税务机关的大量信息，包括商业、银行和保险机密等，受到法律保护。这些信息若用于其他目的，则有可能会对纳税人的经济和企业活动带来严重的损害。纳税人有权要求税务机关遵守和维护涉税保密，这是其捍卫自身合法利益的重要信息和法律保障。税务机关对于其获得的纳税人信息，拥有特殊的存储和查阅制度，由俄罗斯联邦税务局确定工作人员的查阅资格。

涉税保密是俄罗斯确保与税收相关信息保存和利用的一项特殊制度，它也确立了违反保密制度的法律责任。保密对象涉及纳税人提供的任何信息（文件、电子文件、磁盘、照片、视频、录音等），不仅包括与纳税人执行税收义务直接相关的信息，其他所有私人资料和商业、生产机密均需得以保密。此外，税务机关通过其他途径或第三者（银行、税务代理机构、专家和证人）获得的资料也属于保密范围。

涉税保密不包括下列信息：①与纳税人相关的公共信息，包括经由其同意可以公开的信息。公共信息是指可以公开获得的数据、资料或其他访问不受限制的信息（2006 年 7 月 27 日联邦法《信息、信息技术和信息保护》）；②纳税人识别号；③纳税人违反税收法律的行为以及采取的惩罚措施；④税务机关、海关或其他国家执法机关根据国际合作协议进行的信息共享；⑤选举委员会提供的候选人及其配偶的收入规模和来源及其所有资产规模；⑥根据联邦法《国家和市政服务组织》规定，向国家信息系统提供的政府和市政支付信息；⑦纳税人适用的特殊税费制度，以及纳税人参与的纳税集团。

5. 税务申诉

根据《税法典》规定，俄罗斯纳税人若认为税务机关的法令及其公职人员的行为破坏了其自身权利，可向法庭提起诉讼。纳税人向上一级税务机关提交的申诉信可同时提交至法院。其中，企业和个体经营者对税务机关及其公职人员提起的申诉应先根据仲裁诉讼法规向仲裁法院提交诉讼申请；个人向法院申诉应先向负责处理税务纠纷的法院提交诉讼申请。依纳税人提出的申请，法院可根据俄罗斯联邦诉讼法的规定暂停税务机关的决议行为；上级税务机关也可暂停税务机关的决议行为。因税务人员的不适当行为造成的损失，纳税人有权得到赔偿。申诉应当以书面形式提出，且在提出申诉的三天之内，税务机关要将与申诉相关的所有材料、文件交给上级税务机关。

当事人若要撤回申诉，可以书面的形式在上级税务机关作出决定之前申请撤回申诉，一旦撤回，则当事人无权再次对上一级税务机关或相关人员提出申诉。

对税务机关决议的申诉进行审查，上级税务机关有权做出如下决议：

（1）维持原状，驳回申诉者的请求；

（2）更改或部分取消税务机关的决议，并作出新的决议；

（3）取消决议，停止诉讼程序。

上级税务机关要在受理申诉的一个月内作出以上相关决议。资料不齐全时，可将规定的期限延后，但延后期限不应超过 15 天。并在作出决议后的 3 天内通知申诉人。若税务机关认定申诉信不符合俄罗斯法律，则税务机关有权全部或部分暂停中止该法令的执行，同样在作出该决定当天起的 3 日内通知申诉人。提交到法院的诉状，应按照俄罗斯民事诉讼法、仲裁诉讼法和其他联邦法律规定的方式审理和解决。

6.3.4 税收筹划及国际税收协定

对于纳税人来讲，税收是强制性的非理性支出，因此，他们总是尽可能地降低自身税收负担①。逐利性驱使纳税人利用相关税收法律的漏洞或矛盾之处，从而引发了各种合法或非法的避税问题。

由于税收筹划和逃税之间的界限并非总是那么清晰、明确，税务机关和纳税人之间常常会产生冲突。为此，俄罗斯《税法典》指出，逃税是指纳税人通过法律禁止的方式降低税负，如非法减少或隐瞒部分税基、恶意抗税、从事灰色非税经济活动、贿赂税务人员等，是一种经济犯罪行为。逃税行为包括：非法利用税收优惠；不及时纳税；核算和缴纳税收时提供不完整的数据；通过有问题的银行缴纳税款等。

与逃税不同，为避税而进行的税收筹划则是守法的纳税人利用税收优惠，或通过税收优化的方式来实现税负最小化的行为。税收筹划的基础是承认纳税人有权采取法律允许的所有手段、方式和方法（包括利用法律漏洞），最大限度地减少自身的纳税义务。具体而言，税收筹划的基础包括：最大限度、充分和正确利用法律允许的所有税收优惠；评估税务管理当局的立场；预测国家的税收和投

---

① Яковлева Е. Н. Оптимизация налога на прибыль//Консультант предпринимателя. 2009. №2.

资政策的主要方向。

由此，税收筹划的本质是企业通过对业务活动方式和资产部署方法进行优化选择，以实现税收最小化。在企业经营过程中组织税收筹划，需要与进行交易的供应商和客户以及监管当局达成一致。对于大多数企业来说，税收筹划不仅可以帮助其选择法律形式、注册地和组织结构，同时，在企业的组建、改组、改造、兼并和清算过程中也扮演着不可或缺的角色。

税收筹划在对外经济活动中也发挥着极其重要的作用，不同国家之间的税收差异是国际税收筹划存在的基础。一方面，从事国际贸易的公司可以灵活选择公司注册地、组织形式、组织结构、资金分配方式、投资政策、长短期财务方案等；另一方面，对于那些并不直接从事对外经济活动的法人和自然人来说，税收最小化的方法之一可以是将所得转移到具有税收优惠政策的国家去，将公司或个人的资本投资到国际资本市场中收益最大且免税的领域中去。

值得注意的是，由于主权国家有权根据其国家权益、国情、政策和在国际所处的经济地位等，选择最适合本国权益的原则确定和行使其税收管辖权，规定纳税人、课税对象及应征税额。一般地说，资本技术输入较多的发展中国家，多侧重维护地域管辖权①；而资本技术输出较多的发达国家，则多侧重维护居民（公民）管辖权②。大

---

① 属地原则，亦称属地主义。即按照一国的领土疆域范围为标准，确定其税收管辖权。该国领土疆域内的一切人（包括自然人和法人），无论是本国人还是外国人，都受该国税收管辖权管辖，对该国负有限纳税义务。

② 属人原则，亦称属人主义。即按纳税人（包括自然人和法人）的国籍、登记注册所在地或者住所、居所和管理机构所在地为标准，确定其税收管辖权凡属该国的公民和居民（包括自然人和法人），都受该国税收管辖权管辖，对该国负有无限纳税义务。

多数国家为维护本国权益，一般都同时行使两种税收管辖权。这必然导致国际双重征税问题的扩大化。因此，企业在进行税收筹划时，应尽量避免双重征税。

企业要进行国际税收筹划，首先要对各国的税制进行深入了解。各国由于政治体制不同，经济发展水平各异，税制之间（包括税收管辖权、税率、课税对象、计税基础、税收优惠政策等方面）也就存在着较大的差别，这种差异为跨国纳税人进行税收筹划提供了可能的空间和机会。

随着经济全球化和区域一体化的不断推进，国际税收理论的不断发展，以及企业对利润的追逐，在全球范围内出现了各种类型的特殊税收区。包括在贸易和投资等方面比世贸组织有关规定更加优惠的贸易安排的自由贸易区，在主权国家或地区的关境以外划出特定的区域，准许外国商品豁免关税自由进出。

近年来，俄对外签署了 88 个对所得和财产避免双重征税的协定，已经生效的有 80 个（包括苏联时期与日本和马来西亚签署的双边协定）①。除了某些特殊规定外，俄罗斯的双边税收协定基本上都是依据经合组织（OECD）税收协定范本签署的。目前，俄罗斯采用新方法来拟定税收协定，如 2010 年的联邦协定范本，其"新"主要体现在反避税补充措施上，包括利益限制条款、新情报交换条款以及国内资本弱化管理的相关规定。此外，新协定还增加了利益限制规定。按照该条规定，所得来源国可通过一系列测试判断协定待遇纳税申请人与其居民国确有实质经济联系，还是仅为享受该协

---

① http：//www. nalog. ru/rn77/about_fts/international_cooperation/mpa/dn.

定的优惠待遇而人为设置在该国。如果属于后一种情况，则不能享
受协定待遇①。

1. 与独联体国家签署的税收协定

俄罗斯与除格鲁吉亚外的其他独联体国家签订了双边税收协定，
与所有独联体国家都签署了按照目的地征税原则确定增值税和消费
税征收问题的间接税具体协议，以及关于情报交换和提供征税援助
的协议。其中，与8个独联体国家（哈萨克斯坦、白俄罗斯、摩尔
多瓦、亚美尼亚、阿塞拜疆、格鲁吉亚、乌兹别克斯坦和吉尔吉斯
斯坦）签署了关于增值税的独立税收协议。

2. 与27个欧盟国家签署的税收协定

俄罗斯与27个欧盟国家签署的税收协定均已生效，爱沙尼亚是
唯一签署协定但尚未生效的欧盟成员国。这些协定有一个共同特
征，即对利息和特许权征收零税率的预提税。与东欧国家签订的税
收协定中，对利息和特许权使用费按来源国征税时，税率通常限制
在10%。

3. 与亚洲国家签署的税收协定

俄罗斯与亚洲国家签署了21个税收协定（包括苏联和日本与
马来西亚签署的两个协定），不仅涵盖了中国、印度和印度尼西亚
等主要亚洲国家，甚至还包括甚少签署税收协定的朝鲜和蒙古。从
税收筹划的角度分析，与新加坡、卡塔尔（股息、利息和特许权使
用费预提税率为5%），以及黎巴嫩（股息预提税率10%，利息预

---

① 关于《国家税务总局关于〈中华人民共和国政府和俄罗斯联邦政府对所得避免双
重征税和防止偷漏税的协定〉及修订协定的议定书生效执行及有关事项的公告》的解读。
http：//www. chinatax. gov. cn/n810341/n810760/c2220741/content. html.

提税率5%，特许权使用费预提税率5%）签署的税收协定可能会带来重大利益。

4. 与非洲国家签署的税收协定

在非洲，俄罗斯只与埃及、马里、摩洛哥、南非共和国、阿尔及利亚、纳米比亚和博茨瓦纳签署了税收协定。1999年11月26日与埃塞俄比亚虽签署了协定，但尚未生效。

5. 与美国和加拿大签署的税收协定

与美国和加拿大签订的税收协定是苏联解体后俄罗斯签署的最早的税收协定之一，其特点是接近美国的协定版本，包括利益限制条款、对公民征税、没有关于资本收益的特别条款等。

此外，俄罗斯与澳大利亚、新西兰、墨西哥、古巴、委内瑞拉、智利和阿根廷等国签署的双边税收协定也已生效[①]。

6. 欧亚经济联盟税收协定

俄罗斯在维护区域经济一体化的同时，也致力于推动自由贸易区的发展。首先是签订了《独联体自由贸易区协议》[②]，旨在减少进出口关税数量，取消等价间接税，加强技术规范、产品鉴定合作，避免过多海关检查等。2015年1月1日，俄罗斯主导的欧亚经济联盟成立后，成员国之间的经济互动也日益加强，同时，其与独联体之外的第三国之间贸易和投资的发展也被纳入日程。

---

① 丹尼尔·V. 温尼斯基. 俄罗斯税制改革最新趋势 [J]. 国际税收，2015年第1期。

② 2011年10月18日，在圣彼得堡举行的独联体成员国政府首脑会议期间，俄罗斯、白俄罗斯、乌克兰、亚美尼亚、摩尔多瓦、哈萨克斯坦、吉尔吉斯斯坦和塔吉克斯坦八国总理签署了《独联体自由贸易区协议》；2012年9月该协议在俄罗斯、白俄罗斯和乌克兰三国国内部门批准后率先生效，随后乌兹别克斯坦加入该协议；2013年12月，吉尔吉斯斯坦正式批准该协议。

2015 年 5 月 29 日，欧亚经济联盟成员国与越南在哈萨克斯坦签署了关于建立自由贸易区的协定，协定在各国批准 60 天后生效。根据协定，双方将在 10 年内取消近 90% 货物的进口关税。这是欧亚经济联盟与非独联体国家签署的首个自贸协定，其中包括了简化货物和服务市场准入、知识产权保护、电子商务、政府采购等多方面内容，2020 年前双边贸易额将有望提升至 100 亿美元①。

2016 年 6 月欧亚经济委员会执委会贸易委员尼基申娜称，欧亚经济委员会获得了启动与伊朗、塞尔维亚和以色列建立自贸区谈判的授权，同时委员会还在研究与印度和埃及建立自贸区的可能性②。

7. 与中国签署的税收协定

2014 年 10 月 13 日和 2015 年 5 月 8 日，中国和俄罗斯于莫斯科正式签署了《中华人民共和国政府和俄罗斯联邦政府对所得避免双重征税和防止偷漏税的协定》及议定书。新的双免协定从 2017 年 1 月 1 日起开始执行。新旧协定的主要区别在于：①关于股息的预提所得税税率，旧协定只有 10% 一档，新协定规定了 5% 和 10% 两档：如果股息的受益所有人是除合伙企业外的公司，直接持股比例达到 25% 且持股金额至少达 8 万欧元或等值的其他货币，则股息的预提所得税税率为 5%，其他情况为 10%；②关于利息，新协定规定由居民国独享对利息的征税权，利息来源国对利息免征预提税，预提所得税税率为 10%；③关于特许权使用费，新协定将其预提所

---

① http：//www. mofcom. gov. cn/article/i/jyjl/e/201506/20150600995025. shtml.

② http：//gpj. mofcom. gov. cn/article/zuixindt/201606/20160601343711. shtml.

得税税率由旧协定规定的 10% 降为 6%；④关于财产收益，旧协定规定来源国在以下两种情况下有权对股权转让收益征税：一是被转让公司的财产直接或间接由位于该国的不动产组成，或转让该国公司股份前持股比例不少于25%。新协定不包含第二种情况并明确了第一种情况，即只有股份价值的50%（不含）以上直接或间接来自位于来源国的不动产，股权转让所得可以在来源国征税，其他情况应由转让者的居民国征税；⑤关于消除双重征税的方法，新协定将间接抵免的持股比例要求由不少于10%提高到了20%，即中国居民公司从俄罗斯取得股息，且其直接或间接拥有俄居民公司股份不少于20%，中国居民公司在国内纳税时可抵免俄居民公司就该项所得在俄缴纳的税款。

7 税收与经济增长

7.1 税收与经济增长的理论基础

7.1.1 税收与经济增长的基础理论

经济是税收的源泉，经济决定税收，而税收又反作用于经济。在竞争日益激烈的现今社会，谋求本国经济的持续快速增长已经成为各国政府宏观经济政策的共同目标。在西方经济学中，对经济增长理论的研究颇为丰富，而且不同的学派还建立了各自的经济增长模型。在这些模型中，很多学者都考虑到了政府的作用，其中政府政策运行对经济增长有着不可估量的影响，这些政策就包括税收政策。所以以税收为切入点，研究其如何影响经济增长并反馈于税收，是必不可少的一个方面。

1. 税收的需求创造理论

凯恩斯通过对税收与经济增长之间关系的考察，研究了税收如何刺激社会总需求从而抑制经济衰退，一方面可以依靠减轻个人所得税来增加个人可支配收入来刺激消费需求，另一方面可以通过对企业投资的税收减免来刺激投资需求。凯恩斯认为，当消费、投资、政府购买和进出口形成的对商品的总需求小于整个社会提供的商品价值时会使生产下降、提高失业率；当消费、投资、政府购买和进出口形成的对商品的总需求大于整个社会提供的商品价值时，就会出现通货膨胀。凯恩斯在《The General Theory of Employment, Interest and Money》一书中提出 IS – LM 模型，通过模型反映了税收对经济增长的作用。

以不考虑进出口因素的三部门模型为例，IS 模型描述了商品市场上总支出等于总收入时的均衡：

$$Y = AD = C + I + G$$

其中消费 C 是可支配收入的函数，投资 I 是利率 r 的函数：

$$C = a + by \quad y = (1 - t)Y \quad I = e - dr$$

所以：$Y = AD = a + by + e - dr + G = (a + e + G - dr)/[l - b(1 - t)]$

当税收 T 作为绝对量存在于三部门模型中时，税收增加使得 IS 曲线向左平移。税收增加使得企业负担加重，企业减少投资的同时减少了投资需求，并且减少了居民的可支配收入，从而减少了消费支出，IS 曲线向左平移，反之，则向右平移。税收通过改变总需求最终影响国民收入的变化。但是，当把税收作为影响国民收入的内生因素时，即在国民收入方程式中将税率 t 作为可控制变量时，主要靠影响边际消费倾向来改变 IS 曲线的斜率。税率越小，IS 曲线越平缓，乘数越大；税率越大，IS 曲线越陡峭，乘数越小。

LM 曲线描述了货币市场上的均衡问题。货币市场的均衡即货币供给等于货币需求，货币供给 m 由货币供给当局外生给定，真实货币余额需求是真实收入 Y 和利率 r 的函数：

$$m = ky - hr$$

由 IS 模型与 LM 模型联立后得到财政支出乘数：

$$dY/dG = 1/\{dk/h + [1 - b(1 - t)]\}$$

在边际消费倾向 b 和投资的利率系数 d 一定时，采取低税率的扩张性财政政策，IS 曲线趋于平缓，挤出效应明显，财政政策效果越大。当税率越高时，IS 曲线趋于陡峭，财政政策效果弱。

可见，税收通过改变一国财政政策的实施效果导致国民收入的变化。理论上来说，当流动性陷阱发生时（$h \to \infty$）财政支出乘数再乘以边际流水线倾向的相反数就是税收乘数 $dY/dT = -b/[1 - b(1 - t)]$，税收乘数为负值表示国民收入随着税收的增加而减少，因为企业的投资需求和居民的消费需求减少，并且产生由政府的财政收入形成的公共储蓄的"漏出"。所以可以认为税收作为一种政策工具在国民经济的宏观调控中是通过财政支出乘数发生作用的，因此凯恩斯理论认为由于流动性陷阱的存在，改变税率的财政政策对经济的调节是有效的。

另外，税收具有"自动稳定器"的功能，它能自动减少各种干扰对国民收入的冲击，能够在经济繁荣时期抑制膨胀，经济衰退时期减轻萧条，通过政府收入和政府支出的自动变化来实现自动稳定经济的功能。而政府收入主要来源于税收，因此税收成为自动稳定器发挥作用的主要载体。当经济波动时，税收的存在会自动发挥作用，调节总需求水平，减轻甚至消除经济波动。其中政府税收的自动变化就是这种内在稳定经济功能的具体体现，当经济衰退时，国民收入水平下降，个人收入减少，在政府支出和税率不变的情况下，政府税收会自动减少，人们的可支配收入会相对减少的更少，消费需求和投资需求会下降的更少；当经济繁荣时，失业率下降，人们的收入自动增加，税收随着个人收入的增加而自动增加，可支配收入自动增加的少，消费需求和投资需求会增加的更少。因此税收的这种自动稳定器功能是必要的，被认为是抑制经济波动的第一道防线，有助于烫平经济的波动，从而利于经济增长。

　　2. 宏观税负理论与拉弗曲线

　　供给学派揭示宏观税负与经济增长间的相互作用。凯恩斯注重短期政策对消费和需求的刺激，但却忽视了劳动、储蓄、投资等要素的供给。供给学派认为要素供给是前提，供给效率是关键，最终产品是结果。税收通过刺激劳动积极性、投资等，对经济增长产生极为重要的影响。在税率一定的条件下，税收和产量总是呈正相关关系，但是在税率和产量之间实际存在着两种不同的反馈方式，即拉弗式的"赋税—收入反馈"：高税率达到一定的程度，经济的产量会收缩，低税率则可以使产量不断地增加，因此经济中存在同样政府税收水平下的两种税率。

　　供给学派认为经济增长的决定因素是供给和生产率，税收的变动可以刺激储蓄，减税使得储蓄增加，储蓄增加将实际资源从消费中释放出来，提高了经济运行中的资本形成能力，从而促进了经济增长，所以减税并不刺激消费，而是刺激储蓄，从而间接作用于投资需求，实际得到了储蓄和投资等经济活动的高涨，经济系统将可以更加充分的利用现有资源，加快生产能力的增长；劳动的供给是经济增长另一重要影响因素。供给学派特别强调劳动供给行为的替代效应，而对劳动供给行为的收入效应则考虑较少，所以税率越高，人们自然就没有为市场部门工作的积极性，而减税则会增加劳动供给，增强劳动积极性，因为减税之后导致的实际工资率的提高不会产生收入效应，所以经济中不存在资源和要素未被充分利用的问题。只存在要素是用在效率高的市场部门还是效率低的家户生产部门，该问题的产生症结就是"税收楔子"。税收会直接导致工资率的变动，影响个人可支配收入水平，税率的变动会导致劳动力资源在两大部门中的流动。而供给学派提倡的减税可以使社会资源流向高效率的市场部门，另外减税最终表现为财政收入的增加不至于降低的原因在于：市场部门税基的扩大而同时并没有降低平均税率。

如图 7－1 所示，函数曲线表示宏观税负与经济增长及政府税收收入间的关系，纵轴表示宏观税负（即税率），横轴表示政府的税收收入。在原点处税率为 0，税收收入为 0；如果税率为 100%，意味着人们要把全部收入用来纳税，也就没有人愿意工作或投资，因而政府税收收入也为 0。如果税率由原点升至 B 点、D 点，税收逐渐增加，且不影响生产。E 点是税率的临界点，可产生最大限度生产量和税收收入，但此点对应的税率并不一定是 50%。超过 E 点，比如 C 点、A 点，生产和政府收入都会下降。因此，E 线以上区域是税收"禁区"。税率不应高于此线。但在 E 线以下，各点如 B 点、D 点，税率又偏低，政府收入不足。因此供给学派认为政治家的主要任务就是找到税负的最佳点。

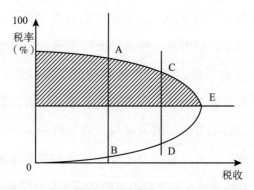

图 7－1　拉弗曲线、税收收入、产出与税率关系

从数学曲线的角度，拉弗曲线是否存在着使产出与税收同时最大化的点，仍是一个有待论证的问题。但是，拉弗曲线形象地说明了税负、经济增长及税收间的一般关系：

（1）高宏观税负不一定能取得高收入，而高收入不一定非得要实行高税率。因为过高的宏观税负水平会挫伤生产者的积极性，削弱经济行为主体的活力，导致经济的停滞或下降。

（2）同样多税收收入，可采取不同的税率，如图中的 A 点与 B 点、C 点与 D 点，税收收入相等，但税率高、低相差很大。低税负政策可以刺激生产，扩大税基，最终有利于税收增长。

（3）宏观税负、税收收入与经济增长间相互依存、相互制约，从理论上说应当存在一种兼税收收入与经济增长的最佳宏观税负水平。

3. 税收弹性理论

研究税收增长与经济增长的关系，离不开对税收弹性的分析。税收弹性反映的是税收收入增长对经济增长的反应程度，其基本表达式为：$E = (\Delta T/T)/(\Delta GDP/GDP)$。$E$ 为税收弹性，T 为税收收入总量，ΔT 为税收收入增量，GDP 为国内生产总值，ΔGDP 国内生产总值增量。一般而言，当 $E < 1$ 时为缺乏弹性，税收增长速度小于经济增长速度；当 $E = 1$ 时，表示税收与经济同步增长；当 $E > 1$ 时为富有弹性，税收增长速度大于经济增长速度。进行税收收入弹性的研究有助于国家对整个社会的宏观税收负担程度比较分析，了解掌握整个税负的变化，以便从宏观上对全社会经济效益比较研究，也能从动态上分析研究税收相对经济变化的量变及其运动规律。经济是税收的源泉，税收归根到底来自 GDP，所有税收都是 GDP 初次分配和再分配的结果。如果把 GDP 比作一个大蛋糕，蛋糕越大，意味着政府从中所切除的税收蛋糕就越大。所以说 GDP 总量扩张是影响税收增长的主导因素。

在财政政策、税率保持不变的现行状态下，税收弹性与总体税收比率是相互依存的关系。换言之，税收弹性的增强与税收比率的上升可以说是同一种因素的两个方面，从某种程度上说，前者决定了后者，是影响税收增长的核心因素。如果税收弹性增强，意味着税收增长速度快于 GDP 的增长速度，相应地税收占 GDP 的比重就会上升；如果税收弹性不变或有所下降，意味着税收增长速度同步或慢于 GDP 增长速度，相应地税收占 GDP 的比重就会保持不变，或下降。

7.1.2　税收结构与经济增长的作用机制

1. 税收结构影响交易费用

税收结构会对社会的专业化和劳动分工的程度产生影响，而影响生产要素的产出效率。税收是交易费用的一部分，必然会影响到专业化和劳动分工。分工虽然扩大产品与劳务的类型。但是，分工的自然功能能否实现，专业化生产成果能否被认同与接受，须经过需求者的利益比较，从社会角度看，财富的创造和效用的实现，必须经过生产活动和交易活动，交易费用是指利用市场组织经济的费用或经济制度运行费用。分工得以实现的制约条件是，生产费用和交易费用之和小于或等于个人组织并生产该产品的费用。税收显然是交易费用，税收结构必然影响到专业化分工。对于企业和社会，税收是一种外生的交易费用，因为税收的固定性决定其是一种事先约定好了的，可以预见的费用。不同的税收结构带来不同的外生的交易费用，当然在交易费用发生同时，政府会采取激励或者抑制某种生产活动的措施，从而产生了内生的交易费用。税收结构的不同，带来不同的内生的交易费用，不同的税收结构对劳动分工水平的影响也不同，对经济增长影响不同。例如，商品税的计税依据是纳税人一定时期内实现的增值额，无须计算成本，因此征收成本低，交易费用低。而所得税，计税依据是应纳税所得额，核定所得税时，必须同时核定收入和成本，也会存在抵免等情况，所得税实行累进税率，计算复杂，征收成本高，交易费用较高。不论选择何种的税收结构，最终会通过交易费用，影响劳动分工水平。

2. 税收结构影响市场价格体系

在市场经济条件下，价格基本上已经市场化，是市场运转的核心与风向标。税收变动是影响价格变动的一个极敏感的因素，税收不仅可以影响价格总水平，还会对商品价格结构发生影响，进而影响生产者和消费者的决策，任何一项税收政策的变化都将通过价格机制把它的冲击传递到整个经济系统。但由于在市场经济条件下，价格总水平是个复杂的经济现象，它受制于供给、需求和商品价值等多种因素的影响，税收只是其中的影响因素之一，因此，税收对价格总水平的影响是有限的，税收主要改变价格体系的结构。不同的税收结构对价格体系有着不同的影响。

（1）商品税对价格的影响主要表现为价内税及价外税两种形式。

价内税是指税金包含在商品价值或价格之内的税，与之对应的价外税是指税款不包含在商品价格内的税。在实行价内税时，商品税是商品价格的组成部分，价格是含税价格，在实行价外税时，商品税是商品价格以外的附加，价格虽不含税，但价外税直接影响消费者的货币支付。所以，不管采取价内税还是价外税，商品税都会对商品价格产生不同程度的影响，并会引起价格体系的结构性调整。

（2）所得税对价格的影响体现在税收负担上。

所得税减少了企业的原有利润，在生产成本不变的前提下税收负担增加了企业的总成本。所以税收负担的变动会造成价格变动。为保持原有利润水平，企业在税收负担增加时有提高价格的冲动，在税收负担降低时，为扩大销售，可能降低产品价格。

不论哪种税收，都会影响市场价格体系，而价格结构的改变会影响整个社会的资源配置结构，从而也对经济增长产生深远的影响。

3. 税收结构影响要素积累

在新古典模型中，经济增长只取决于物质资本和人力资本的积累，在长期中，确定的税收结构，形成平衡的资本与劳动比，人均受教育年限。人均产出的进一步增长源于外生的技术进步率，税收结构对人均产出的增长率没有长远的影响。但是税收结构的改变，会改变平衡状态下产出值，会产生短暂的促进作用，而这一短暂的时期也有可能是数十年，因为在开放经济中面对新的投资，成本需要时间调整，或者在封闭经济中，储蓄率缺乏弹性，所以税收影响均衡产值需要调整时间。那么税收结构如何调整才能够使得物质资本和人力资本的投资增加？正如霍尔和乔根森（1967）提到的，短期的低税率减少投资成本，带来投资繁荣，因此低的有效税率可以促进投资，带来短期的经济增长。

税收对人力资本的影响更加复杂，特罗斯特尔（1993）提出，劳动税税率对教育的影响还不明确，因为政府减少的劳动税收入，促进个人增加教育投资，带来教育投资的增加；同时劳动税收入减少，使得政府收入减少，公共支出也会受到影响，教育支出是重要的一部分，因此教育支出也会减少。教育回报"一增一减"，综合效果还不明确。

7.2 俄罗斯经济增长与税收的现状分析

7.2.1 俄罗斯经济增长与经济结构总体情况

1. 俄罗斯经济增长情况

2008年的世界金融危机对世界各国的经济都造成了严重的影响，俄罗斯也未能幸免，成为经济危机影响的重灾区，此后几年俄罗斯的经济增长一直乏力，能源主导的经济模式很难再查找出新的经济增长点，2008年俄罗斯联邦GDP增长率为5.2%。由于俄罗斯是2008年全球金融危机中遭受打击最为严重的国家之一，2009年俄罗斯的GDP增长率年下降到-7.8%，而后的2010～2013年分别为4.5%、4.3%、3.4%、1.3%。

乌克兰危机之后，基于2014年西方国家联合的经济制裁，再加上国际石油价格的暴跌，俄罗斯经济更是走向了下坡路。经济数据表明，2014年俄罗斯经济形势十分严峻，在俄罗斯政府出台一系列措施之后并未收到显著效果，经济下滑趋势并未得到抑制，反而受到诸多因素的影响而更加糟糕，市场恐慌担忧情绪蔓延，加剧了经济衰退的速度。

2015年，俄罗斯经济形势进一步恶化，全年经济衰退达到3.7%。进入2016年，在年初的动荡之后俄罗斯经济逐渐趋稳，全年 GDP 同比下降 0.2%，下降明显趋缓。

2017 年，俄罗斯经济形势企稳回升，GDP 增长 1.4%，通货膨胀率创下新低，仅为 2.5%，对外贸易增长 25%，黄金及货币储备增至 4428 亿美元（见图 7-2）。

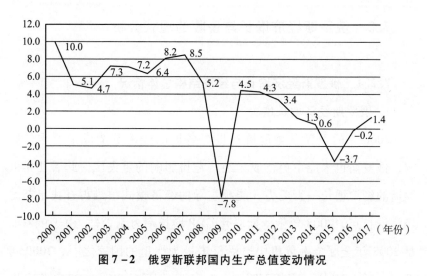

图 7-2　俄罗斯联邦国内生产总值变动情况

资料来源：俄罗斯联邦国家统计局。

2. 俄罗斯经济结构

俄罗斯产业结构主要以第二、第三产业为主，这与能源在俄罗斯经济中的重要性有关。从俄罗斯第一、第二、第三产业增加值占 GDP 的比重来看（见图 7-3、图 7-4），农业增加值占比一直在 10% 以下，工业增加值占比在 30%~40%，服务业增加值占比在 50% 以上，且服务业增加值占比一直高于工业增加值占比，这不同于中国长期以来以工业为主的第二产业占比高于第一、第三产业的经济结构特点（2013 年以后第三产业占比开始超过第二产业）。

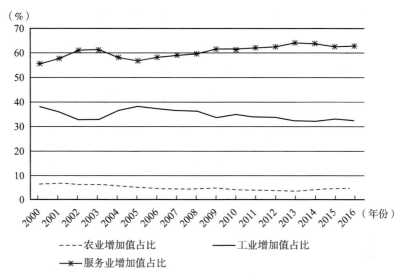

图 7 – 3　俄罗斯联邦三大产业占 GDP 比重变化情况

资料来源：俄罗斯联邦国家统计局，世界银行数据库。

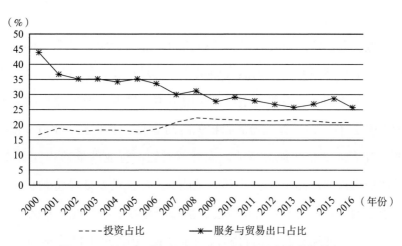

图 7 – 4　俄罗斯联邦投资、出口占 GDP 比重变化情况

资料来源：俄罗斯联邦国家统计局，世界银行数据库。

从俄罗斯产业比重的走势来看，在农业增加值占比变化不大的情况下，2002 年俄罗斯工业增加值占比有一个突然上涨的态势，与此同时俄罗斯 GDP 增速也出现上涨，在 2008 年之前连续几年保持在 7%，但在 2008 年金融危机之后，俄罗斯经济增速下滑，逐步进入衰退，工业增加值占比也逐步降低，这说明俄罗斯第二产业与其经济增长具有同步性，其增长或下滑会带动经济增速的增或者减，这也从侧面说明，以采矿业为主的工业对俄罗斯经济具有重要意义。

从俄罗斯投资、出口占 GDP 比重来看，其投资（资本形成总额）占比一直在 20%～25% 之间，而出口占比大多数年份在 35% 以上，高于投资占比，并且占比高于 1/3，虽然 2008 年金融危机之后，外贸出口占比有一个明显下滑，但由于俄罗斯联邦矿产资源较为丰富，经济发展依赖能源出口，2013 年出口占比仍缓慢提升，与此同时，投资占比反而略有下滑，这不同于中国之前以投资为主的经济增长模式。

事实上，俄罗斯有着丰富的石油和天然气资源，已探明的原油储量位居全球第 8 位，天然气储量位居全球第 2 位。俄罗斯经济也严重依赖原油、天然气的生产。从增加值角度看，开采业占到 GDP 的 10% 左右，如果算上与能源相关的制造业、服务业增加值，俄罗斯 GDP 的 1/3 依赖能源行业。而外贸对能源行业的依赖程度更高，俄罗斯出口的产品中，超过 70% 是能源产品。俄罗斯经济结构由此显现出两个致命弱点：经济高度自然资源化和市场严重外部化。

由于石油和天然气出口额占到俄罗斯 2013 年出口总额的 68% 和联邦预算收入的 50%，俄罗斯大量资源不得不被配置于自然资源的开采、加工和出口领域。虽然凭借油气出口，俄罗斯在世界能源市场上占有了重要的一席之地，但却长期处于国际分工链的低端环节，不得不捆绑于发达国家市场，受制于西方大国的政策挤压，客观上成了发达国家经济的"人质"，以致国家整体的经济发展周期总是由石油和资源价格所决定。

根据俄罗斯财政部的估计，仅 2012 年 4 月的油价下跌就使俄罗斯蒙受了高达 1000 亿美元的损失。俄罗斯 GDP 的 1/3、出口的 70% 以上都依赖能源。2014 年年中后，随着能源产品价格持续下跌，俄罗斯经济陷入困境。2015 年，俄罗斯原油出口额下降 41.8%，天然气下降 23.5%，总出口增速连续 18 个月为负。再加上欧美的制裁，2015 年俄罗斯 GDP 增速由正转负，萎缩 3.75%。2016 年，在油价摆脱下滑走势并出现反弹，以及俄罗斯在农业、机械制造和信息技术等行业实施了重要产品和技术进口替代政策后，俄罗斯经济形势有所改善，年度 GDP 仅下滑 0.3%。2017 年，国际油价出现小幅度增长，俄罗斯经济状况有所改善，GDP 增长 1.4%。

7.2.2 俄罗斯税收规模与税收结构

1. 俄罗斯税收规模增长情况

受宏观经济影响，近几年俄罗斯税收收入虽然不断增长，但是增速下降显著，2013～2016 年俄罗斯联邦汇总预算收入[①]中各项税费收入合计总金额的增长率分别为：3.86%、10.11%、-2.00%、3.15%，除了 2015 年俄罗斯的税费收入略有下降外，其他年份均有

---

① 俄罗斯财政预算体系由三个层次组成：第一级为联邦预算，由联邦政府预算和国家预算外基金预算组成，亦即中央预算；第二级联邦主体预算和地区预算外基金预算；第三级为地方自治政府预算，联邦主体预算和地方自治政府预算汇集为联邦主体汇总预算，亦称地方性预算。虽然三级预算各自独立，互不包容，但为统计分析，俄罗斯将此三级预算合并，称为俄罗斯汇总预算，也称扩大性政府预算。

所增长，2016 年相比 2012 年税费收入整体增长了 15.6%。虽然国际油价持续低迷的态势和西方对俄经济制裁的延期，导致俄罗斯关税收入的大幅减少，从而影响税费收入，但是俄罗斯通过有效合理地稳定国家预算税收和最大限度地缩减财政赤字，灵活应用财税政策，保证了税收的相对增长，也避免经济的持续深入衰退（见图 7 – 5）。

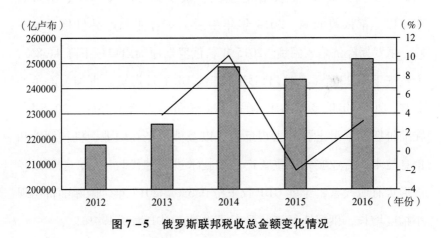

图 7 – 5 俄罗斯联邦税收总金额变化情况

资料来源：俄罗斯联邦财政部，http：//minfin. ru/ru/.

2. 俄罗斯税收结构情况

在税收结构方面，俄罗斯税费收入主要来源为强制社会保险缴费、增值税、关税与自然资源使用税，以 2016 年为例，该年度俄罗斯汇总预算收入的税费收入总金额中，强制社会保险缴费、增值税、关税与自然资源使用税的占比分别为 18.87%、16.31%、18.86%、11.43%，这四种税占总税费收入的 60% 以上，剩下的税种中，企业利润税、个人所得税、消费税、总收入税与财产税的占比分别为 10.83%、10.40%、3.85%、1.25%、3.61%（见图 7 – 6）。

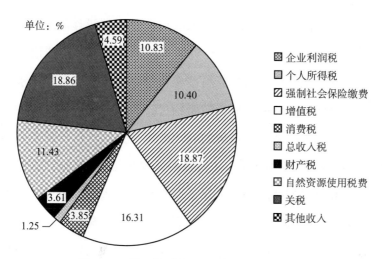

单位：%

企业利润税
个人所得税
强制社会保险缴费
增值税
消费税
总收入税
财产税
自然资源使用税费
关税
其他收入

图7-6　俄罗斯联邦2016年税收结构情况

资料来源：俄罗斯联邦财政部，http：//minfin.ru/ru/。

　　根据图7-6，在2016年俄罗斯汇总预算的税费收入中，规模较大的税费收入是强制社会保险缴费、关税、增值税，这三种税费收入占比均在15%以上，合计收入占比达到了54.04%，其中强制社会保险缴费源于改革前的统一社会税，实质上也是一种对所得的课税，相对于其他细分税种，在整个税收结构中也是主要税种之一。关税方面，虽然近几年在受到国际油价下调及西方国家经济制裁的影响，俄罗斯的关税收入一直处于下滑势头，2016年关税收入相比2012年下降了-49.90%，但在整个税费收入中仍占据重要地位，不得不说关税对俄罗斯税收有重要的影响。

　　在2016年俄罗斯联邦汇总预算的税收收入中居于排名第四位的是自然资源使用费，其占总税收收入的比重为11.43%，俄联邦国土广阔，自然资源丰富，其资源税征收范围广，将土地、森林、草原、滩涂、海洋和淡水等自然资源都列入资源税征收范围，同时做到"专款专用"。比如水资源税包括4种类型的税收，使用地下水资源税、开采地下水的矿物原料基地再生产税、工业企业从水利系统取水税、向水资源设施排放污染物税，收入专用于水资源的保护和开发，有效地提高了水资源的利用效率。这些自然资源使用的税费征收既保护了自然资源，又为俄罗斯提供了较多的税收。另外，在经济面临衰退的情况下，为保证联邦预算收入的稳定增长，近几年俄罗斯不断强化税收立法体系，调整税收征收规则，在没有提高税率、增加税收负担的情形下，税收征管效率大大提高，与此相关的本国企业与个人所得税类的收入也在不断增加，如图7－6所示，2016年俄罗斯联邦的企业利润税、个人所得税收入占比均在10%多，也是俄罗斯税种主要来源。

俄罗斯税收规模排名第七、第八、第九的税种分别为消费税、总收入税与财产税，其2016年税收收入占总税费收入的比重均不足5%，总计占比不到10%，虽然财产税是俄罗斯的主要税种之一，但是征收规模却较小。

3. 俄罗斯联邦政府税收规模与税收结构

俄罗斯联邦税费收入是联邦政府财政收入的主要来源，约占联邦财政收入的80%以上，但是与俄罗斯联邦汇总预算税收收入中各税种比较，不同的是，俄联邦政府税收中没有个人所得税、强制社会保险缴费、财产税、总收入税等，但是俄联邦汇总预算税收收入的增值税、消费税、自然资源使用税、进口关税等主要来自联邦政府的税收征收。俄罗斯联邦税收收入的主要税种为增值税、自然资源使用税等（见表7－1）。

表 7 - 1　　　　2012 ~ 2016 年俄罗斯联邦政府税费收入情况　单位：亿卢布

年份 项目	2012	2013	2014	2015	2016
联邦政府税费收入	127909	129688	143859	133989	133079
企业利润税	3758	3522	4205	4914	4910
增值税	35461	35394	39402	42739	45712
消费税	3953	5244	5924	5819	6942
对外经济活动所得	49627	50111	54634	32953	26060
其中：关税	40998	40579	46374	27801	20540
国家规费	923	922	909	1017	942
自然资源使用税费	24428	25548	28846	31811	28829
矿物开采税	24205	25353	28579	31600	28635
自然资源利用费	1013	2451	2287	1663	2367
国有资产所得	5433	3480	4456	6900	12834
其他	3313	3016	3196	6173	4483

资料来源：俄罗斯国家统计局，http：//www. roskazna. ru/reports/cb. html。

在税收结构方面，俄罗斯联邦政府税收主要来源为增值税、自然资源使用税费、对外经济活动所得，以 2016 年为例，该年度俄罗斯联邦政府财政收入的税费收入总金额中，增值税、自然资源使用税费、对外经济活动所得的占比分别为 34.35%、21.66%、19.58%，占总税收收入的 75% 以上。剩下的税种中，国有资产所得、消费税、企业利润税、自然资源利用费、国家规费的收入占比分别为 9.64%、5.22%、3.69%、3.37%、1.78%、0.71%（见图 7 - 7）。

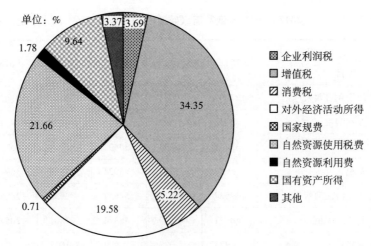

图7-7　俄罗斯联邦政府2016年税收结构情况

资料来源：俄罗斯联邦财政部，http://minfin.ru/ru/。

根据图7-7，在2016年俄罗斯联邦政府财政的税收收入中，规模最大的税收为增值税，占到了34.35%，而从2012~2015年的俄罗斯联邦政府各税种收入来看，增值税占比均为最大，算得上是俄罗斯联邦政府税收中的第一大税种。规模排名第二位为自然资源使用税，占到了2016年俄罗斯联邦汇总的税收收入的1/5以上，对外经济活动所得收入规模排名第三，这其中又以关税为主，其收入占到2016年俄罗斯联邦政府总税费收入的15.43%，说明关税在俄罗斯联邦政府的税费收入中也是主要来源。其他税费，如企业利润税、自然资源利用费、国家规费等，收入占比均在5%以下，征收规模较小。

7.2.3　俄罗斯宏观税负与税收弹性分析

1. 俄罗斯宏观税负情况

税收负担是指纳税人承受国家税收的状况，反映一定时期内社会产品在国家与纳税人之间的税收分配数量关系。税收负担具体体现国家的税收政策，是税收的核心和灵魂，它直接关系着社会利益的分配格局，是发挥税收经济杠杆作用的着力点。

宏观税负是指一个国家的总体税负水平，一般通过一个国家一定时期内税收收入总量占国内生产总值的比重来反映。宏观税负的高低体现了政府在国民经济总量分配中集中程度的大小，也表明政府社会经济职能及财政职能的强弱。宏观税负高，意味着政府集中掌握的财力和动员资源的能力高；宏观税负低，意味着政府集中掌握的财力和动员资源的能力低。科学合理界定一定时期的宏观税负水平，对于保证政府履行其职能、促进经济发展有着重要的意义。本书以国际上常用的中口径宏观税负，即预算内收入与预算外收入的总和与国内生产总值的比重来计算俄罗斯的宏观税负，也就是用俄罗斯汇总预算收入中的税费收入总金额除以俄罗斯 GDP 总值，得到俄罗斯的宏观税负（见图 7－8）。

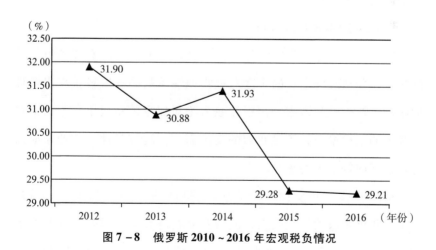

图 7－8　俄罗斯 2010～2016 年宏观税负情况

图 7 - 8 可以看出，2012 年俄罗斯的宏观税负在 31.90%，在 2013 年以后开始有所上升，但在 2014 年以后又下滑到 30% 以下，2012 ~ 2014 年的宏观税负均在 30% 以上，反映了税收收入在俄罗斯国民经济中所占比重逐年增大，说明税收收入对于经济的影响越来越重要，同时也反映了俄罗斯陷入经济衰退之后，其集中财政能力的提高及对宏观经济调控力度的增加。2015 年、2016 年俄罗斯宏观税负相比前几年略有下降，但仍在 29% 以上。按照惯例，高税负国一般指税收总额占国内生产总值比重在 30% 以上的国家，多为经济发达国家，如北欧等高福利国家；中等税负国指比重在 20% ~ 30% 的国家，一部分的发达国家和大多数的发展中国家；低税负国家指比重在 20% 以下的国家，有的是因为低税模式的避税港，有的是经济欠发达，税源小，有的是以非税收入为主的资源国家，特别是石油输出国。由俄罗斯宏观税负情况可以看出，虽然俄罗斯为资源依赖型国家，但由于经济较为发达，税收在预算收入中占据主要比重，属于中等税负国家。

2. 俄罗斯税收弹性分析

通过对税收弹性系数的分析，可以纵向了解一国宏观税负的升降趋势，并从经济增长的角度对税收弹性系数的高低轻重作出合理的研判。在税收收入占一国财政收入绝对比重的情况下，为保证财政收入的平稳增长，满足政府的支出需要，税收弹性系数通常应保持在大于或等于 1 的水平。

从图 7 - 9 可以看出，2013 年俄罗斯的税收弹性为 2.97，这是由于当年度税收增速仍较大，但俄罗斯经济衰退，GDP 增速开始下滑所导致的。2014 年，俄罗斯的税收弹性一度达到了 16.84，比

2013 年增加了 5 倍之多，主要原因在于 2014 年俄罗斯提高了税收，使得其税费收入大幅增加，增速为 10.11%，但是经济仍在缓慢地调整过程中，该年度经济增速为 0.6%，导致了税收弹性的较大变化。而 2015 年由于 GDP 增速为负，税费收入月增速也为负，即 −2.00%，税收弹性为 0.54，而到了 2016 年，俄罗斯经济仍然处于衰退阶段，该年度经济增速为 −0.2%，税收则呈现一定程度的增长，其增速为 3.15%，导致税收弹性变为负数，且为 −15.76，此时税收增长与经济增长的同步机制被破坏，经济衰退导致整个经济体系中收入与产出协同性出现反向变化。

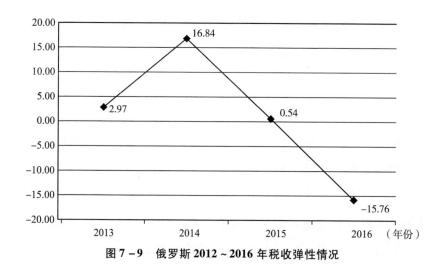

图 7 −9　俄罗斯 2012 ~ 2016 年税收弹性情况

整体来看，除了 2015 年俄罗斯的税收弹性的绝对值小于 1，其他年份的税收弹性绝对值均大于 1，且部分年份的税收弹性远远大于 1，另外税收弹性呈现出过度波动的态势，税收的增长速度高于经济增长速度的趋势并没有改变，这充分说明俄罗斯存在着税收超常增长问题，但这一问题是在俄罗斯经济衰退条件下所引发的，因此，更合理的解释是俄罗斯 GDP 的过度下滑，甚至负增长，导致税收弹性的异常，间接说明其税收负担情况并不稳定。

7.3 俄罗斯税收与经济增长的实证分析

7.3.1 俄罗斯税收规模与经济增长的相关性分析

社会经济是税收之根本，税收的增长离不开经济的增长，根据税收的财政原则，税收应保持与经济增长成比例的增长态势，一个国家一定时期的宏观税负水平要受到税收规模增长速度与经济总量指标增长速度的协调性制约。从前文对俄罗斯 GDP、汇总预算中税收收入增长情况的分析，可以看出二者变化具有较大的协同性，税收随着 GDP 的增速变化而出现变化，在这里首先拟采用相关系数来研究二者的相关性。

在统计学中，通常采用 Pearson 相关系数来检验二者的相关程度，设二维随机变量 (X, Y) 有二元分布，它可以视为总体；如果变量 X 和 Y 的方差 $Var(X)$ 和 $Var(Y)$ 都大于 0，从总体 (X, Y) 中随机地抽取容量为 n 的样本 (X_1, Y_1), …, (X_n, Y_n)，它们独立、同分布和总体 (X, Y) 的分布相同，那么：

$$r = \frac{\sum_{i=1}^{n} (X_i - \overline{X})(Y_i - \overline{Y})}{\sqrt{\sum_{i=1}^{n} (X_i - \overline{X})^2 \sum_{i=1}^{n} (Y_i - \overline{Y})^2}} \qquad (7-1)$$

相关系数 r 的取值范围是从 -1 到 1；其绝对值的大小揭示了变量 X 和 Y 间线性相关关系的强弱，变量间的线性相关关系程度随着

|r|的减小而减弱；其符号说明变量间的线性相关关系的方向，r 大于 0，X 和 Y 正线性相关，r 小于 0，X 和 Y 负线性相关。对 2012～2016 年 GDP 及其三大产业增加值、贸易与投资等数据进行相关分析，经过计算得到结果（见表 7-2）：

表 7-2　　俄罗斯经济规模及其结构与税费收入的相关系数

变量	与税费收入的相关系数
GDP	0.9899
农业增加值	0.9154
工业增加值	0.9888
服务业增加值	0.9850
贸易出口	0.9506
投资	0.6832

从 2012～2016 年俄罗斯 GDP 及其三大产业增加值、贸易与投资等数据的相关分析来看，俄罗斯国内生产总值与税收收入的相关系数为 0.9899，大于 0 且十分接近于 1，说明俄罗斯 GDP 与税收收入具有较大的相关性，这也间接证实了前文的分析。从经济结构的角度来看，俄罗斯三大产业——农业增加值、工业增加值、服务业增加值与税收收入的相关系数均在 0.9 以上，说明俄罗斯经济结构的规模变化与税收也息息相关，从投资、出口的角度来看，俄罗斯贸易出口与税收的相关系数为 0.9506，十分相关，而投资与税收的相关系数则为 -0.6832，为负相关，由于俄罗斯联邦国民经济结构的特点，贸易对经济的贡献十分突出，投资则相对较小，因此会出

现投资与税收负相关的情况，税收越大，投资并不一定越大。

对 2012～2016 年俄罗斯联邦汇总税费收入的各细分税种与 GDP 的数据进行相关分析，经过计算得到结果（见表 7-3）：

表 7-3 俄罗斯各税种收入与 GDP 的相关系数

变量	与 GDP 的相关系数
企业利润税	0.9409
个人所得税	0.7777
强制社会保险缴费	0.9907
增值税	0.9729
消费税	0.9462
总收入税	0.8410
财产税	0.9630
自然资源使用税	0.9891
关税	-0.1851
其他收入	-0.7241

从 2012～2016 年俄罗斯各细分税种与 GDP 的相关分析来看，无论是利润税、商品税、财产税、自然资源使用税，还是利润税下的企业利润税、个人所得税与强制社会保险缴费，以及商品税下的增值税、消费税，它们与 GDP 的相关系数均在 0.8 以上，且大部分在 0.9 以上，说明俄罗斯各税种收入规模均与 GDP 相关性较大，与 GDP 增长具有协同性。而关税与 GDP 的相关系数为 -0.1851，且相关系数绝对值较小，这是由于近年来西方国家对俄罗斯的制裁导致对其出口贸易的减小，加速了俄罗斯进口贸易的过度萎缩，并呈现

出与 GDP 变化不一致的情况。

7.3.2 俄罗斯税收规模与经济总量的实证分析

根据前面章节对俄罗斯税收收入与经济总量的相关关系分析来看，二者存在较高的相关性，因此，在这里采用 2 个经济指标：国内生产总值（GDP）与税收收入（TAX）建立回归模型进一步分析。由于这里采用的俄罗斯税费收入只有 2012～2016 年，样本数量较少，会影响模型效果，我们拟合了 1991～2011 年俄罗斯税费收入情况，因为自苏联解体以来俄罗斯税费收入占财政收入的比重都在 80% 以上，因此，我们采用指数平滑法来拟合 1991～2010 年俄罗斯税费收入，在此基础上进行两变量的回归分析。根据俄罗斯联邦统计局数据，俄联邦 CPI 数据在 1991 年后最初的几年出现异常波动，价格暴涨几倍甚至几十倍，导致经济数据失真，直到 1994 年后才开始趋于稳定，因此这里进一步选取 1994～2016 年经价格平减后的 GDP 与 TAX 数据来分析。由于数据的自然对数变换不改变原来的协整关系，并能使其趋势线性化，消除时间序列中存在异方差，所以对调整后的各变量分别取对数，分别用 LnGDP，LnTAX 表示。

由于这里采用的样本数据为时间序列，在对模型进行回归之前，首先要对模型中的所有变量分别进行平稳性验证来避免伪回归情况的发生，如果通过检验变量是平稳的，那么就可以直接对这些变量进行多元性回归。这里我们采用 ADF（即 Augmenred Dick - Fuller）法进行单位根验证。进行 ADF 单位根检验前，需要先确定变量的形式，通常需要通过绘制序列的曲线图来判断变量属于哪种形式。如果变量的曲线图表现为随零值波动，那么可以确定此变量的检验类型为不含截距项也不含时间趋势的；如果变量的曲线图表现为离零值波动而且不具有明显的时间趋势的情况，那么可以定义此变量为含有截距项；如果变量曲线图表现为随着时间的变化而向一方向变动的明显趋势，那么可以确定此变量为既含有截距项又含有时间趋势项的检验类型。之后再确定在 SIC（或者 AIC）准则下的滞后长度。利用 Eviews6.0 软件，对本文模型所涉及变量的 ADF 单位根平稳性检验。检验结果如表 7 - 4 所示。

表 7 - 4   ADF 单位根平稳性检验结果

变量	检验形式	ADF 检验值	显著性水平 1% 临界值	显著性水平 5% 临界值	显著性水平 10% 临界值	结论
LnTAX	(C, T, 2)	-2.8883	-4.4407	-3.6329	-3.2547	不平稳
LnGDP	(C, T, 2)	-2.7416	-4.4407	-3.6329	-3.2547	不平稳
ΔLnTAX	(C, T, 4)	-3.9340	-4.4983	-3.6584	-3.2690	平稳
ΔLnGDP	(C, T, 2)	-4.0808	-4.4983	-3.6584	-3.2690	平稳

注：检验形式（C，T，K）中 C 表示截距项，T 表示趋势项，K 表示根据 AIC 准则选取的滞后阶数，N 指检验方程中不包括截距项或者趋势项；Δ 表示一阶差分。

分析上述检验结果可以发现，不包含差分的变量 LnGDP，LnTAX 的 ADF 检验值均大于三个显著性水平下的临界值，均未通过检验，即这些变量的原始序列均为非平稳序列，再次检验这些变量的一阶差分形式可以看出，在 5% 的显著性水平下，各个变量都能通过检验，因此，在一阶差分形式下各个变量都是平稳序列，即各变量均为一阶单整 I(1)。当原始变量为非平稳序列，但是各变量均为同阶单整的情况下，我们需要进一步对各个变量之间的协整关系进行分析来确定各变量之间是否存在长期的均衡关系。这里我们运用 Johansen 方法对变量间的关系进行检验，检验结果如表 7 – 5 所示。

表 7 – 5   Johansen 协整检验结果

最大协整向量个数的零假设	迹统计量	显著性水平 5% 临界值	p 值
0	39. 5218	15. 4947	0. 0000
1	3. 0737	3. 8415	0. 0796

由结果可知，在 0. 05 的显著性条件下，对各变量协整检验的结果拒绝了原假设为不存在任何协整关系、最多存在一个协整关系的假设，模型涉及的变量之间存在 1 个协整关系，因此，本书模型所选取的变量间存在稳定的长期关系。

前面已经确定各变量间存在长期的均衡关系，那么利用 1994 ～ 2016 年的样本数据对模型进行最小二乘法回归，估计结果如下：

$$LnGDP_t = 1.5612 + 0.9667 \, LnTAX_{t,} + u_t$$

$$T = (24.7961) \ (148.9854)$$

$$R^2 = 0.9991 \quad F = 22196.64 \quad D.W = 0.7820$$

上式的 D. W = 0. 7820 太小，因此残差项存在自相关现象，为此采用广义最小二乘法进行回归。μ_t 的一阶自回归形式为：

$$\mu_t = 0.6032\mu_{t-1} + v_t$$

令 $LnGDP_t^* = LnGDP_t - 0.6032LnGDP_{t-1}$，$LnTAX_t^* = LnTAX_t - 0.6032LnTAX_{t-1}$，对 $LnGDP_t^*$ 和 $LnTAX_t^*$ 进行最小二乘回归得：

$$LnGDP_t^* = 0.5437 + 0.9847 \, LnTAX_t^* + v_{t,}$$

$$T = (51.4863) \ (6.7545)$$

$$R^2 = 0.9925 \quad F = 2650.836 \quad D.W = 1.6180$$

从模型的回归结果可以看出，模型涉及的各个变量对被解释变量的影响也都比较显著，可以看到整个方程拟合效果较好，R^2 为 0.9925，说明这些解释变量可以解释被解释变量的 99.25%，接近于 100%，F 统计量的值及 p 值也都说明了模型的拟合效果非常好。广义最小二乘法后的 $LnGDP_t^*$ 和 $LnTAX_t^*$ 的估计系数为 0.9847，表明俄罗斯税费收入与其国内生产总值呈现正相关，且税费收入每增加 1%，GDP 平均增加 0.9847%。得到这一结论与俄罗斯的实际情况很符合，税费收入的增减会随着 GDP 增减而变化，说明俄罗斯税费收入与其经济增长情况密切相关。

本章通过数据以及实证分析的角度来研究俄罗斯税费收入与经济增长的关系，首先，研究了税收与经济增长的相关理论、作用机制，包括税收的需求创造理论、宏观税负理论与拉弗曲线、税收弹性理论等，并从税收结构对交易费用、市场价格体系、要素积累等角度研究其与经济增长的内在作用机制。其次，通过收集俄罗斯联邦汇总、联邦政府税收相关数据，以及俄罗斯宏观数据等，对这些数据的变化趋势进行了分析，还分析了俄罗斯汇总预算及其政府税收的各细分税种，如企业利润税、个人所得税、强制社会保险缴费、增值税、消费税、总收入税、财产税、自然资源使用税费、关税等占比情况。最后，通过实证分析，包括相关系数、单位根检验、协整检验与回归分析等，研究俄罗斯税费收入及其各细分税种与俄罗斯 GDP、三大产业结构、出口、投资等之间的相关性关系，数据表明，俄罗斯税费收入与 GDP 的变化具有一定的同步性，且为正相关，汇总税费收入与其经济增长情况密切相关。

8 俄罗斯能源税与财政可持续发展

税收制度反映了国家与纳税人之间的经济关系，是国家财政制度的重要组成内容。一国的税收制度与该国经济发展水平、国家政策走向和财政管理水平等密切相关。对于俄罗斯而言，由于一半左右的联邦财政收入来源于对能源课税，为保障联邦财政收入长期可持续发展，俄罗斯一直高度关注能源税收制度的建设，特别是近年来随西方国家制裁的不断持续，国际油价的长期下跌，卢布汇率的大幅贬值，使以能源为主要来源的俄罗斯联邦财政收入急剧下降，为此俄政府积极着手能源领域的相关改革，希望通过改革油气税收课征方式、课征税率、课征对象等一系列举措，优化财政收入结构，实现联邦财政收入的长期稳定发展。

8.1 俄罗斯能源领域的矿产资源开采税

俄罗斯矿产资源丰富，是全球最大的矿产开采及出口国之一，针对资源开采课征的矿产资源开采税和出口关税也因此成为俄罗斯联邦预算收入的重要来源，其税收收入一直占到俄罗斯联邦预算的一半以上，近年来才因种种因素有所下降（见表 8 - 1）。

表 8 – 1   俄罗斯能源税收情况

项目 \ 年份	2012	2013	2014	2015	2016
联邦政府预算收入	128555	130199	144969	136592	134601
关税	40998	40579	46374	27801	20540
矿物开采税	24205	25353	28579	31600	28635

资料来源：俄罗斯国库网站，http：//www. roskazna. ru/reports/cb. html.

8.1.1 俄罗斯矿产资源开采税的课征

俄罗斯矿产资源开采税是依据联邦《税法典》第 26 章规定，于 2001 年 1 月 1 日开征的。该税由此前的矿产资产开采使用费、矿物原料基地再生产费和原油、凝析油消费税合并而成。

1. 纳税人

俄罗斯矿产资源开采税的纳税人是符合俄罗斯联邦法律规定的，使用地下资源的企业组织和个人，以及"统一国家法人名单"上矿产资源的使用者。

2. 课税对象

俄罗斯矿产资源开采税的课税对象众多，其中包括：①俄罗斯境内开采的地下资源，如烃类原料层；②从开采废料中提取的矿物；③俄罗斯境外开采的地下资源①。

开采的矿物种类有：①油页岩；②泥煤；③碳氢化合物：如石油、天然气和天然气凝析油等；④商品矿石：如黑色、有色、稀有或放射性的金属精矿；⑤经过选矿、化学冶炼等深加工步骤的矿

---

① 境外是指外国政府租赁或依照国际合同约定属于俄罗斯管辖的区域。

石；⑥非金属化学矿石原料；⑦非金属矿产；⑧沥青岩；⑨含有微量元素的稀有金属，以及伴生在矿石中的其他金属；⑩建筑行业中的非金属原料；⑪压敏光学原料：如高纯度的石英以及翡翠、玛瑙、绿松石等宝石；⑫天然钻石或其他矿石：如祖母绿，红宝石，琥珀等；⑬含有贵金属成分的矿石：如含有金、银、铂等；⑭天然盐和纯氯化钠；⑮含有矿物质的地下水，其中包括工业用水，以及用于医疗的矿泉水及温泉；⑯放射性金属：如铀和钍等。

3. 矿产资源开采税的基础税率

针对不同类型的矿产资源，俄罗斯将矿产资源开采税的基础税率设定为 3.8% ~ 8.0% 多个级次（见表 8 - 2），部分矿产资源按照规定课征零税率。

表 8 - 2　　　　　　　矿产资源开采税的固定税率表　　　　　单位：%

矿产资源的类型	税率
钾盐	3.8
煤、褐煤、泥煤、油页岩、油母页岩、磷灰石和磷钙土	4.0
黑色金属	4.8
天然盐和纯氯化钠、铝土、矿霞石、放射性金属、地下温泉水、非金属化学矿物原料、建筑材料非金属原料	5.5
沥青矿物、黄金、非金属矿、精矿和含金等半成品、非金属原料	6.0
宝石、精砂、含贵金属，但不含黄金的半成品矿石、含有多种成分，但不含黄金的矿石、符合标准的压敏光学原料，其中包括高纯度石英原料以及宝石原料	6.5
矿泉水、泥提取物	7.5
稀有金属、金刚石、有色金属、天然钻石和其他宝石半成品	8.0

资料来源：根据俄罗斯《税法典》（2015 年版）第 26 条整理。

在俄罗斯，按照规定课征零税率的矿产资源有：①未超过规定限额开采的矿产资源；②伴生气；③含有矿物的地下水；④未达到标准以及废弃的矿产；⑤二次开采的剩余矿物；⑥非医用矿泉水；⑦非用于农业灌溉的地下水；⑧高黏度石油；⑨远东地区 2013～2017 年符合开采标准的锡矿；⑩位于亚马尔—涅涅茨地区的亚马尔和格达半岛开采的部分天然气；⑪满足以下任何一个条件的俄罗斯内海、大陆架以及里海蕴藏的矿产资源。满足的条件如下：一是 2016 年以来，碳氢化合物原料小于 0.1% 的碳氢化合物沉积，其中不含伴生气；二是初次可采的石油，初次可采石油分为 A、B、C1 和 C2 四类；三是指定矿层的石油，如巴热诺夫、阿巴拉克等产地的石油；四是按照工程合同规定从油井中开采的石油，指定高产沉积层除外；五是 2012 年批准的，根据国家资源开采表开采但储量小于 13% 的石油；六是自费出资进行勘探或补偿国家勘探全部费用的纳税人。

4. 纳税申报

俄罗斯矿产资源开采税的纳税人从开采矿物之时起负有纳税责任，纳税人应向所在地纳税机关提交纳税申请，纳税申报不得晚于纳税期限当月的最后一天，纳税期限为一个月。

每年 1 月 1 日俄罗斯联邦政府应向负有管理和监察自然资源职责的国家地下资源管理机关提交资产表及如下材料：①矿产资源使用者名称、纳税人编号，审计原因代码；②地下资源使用者许可证；③累计开采原油数据（包括开采损失）以及已获批准的初步可采石油量，④开采煤的报表，依旧开采中（切断矿层时）实际损失的报表；⑤渗透性指数以及原料层中有效含油层的深度；⑥对提取矿物资源的含矿层进行命名；⑦新的海洋矿产地蕴含矿藏的种类名单海洋中新的矿产场地每种矿藏开采的报表（其中包括开采损失）以及矿产的初始蕴藏量。

8.1.2　俄罗斯矿产资源开采税的实际核算

不同的矿产资源其计征方式不同，石油与天然气是俄罗斯矿产资源开采税中两个重要的课税对象，下面对这两大矿产资源开采税的计征方式及课税系数进行说明。

1. 石油的矿产资源开采税计征方式

对石油课征的矿产资源开采税税率与其他矿产资源略有不同，石油的矿产资源开采税的计征公式为：

$$石油的矿产资源开采税税率 = 石油的基础税率 \times K_ц/Д_м$$

$$(8-1)$$

其中：石油的基础税率由税法典强制规定，并根据不同年份的实际情况进行调整。

$K_ц$ 表示国际原油价格系数，$K_ц$ 计算公式如下：

$$K_ц = (Ц - 15) \times \frac{P}{261} \qquad (8-2)$$

公式中的 $Ц$ 表示每桶"乌拉尔"原油的价格（按照美元折算）。"乌拉尔"原油价格为纳税期间世界市场上（地中海和鹿特丹）所有原油买卖交易日的价格平均值，其价格于每月 15 日前公布。若官方未根据世界石油市场（地中海和鹿特丹）价格及时公布乌拉尔石油价格，则纳税期内石油价格由纳税人自行确定。

当乌拉尔石油价格跌至 109.5 美元/吨时，其基础税率为 0；当乌拉尔石油价格在 109.5～146 美元/吨，基础税率的提高幅度不超过石油价格为 109.5 美元/吨时税率的 35%；当乌拉尔石油在 146 ~ 182.5 美元/吨，且每桶征税不超过 12.78 美元/吨时，基础税率的提高幅度不超过石油价格为 146 美元/吨时税率的 45%；当乌拉尔石油价格超过 182.5 美元/吨时，且每桶征税不超过 29.2 美元/吨时，基础税率的提高幅度不超过石油价格为 146 美元/吨时税率的 59%。此外，乌拉尔石油价格还以俄罗斯关税税率作为参考，若纳税期内原油出口关税不同，则采用税期内的每日税率的加权平均值。

P 为纳税期间俄罗斯中央银行公布的美元兑换卢布汇率，其汇率由俄罗斯中央银行确定，为纳税期间俄罗斯中央银行每日汇率加总后的平均值。该式中"15"代表石油开采税的起征点为 15 美元/桶。"261"为 2004 年修改税法典确定的数字，代表石油开采税的起征点×基准汇率。

Д$_м$ 表示开采石油特性，系数 Д$_м$ 表示石油特性，数值较为固定，取值范围在 1.0 ~ 1.5 之间[①]，Д$_м$ 计算公式如下：

$$Д_м = К_{ндпи} × К_ц × (1 - К_в × К_з × К_д × К_{дв} × К_{кан}) \qquad (8 - 3)$$

影响 Д$_м$ 的系数的因素有：

（1）系数 К$_{ндпи}$：2015 年系数 К$_{ндпи}$ 为 530；2016 年起系数 К$_{ндпи}$ 为 559。

（2）系数 К$_в$：系数 К$_в$ 表示矿产的开采程度。

若某特定区域代表地下资源消耗程度的系数大于等于 0.8，小

---

① 由于 Д$_м$ 数值每年不同，此处为方便计算取平均值按 1.25 计算，与各地实际的矿产资源开采税税率有小幅偏差。

于等于 1，则该系数的计算公式为：

$$K_{в} = 3.8 - 3.5 \times \frac{N}{V} \qquad (8-4)$$

其中，N 为具体矿区的石油开采量，该数值根据上一税期中国家矿产资源储量表中数值确定。V 为 2006 年 1 月 1 日以来，A、B、C1、C2 可开采的四类石油的原始石油可开采储量。若地下资源消耗程度的系数超过 1，则 $K_{в}$ 系数为 0.3。

（3）系数 $K_{з}$：系数 $K_{з}$ 是指定区域地下矿藏的数量。

若初始石油开采储量 $V_{з}$ 小于 500 万吨，开采程度 $C_{в3}$ 小于或等于 0.05，则系数 $K_{з}$ 的公式为：

$$K_{з} = 0.125 \times V_{з} + 0.375 \qquad (8-5)$$

$V_{з}$ 为初始石油开采量，该数值根据上一税期中国家矿产资源储量表中数值确定，为每年 1 月 1 日 A、B、C1、C2 四类石油的开采数量。若初始开采量 $V_{з}$ 大于或等于 5 百万吨，或 $C_{в3}$ 大于 0.05，则 $K_{з}$ 取 1。若石油开采量 N 大于原始石油储量 $V_{з}$，未超出的部分系数 $K_{з}$ 的计算遵循该公式，但超出的部分则系数 $K_{з}$ 取 1。税率为 0 时，系数 $K_{з}$ 不适用此公式，此时系数 $K_{з}$ 取 1。

（4）系数 $K_{д}$：系数 $K_{д}$ 表示开采石油的难度系数。

当渗透性指标不超过 2×10^{-3} 平方微米，且固定矿层开采的石油的有效原油层不超过 10 米时，系数 $K_{д}$ 等于 0.2；当渗透性指标不超过 2×10^{-3} 平方微米，且固定矿层开采的石油的有效原油层超过 10 米时，系数 $K_{д}$ 等于 0.4；秋明油田以及与其同类的高产固定矿层，系数 $K_{д}$ 等于 0.8。除此之外，其他矿层开采出石油的难度系数 $K_{д}$ 为 1。

（5）系数 $K_{дв}$：系数 $K_{дв}$ 表示挖掘的具体矿层，分为两种情况。

①系数 $K_{д}$ 小于 1，或已开采的矿层储量系数小于 0.8 时，系数 $K_{дв}$ 为 1；②系数 $K_{д}$ 小于 1，且已开采的矿层储量系数大于等于 0.8 且小于等于 1 时，系数 $K_{дв}$ 的计算公式为：

$$K_{дв} = 3.8 - 3.5 \times \frac{N_{дв}}{V_{дв}} \qquad (8-6)$$

其中：$N_{дв}$ 表示具体矿层的石油开采量（包括开采时的损失），其数值根据上一年国家自然资源储藏表确定。$V_{дв}$ 表示初始可采储量，该储量在考虑石油储量增长和降低的情况下，根据上一纳税年自然资源资产表中 A、B、C1、C2 四种类型的石油开采量确定。如果系数 $K_{д}$ 小于 1，且开采矿产的系数大于 1 时，则系数 $K_{дв}$ 等于 0.3；若矿区下面无矿矿层，系数 $K_{д}$ 小于 1 时，则系数 $K_{дв}$ 为 1。

（6）系数 $K_{кан}$：系数 $K_{кан}$ 表示石油开采地及石油的性质，该系数通常取 1，但以下八种情况系数 $K_{кан}$ 取 0：

①200 毫帕×秒 -10000 毫帕×秒的高黏度油；

②位于萨哈（雅库特）共和国和伊尔库茨克州，克拉斯诺亚尔斯克地区每月 1 日之前满足以下条件：石油产量达到 2500 万吨；2007 年 1 月 1 日前获得许可，有效期到 2016 年 12 月 31 日，$C_{в}$ 小于或等于 0.05；

③位于北极圈以北全部或部分海域、俄罗斯联邦大陆架，每月 1 日之前满足以下任意一项：开采量为 3500 万吨；2009 年 1 月 1 日前获得许可证，有效日期到 2018 年 12 月 31 日，开采量 $C_{в}$ 小于等于 0.05；2011 年 12 月 31 日之前获得矿产使用许可或 2006 年 12 月 31 日获得勘探开采许可、用于地质勘探和研究，有效期到 2021 年

12 月 31 日，且开采程度 C_B 小于或等于 0.05；获得开采资源的国家许可后的 10 年及获得勘探研究的 15 年；

④位于亚速海和里海的全部或部分海域，每月 1 日之前满足以下任意一项：开采量为 1000 万吨；2009 年 1 月 1 日获得许可证，有效日期到 2018 年 12 月 31 日，开采量 C_B 小于等于 0.05；获得开采资源的国家许可后的 7 年及获得勘探研究的 12 年；

⑤位于涅涅茨自治区，亚马尔半岛亚马尔—涅涅茨自治区境内，每月 1 日之前满足以下任意一项：开采量为 1500 万吨；2009 年 1 月 1 日获得许可证，有效日期到 2015 年 12 月 31 日，开采量 C_B 小于等于 0.05；获得开采资源的国家许可后的 7 年及获得勘探研究的 12 年；

⑥位于黑海全部或部分海域，每月 1 日之前满足以下任意一项：开采量为 2000 万吨；2012 年 1 月 1 日获得许可证，有效日期到 2021 年 12 月 31 日，开采量 C_B 小于等于 0.05；获得开采资源的国家许可后的 10 年及获得勘探研究的 15 年；

⑦位于鄂霍茨克全部或部分海域，每月 1 日之前满足以下任意一项：开采量为 3000 万吨；2012 年 1 月 1 日获得许可证，有效日期到 2021 年 12 月 31 日，开采量 C_B 小于等于 0.05；获得开采资源的国家许可后的 10 年及获得勘探研究的 15 年；

⑧位于 65°以北，亚马尔—涅涅茨自治区境内每月 1 日之前满足以下任意一项：开采量为 2500 万吨；2012 年 1 月 1 日获得许可证，有效日期到 2021 年 12 月 31 日，开采量 C_B 小于等于 0.05；获得开采资源的国家许可后的 10 年及获得勘探研究的 15 年。

2. 天然气的矿产资源开采税计征方式

天然气的税率为每立方千米 35 卢布（不区分产地），天然气的矿产资源开采税税率为天然气税率乘以系数 E_{yr}。天然气的矿产资源开采税税率计征方式如下：

天然气的矿产资源开采税税率 = 天然气的税率 $\times E_{yr}$

$$(8-7)$$

系数 E_{yr} 表示每单位燃料的基数意义，系数 E_{yr} 的计算公式如下：

E_{yr} 的公式为 $E_{yr} = \dfrac{0.15 \times [\text{Ц}_{\text{г}} \times \text{Д}_{\text{г}} \times \text{Ц}_{\text{к}} \times (1 - \text{Д}_{\text{г}})]}{(1 - \text{Д}_{\text{г}}) \times 42 + \text{Д}_{\text{г}} \times 35}$

$$(8-8)$$

上式中，$\text{Ц}_{\text{г}}$ 表示可燃天然气的价格式（8-9），$\text{Д}_{\text{г}}$ 表示开采天然气的份额式（8-12），$\text{Ц}_{\text{к}}$ 表示凝析天然气的价格见式（8-13）。

$$\text{Ц}_{\text{г}} = \text{Ц}_{\text{в}} \times \text{О}_{\text{в}} + \text{Ц}_{\text{э}} \times (1 - \text{О}_{\text{в}}) \qquad (8-9)$$

其中，$\text{Ц}_{\text{в}}$ 为统一燃气供应系统的天然气均价，$\text{Ц}_{\text{в}}$ 的价格变动依据俄罗斯联邦天然气的批发价格变动。$\text{О}_{\text{в}}$ 表示俄罗斯用户对天然气的实际需求份额。$\text{Ц}_{\text{э}}$ 为可燃天然气的国外售价。$\text{О}_{\text{в}}$ 的取值分为两类：0.64 和 1。若统一燃气供应系统中的天然气企业、直接或间接参与统一燃气供应系统的私营业主，其天然气开采的份额累计超过 50% 时，则 $\text{О}_{\text{в}}$ 取 0.64。但其中不包括 $K_{\text{гпн}}$ 小于 0.35 的情况。系数 $K_{\text{гпн}}$ 是与天然气矿产资源开采税相关的系数，表示天然气开采的份额，其公式如下：

$$K_{\text{гпн}} = \dfrac{35 \times \Gamma_{\text{со}}}{35 \times (\Gamma_{\text{со}} + \Gamma_{\text{п}}) + 42 \times (\text{Н}_{\text{о}} + K_{\text{со}})} \qquad (8-10)$$

其中：$\Gamma_{\text{со}}$ 表示可燃天然气的数量，单位为千立方米；$\Gamma_{\text{п}}$ 表示伴生气的数量，单位为千立方米；H_o 为脱水、脱盐、除杂后开采的石油数量，单位为吨；K_{co} 为凝析天然气的数量，单位为吨；K_{Br} 为天然气开采程度。K_{Br} 的取值范围如下：若 C_{Br} 小于等于 0.7，则 K_{Br} 等于 1；若 C_{Br} 大于等于 0.7 小于等于 0.9 时，则 C_{Br} 的公式为

$$K_{Br} = 2.75 - 2.5C_{Br} \qquad (8-11)$$

若 C_{Br} 大于等于 0.9 时，则 K_{Br} 等于 0.5。

$Д_r$ 的公式为 $$Д_r = \frac{35 \times Г_o}{35 \times Г_o + 42 \times K_o} \qquad (8-12)$$

其中：$Г_o$ 纳税期内该地段中开采的可燃天然气质量，K_o 纳税期内该地段开采的凝析天然气的质量。

$Ц_к$ 的计算公式为 $$Ц_к = (Ц - П_н) \times P \qquad (8-13)$$

其中：$Ц$ 为税期内每桶"乌拉尔"石油的美元价格。$П_н$ 为凝析天然气的关税。P 为税期内美元兑卢布的汇率。若纳税期间，"乌拉尔"牌石油每吨低于 109.5 美元时，$П_н$ 取值为 0，若"乌拉尔"牌石油每吨高于 109.5 美元，低于 146 美元时，则 $П_н$ 取值不超过与当时平均石油均价差额的 35%。若"乌拉尔"牌石油大于 146 美元，小于 182.5 美元时，$П_н$ 取值不超过与当时平均石油均价差额的 45%。若"乌拉尔"牌石油超过 182.5 美元时，$П_н$ 取值不超过与当时平均石油均价差额的 59%。

除此之外，与天然气矿产资源开采税相关的系数还包括系数 K_c、系数 K_{r3}、系数 K_{op3}、系数 T_r 等。系数 K_c 表示开采燃气或矿层中的冷凝油的难度。系数 K_{r3} 表示矿产资源开采税开采深度。若矿产资源的埋藏深度小于等于 1700 米，则 K_{r3} 取 1。若埋藏深度大于等于 1700，小于等于 3300 米，则系数 K_{r3} 取 0.64；若埋藏深度大于等

于 3300 米，则系数 K_{r3} 取 0.5。系数 K_{op3} 表示不同矿产的开采特点。系数 K_{op3} 的公式为：

$$K_{op3} = 0.053 \times n + 0.157 \qquad (8-14)$$

其中：n 为年份的顺序。系数 T_r 表示可燃天然气的运输费用。系数 T_r 的计算公式为：

$$T_r = 0.5 \times T_p \times \frac{P_r}{100} \times \frac{1}{O_r} \qquad (8-15)$$

其中：T_p 表示与天然气管线运输的成本差别。若 T_p 小于 0 则 T_p 取 0。其中：P_r 表示天然气管线运输的距离。O_r 表示可燃天然气的质量。

8.1.3　俄罗斯矿产资源开采税对联邦预算的贡献

矿产资源开采税收入是俄罗斯联邦政府预算收入的重要来源。2012～2016 年，俄矿产资源开采税收入对联邦政府预算收入[①]的贡献度的均值为 20.7%，且呈逐年上升态势。

尽管俄矿产资源开采税的课税对象多达数十种，包括石油、可燃天然气、凝析气等。但针对石油课征的矿产资源开采税收入是俄油气收入的重要组成部分，其占比逐年上升，由 2014 的 33% 上升至 2016 年的 48%（见图 8-1）。

2012 年以来，俄石油开采对矿产资源开采税的贡献度略有下降，但也维持在 80% 以上的水平，可以说占据了绝对的主导地位。这样一种收入结构，使石油价格、基础税率、卢布汇率及石油开采量等都成为影响俄罗斯矿产资源开采税收入，亦即对俄罗斯财政收

---

① 为计算准确此处刨除预算外收入，即未计入国家预算外基金收入、地区预算外基金收入。此处财政收入为联邦政府预算与联邦主体汇总预算之和。

入产生显著影响的决定性因素。

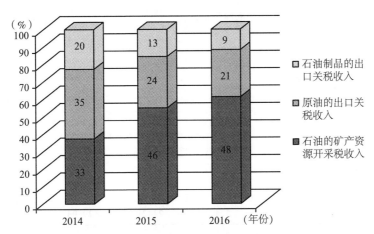

图 8 - 1　油气收入中石油的出口关税与矿产资源开采税占比

资料来源：根据俄罗斯国库网站数据整理。http：//www. roskazna. ru/。

俄罗斯 2005 ~ 2016 年矿产资源开采税相关收入如表 8 - 3 所示。

表 8 - 3　　　　　矿产资源开采税的相关收入与财政收入

项目 年份	石油的矿产资源开采税税率 （卢布/吨）	石油开采量 （亿吨）	石油的矿产资源开采税收入 （亿卢布）	矿产资源开采税收入 （亿卢布）	石油开采对矿产资源开采税贡献度 （%）
2005	1653. 68	4. 75	7565	8599	87. 98
2006	1977. 68	4. 86	10384	11623	89. 34
2007	2111. 76	4. 97	10709	11974	89. 44
2008	2949. 76	4. 94	15716	17080	92. 01
2009	1944. 16	5. 01	9343	10538	88. 66

续表

项目 年份	石油的矿产资源开采税税率（卢布/吨）	石油开采量（亿吨）	石油的矿产资源开采税收入（亿卢布）	矿产资源开采税收入（亿卢布）	石油开采对矿产资源开采税贡献度（%）
2010	2547.52	5.12	12668	14063	90.08
2011	3620.16	5.19	18458	20425	90.37
2012	4103.20	5.26	21326	24594	86.71
2013	4286.40	5.22	21902	25758	85.03
2014	4890.56	5.26	24636	29049	84.81
2015	5515.20	5.34	27035	32268	83.78
2016	5279.10	5.47	23421	29294	79.95

资料来源：根据俄罗斯国库网站数据整理。http://www.roskazna.ru/。

俄罗斯矿产资源开采税收入与石油价格基本呈正相关关系，2005~2016 年，俄罗斯矿产资源开采税课征情况大致可分为以下四个阶段（见图 8-2）。

第一阶段，2005~2008 年，国际油价飙升，俄罗斯矿产资源开采税收入进入上升通道。在此时期，受伊拉克战争、国际游资炒作、石油需求强劲等影响，国际油价从 2005 年的 54.5 美元/桶飙升至 2008 年的 98.4 美元/桶，涨幅达 80.6%。俄罗斯矿产资源开采税收入也相应提高，由 2005 年的 8599 亿卢布增至 2008 年的 17080 亿卢布，增幅达 98.6%。

第二阶段，2008~2009 年，国际油价下跌，俄罗斯矿产资源开采税收入进入下行通道。受美国次贷危机影响，2008 年 6 月国际石油价格出现连续下跌，至当年 12 月国际油价一度跌至 43 美元/桶。

受此影响俄罗斯矿产资源开采税收入下滑，从 2008 年的 17080 亿卢布跌至 10538 亿卢布，跌幅达 38.3%。

**图 8 - 2　2005～2015 年石油价格、汇率与矿产资源
开采税收入　单位：美元、卢布/美元、亿卢布**

资料来源：根据俄罗斯国库网站数据整理。http://www.roskazna.ru/。

第三阶段，2009～2012 年，国际油价稳定，俄罗斯矿产资源开采税收入保持稳定。经过之前的暴涨暴跌，国际油价再度从 2010 年的 80 美元上升至 110 美元，油价保持高位并小幅震荡。在这期间俄罗斯矿产资源开采税收入稳步增长。2010～2012 年，俄罗斯矿产资源开采税收入分别为 14063 亿卢布、20425 亿卢布和 24594 亿卢布，年均增幅达 36.5%。同时，2012 年俄罗斯政府将矿产资源开采税的基础税率从 419 卢布提高至 446 卢布，使 2012 年矿产资源开采税收入比上年增长 42.2%，为 2005～2012 年增幅最大的一年。

第四阶段，2012～2016 年，国际油价下跌，俄罗斯矿产资源开采税收入增长放缓。2013~2016 年，矿产资源开采税收入由 25758 亿卢布上升至 29294 亿卢布，但年均增幅仅为 2.7%。值得注意的是，尽管 2014 年 7 月~2015 年 7 月国际油价从 110 美元/桶暴跌至 50 美元/桶，但俄罗斯矿产资源开采税收入并未进入下行通道，其原因在于：尽管油价大幅度下跌，但由于卢布兑美元的汇率也出现了较大规模的下跌，再加上俄政府石油开采的基础税率由 493 卢布/吨提高至 766 卢布/吨，增幅达 55.4%。

综上所述，俄罗斯矿产资源开采税收入与石油价格在 2014 年以前基本呈正向关系，石油价格上升，则矿产资源开采税收入上升，反之则矿产开采税收入下降。但 2015 年以后这一关系发生了一定的变化，2015 年以后，俄罗斯矿产资源开采税总收入并未随油价下跌而降低，其原因在于影响石油开采税税率的其他几个因素，例如美元兑卢布汇率、石油开采量、石油开采基础税率等均出现了较为明显的提升，从而弱化了石油价格对矿产资源开采税收入的影响。

8.2 俄罗斯能源税收改革的方向

2015 年以来，面对国际油价的持续低迷，为推动联邦财政收入长期可持续性发展，优化财政收入结构，俄积极改革油气收入课征制度，降低出口关税税率，弱化出口关税权重；提高矿产资源开采税税率，强化矿产资源开采税的地位。这一改革使俄联邦财政收入部分实现了降低油气收入外部依赖的预期，并逐步增强了对油气收入的内部控制能力。

8.2.1 弱化出口关税权重

油气出口关税收入是俄罗斯联邦政府预算收入的重要来源，占俄罗斯联邦政府预算收入的比重超过 40%。同样，油气出口关税也是俄罗斯最为重要的油气收入来源，占俄罗斯油气收入的比重超过 60%。近年来，随着油气出口关税税率持续下降，俄罗斯出口关税收入占油气收入的比重逐步由 2014 年的 62% 下降到 2015 年的 47%，并最终降至 2016 年的 42%（见图 8 - 3）。

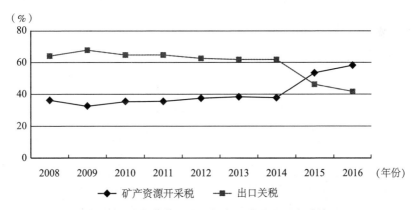

图 8 - 3 矿产资源开采税与出口关税比重变动情况

资料来源：俄罗斯国库网站整理。http://www.roskazna.ru/。

1. 降低原油出口关税税率

为减轻石油企业的出口关税负担，提高企业国际竞争力，弱化国际油价波动对油气财政收入的冲击，俄政府曾多次试图下调原油出口关税税率，但这样一种改革模式在 2014 年前实施得并不顺利。

按照俄罗斯《税法典》的规定，原油出口关税以乌拉尔石油为

基础，分四档进行计征，即按照低于 109.5 美元/吨、109.5 ~ 146
美元/吨、146 ~ 182.5 美元/吨以及高于 182.5 美元/吨计征。但实
际上乌拉尔原油价格从未低于 182.5 美元/吨，因此，对原油出口关
税税率的调整主要集中在第四档，即高于 182.5 美元/吨的情况。

2013 ~ 2014 年，俄罗斯试图对原油出口关税税率进行干预，但
最终调整的结果是税率仅从 60% 下调至 59%，变动幅度微小。2015
年以来，俄罗斯痛下决心，并将其贯彻到执行过程之中，使原油出
口关税税率成功下降一半，由 60% 下调至 42%，最终一路下调至
30%（见表 8 - 4）。俄原油出口关税收入约减少六成，由 2.6 万亿
卢布下降至 1 万亿卢布。

表 8 - 4   俄罗斯原油出口关税计算公式   单位：美元/吨

乌拉尔原油价格	计算公式
< 109.5 （约小于 15 美元/桶）	0
109.5 ~ 146 （约 15 ~ 20 美元/桶）	35% × (Ц - 109.5)
146 ~ 182.5 （约 20 ~ 25 美元/桶）	45% × (Ц - 146) + 12.78
> 182.5 （约大于 25 美元/桶）	60% × (Ц - 182.5) + 29.2 （2013 年） 59% × (Ц - 182.5) + 29.2 （2014 年） 42% × (Ц - 182.5) + 29.2 （2015 ~ 2016 年） 30% × (Ц - 182.5) + 29.2 （2017 年）

资料来源：根据俄罗斯税法典整理。

俄罗斯政府调低出口关税税率，约相当于减少政府 2 千亿卢布
的联邦预算收入。由此，尽管国际油价下跌是导致俄油气收入下降
的一个非常重要的原因，但俄政府主动降低原油出口关税税率，减

轻石油企业出口关税负担，也是使俄油气收入下降以及原油出口关税收入占比下降的一个非常重要的原因，这显然是俄政府为摆脱油气收入依赖作出的主动选择。

2. 调整重、轻质油出口关税税率

除调低原油出口关税税率外，俄政府每年还会根据石油行业的发展状况，对石油制品的出口关税税率进行调整。调整的石油制品包括轻质油、重质油、直馏汽油、汽油制品和石油焦炭类制品等。

由于给定同等容积的原油，轻质油可炼化出更多高附加值的产品，而重质油炼出的高附加值产品较少。为此，俄政府利用税收手段抑制重质油发展，鼓励轻质油发展。2011 年，俄政府实行 "60—66—90" 的征税制度，即原油出口关税税率为 60%；轻质油和重质油出口关税税率为 66%；直馏汽油和汽油制品出口关税税率为90%；石油焦炭类制品出口关税税率为 6.5%，2011～2014 年皆按该标准进行课征。

至 2015 年，根据 2014 年 11 月 29 日颁布的第 N1274 号命令及2013 年 3 月 29 日颁布的第 N267 号命令，俄逐步提高重质油出口关税税率，降低轻质油出口关税税率。2015～2017 年，重质油的出口关税税率分别上升至 76%、82%、100%。与重质油出口关税税率相反的是，轻质油出口关税税率不断下调，分别降至 48%、40%、30%。直馏汽油分别降至 85%、71%、55%，汽油制品分别降至78%、61%、30%。石油焦炭类税率则保持在 6.5% 的水平（见表8 - 5）。

表 8 – 5　　　　　　2013 ~ 2017 年石油制品出口关税税率　　　　单位：%

项目　　　　年份	轻质油：轻质以及中质馏物；柴油燃料苯；甲苯；二甲苯；润滑油	重质油：重油燃料油、石油制品废料、凡士林和石蜡、石油沥青	直馏汽油	汽油制品	石油焦炭、丙烯三聚物和四聚物	凝析气
2013	66	66	90	90	6.5	—
2014	66	66	90	90	6.5	—
2015	48	76	85	78	6.5	0
2016	40	82	71	61	6.5	0
2017	30	100	55	30	6.5	0

资料来源：根据俄罗斯能源部网站数据整理。http：//minenergo. gov. ru/。

　　税率的调整使俄罗斯石油制品出口关税收入不断下降，由 2014 年的 1. 5 万亿卢布下降至 2016 年的 0. 4 万亿卢布，降幅达 73%。通过以上变动可以看出，俄罗斯政府还将继续提高重质油税率，降低轻质油、直馏汽油以及汽油制品税率，保持石油焦炭类产品税率稳定。尽管下调石油制品出口关税税率同样会使俄政府损失一部分油气出口关税收入，但俄政府希冀通过对税率的调整，提高石油制品的经济附加值，协调石油制品生产内部的发展。

8. 2. 2　提升矿产资源开采税地位

　　在国际油价低位徘徊、俄罗斯国内石油开采量稳步上升的背景下，俄政府将油气收入课征的重点由外部转向内部，即从出口关税的课征转向对矿产资源开采税的课征，利用增长的矿产资源开采税收入弥补部分由于出口关税收入下降导致的俄联邦财政收入不足。

　　2008 ~ 2016 年，俄矿产资源开采税收入在 0. 9 万亿卢布至 3. 5

万亿卢布之间徘徊，占油气收入的比重不断上升。2015 年，俄罗斯矿产资源开采税收入首次超过出口关税收入，由 2015 年的 53% 上升至 2016 年的 58%。

在国家财政状况日渐恶化，石油企业利润居高不下的情况下，为改善国家财政收支状况，弥补石油价格下跌给国家财政收入带来的损失，抑制石油企业不正常的盈利水平，俄罗斯财政部提出调高矿产资源开采税税率的改革动议。2015 年 9 月俄罗斯财政部提出，期望 2016 年将石油的基础税调高至 857 卢布/吨，2017 年提高至 919 卢布/吨。按照这一税率，若以石油价格每桶 50 美元和美元兑卢布汇率 1∶60 卢布计算，则 2017 年俄罗斯石油的矿产资源开采税税率为 5915 卢布/吨，其中系数 K_u 约为 8.04。以俄罗斯能源部提出的 2017 年石油开采量 5.24 亿吨计算，则 2017 年俄罗斯石油矿产资源开采税收入将达到 30996 亿卢布，将比 2015 年的 25234 亿卢布增长 23%，即俄罗斯财政部将从石油企业多获得 5000 亿卢布的税收收入。

俄财政部认为，与提高退休年龄和减少养老金指数等不受欢迎的财政税收改革方案相比，提高矿产资源开采税的方法更为可行①。对于政府来说，无论是缩减民生支出、动用储备基金还是提高石油公司税负，任何一种选择都会带来困难和阵痛，但提高矿产资源开采税税率是较优的选择，也是最易在社会上达成共识，并能够在短期内有所成效的选择。

---

① Не трогать пенсионеров, а пощипать нефтяников. http：//www.bfm.ru/news/303860.

虽然俄财政部提出了提高矿产资源开采税税率的改革方案，但是该改革方案的实施却极不顺利。由于提高矿产资源开采税税率会增加石油开采成本，并对石油企业在国际市场的竞争中造成一定影响，俄罗斯财政部关于提高矿产资源开采税税率的提议遭到石油行业的一致反对，甚至在政府部门内部也引发了争议。

1. 政府内部博弈

针对财政部提高矿产资源开采税税率的提议，俄罗斯能源部和经济发展部都发表了不同意见。俄罗斯能源部部长亚历山大·诺瓦克认为，提高矿产资源开采税与现行法律相违背，不符合此前制定的《2035 年前俄罗斯能源战略草案》，诺瓦克指出：能源部反对更改现行法律，早在 2014 年我们与各部门商讨税收规则时，就已达成五年内不变更矿产资源开采税税收条款的协议，这项协议是保障石油等能源部门发展的基础条件。同期，俄罗斯自然资源部部长谢尔盖·顿斯基也表示，出于对勘探及新项目的投资风险考虑，他不接受财政部的提议。

经济发展部副部长尼古拉·巴图库佐夫认为，提高矿产资源开采税税率的做法会严重打击石油开采业和石油产地的经济发展，同时降低石油开采的效率。因为提高矿产资源开采税会导致新项目投资缩水，使石油公司向社会提供的岗位减少，甚至出现削减现有岗位的可能，这将给原本就增长乏力的就业市场带来负面影响。

2. 政府与石油企业间博弈

与政府开展博弈的俄罗斯石油企业主要为以下 7 家公司，即：Роснефть（俄罗斯石油公司）、ЛУКойл（卢克石油公司）、Сургутнефтегаз（苏尔古特石油天然气股份公司）、Газпром（俄罗斯天然气工业股份公司)、Татнефть(鞑靼石油公司)、Башнефть(巴什石油股份公司)、Русснефть(卢斯石油公司),这7家公司集中了俄罗斯近90%的石油产量。

根据美国银行分析,若按照俄财政部提高矿产资源开采税税率的方式计算,预计俄罗斯各大石油公司缴纳的税款将增加,税收负担也将相应提高。以俄罗斯石油公司为例,俄罗斯石油公司将多缴纳1710亿卢布,同时税收负担上升14%,卢克石油公司多缴纳700亿卢布,税收负担上升7%,苏尔古特石油天然气股份公司多缴税款480亿卢布,税收负担上升14%,俄罗斯天然气工业股份公司多缴纳370亿卢布,税收负担上升8%,鞑靼石油公司多缴纳200亿卢布,税收负担上升10%,巴什石油股份公司多缴纳税款150亿卢布,税收负担上升9%,其中俄罗斯石油公司和苏尔古特石油天然气股份公司税收负担上升比例最大,皆为14%。

由此,俄石油公司的代表们称,提高矿产资源开采税将加重石油企业的负担是毋庸置疑的,他们认为,提高税负将对整个石油产业产生负面影响,不利于石油开采的稳定。据美国银行分析员卡伦分析,若矿产资源开采税税率发生变动,俄罗斯的石油产量可能会下降2%,而在未来俄罗斯能源企业的石油产量还将进一步下降,进一步降低至5.21亿吨。但俄罗斯副总理德沃尔科维奇对此表示不同意。德沃尔科维奇认为,尽管存在石油开采量减少的风险,但政府有明确的计划稳定开采量并使石油公司更加有效地利用自己的资源。俄罗斯能源部部长诺瓦克表示,得益于前三年的投资,虽然俄罗斯石油行业处于困难时期,但企业仍能从容应对挑战,将俄罗斯石油产量维持在高位。

俄罗斯财政部以提高矿产资源开采税税率的方式扩大政府财政收入的想法尽管看似可行，但要完成这项任务却极为艰难。为了减轻石油企业对于提高矿产资源开采税税率的抵触，促使石油企业与政府达成一致，俄罗斯财政部副部长谢尔盖·沙塔洛夫曾表示，可以在提高石油矿产资源开采税税率的同时，降低石油的出口关税，以此减轻石油企业的整体税负。

由此，尽管政府承诺降低出口关税，但是石油企业对政府能否及时降低出口关税，以及降低的实际比例等操作细节仍抱怀疑态度。同时，石油企业还认为，政府提高矿产资源开采税税率与降低出口关税的做法意味着，石油企业需要先行承担税负而后才可享受部分税收的减免。因此，在最终方案没有形成之前，石油企业出于自身利益的考虑，对财政部提高矿产资源开采税税率的提议还是一致反对，并与政府部门展开了激烈的博弈。

综上所述，俄罗斯能源税改革的过程中，俄政府主动让利了部分出口关税收入，转为依靠国内可控的矿产资源开采税收入。同时，通过调节重、轻质油品的出口关税税率，优化油气收入内部结构，鼓励轻质油加工，抑制重质油发展，提高石油制品附加值。从这些改革举措来看，俄政府为提高能源行业的竞争力、增强俄联邦财政收入稳定性方面作出了积极努力。

8.3 俄罗斯能源税收改革的社会经济效应

能源领域的税收改革显然不仅有利于俄罗斯财政收入结构优化，同时也会对俄罗斯石油生产结构产生一定的影响，使俄罗斯的石油开采量和出口量发生变化。

8.3.1 优化财政收入结构

长期以来，俄罗斯作为油气依赖型国家，调整联邦预算收入中油气与非油气收入的结构都是一件极为重要但又极其困难之事。早在 2009 年经济危机之时，俄政府就意识到过高的油气收入会阻碍俄罗斯产业结构调整，不利于俄罗斯经济的进一步增长，也曾提出调整油气收入与非油气收入间比重的动议。然而，这一改革的推进十分缓慢，且效果不佳。2009 年，时任俄罗斯总统的梅德韦杰夫曾表示，油气收入不应超过联邦预算收入的 1/4，但随后国际油价的迅速攀升，使这种提法不了了之。2010~2014 年，油气收入占俄联邦预算收入的比重持续上升，由 46.1% 到 51.3%，2012~2014 年该比重更是连续三年保持在 50% 以上（见图 8-4）。俄联邦预算收入对油气收入的依赖度不降反升，使政府希望降低联邦预算对油气收入依赖的愿望落空。

2015 年以来，国际油价持续低迷，调整油气收入与非油气收入结构的问题又重新摆在俄罗斯政府面前。对此，俄罗斯财政部长西卢阿诺夫提出，应严格限制油气收入占联邦预算收入的比重，提高非油气收入地位，将非油气收入作为联邦预算收入的基础。按照这一思路，俄罗斯采取了下调原油出口关税税率，调整重、轻质油比重等做法，主动让渡部分油气收入，2017 年俄油气收入占俄联邦预算收入的比重降 39%。未来，俄政府将继续按照摆脱油气收入依赖这一改革思路，控制油气收入占比。预计 2018~2020 年，油气收入比重将从 36% 下降至 33%，非油气收入占比则从 64% 提升至 67%。从这一趋势来看，未来俄罗斯政府将更加注重非油气收入的增长，弱化油气收入对俄联邦预算收入的影响（见图8-4）。

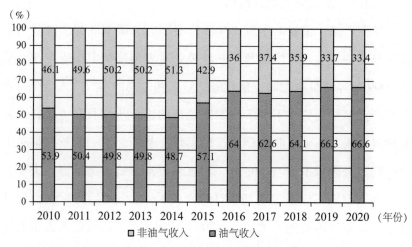

图8-4　2010～2020年油气收入与非油气收入占比

资料来源：根据俄罗斯财政部网站数据整理。http：//www.minfin.ru/ru/。

8.3.2　改进石油企业生产模式

对油气收入课征方式的改革不仅会对俄石油生产造成一定的影响，相应地还会引起石油开采量、出口量的变化。

1. 促使石油开采规模扩大

由于俄政府不断下调原油出口关税税率，使俄石油出口价格在国际市场上更具吸引力，借此机会，俄各家石油公司为获得更多出口利润，纷纷加大对石油的开采，这也与俄政府希望提高矿产资源开采税收入、弥补部分下跌出口关税收入的政策导向一致。为此，在双方共同努力下，俄石油开采量不断上升，由2014年的5.27亿吨上升到2015年的5.34亿吨，直至攀升至2016年的5.47亿吨（见图8-5），创苏联时期以来历史新高。

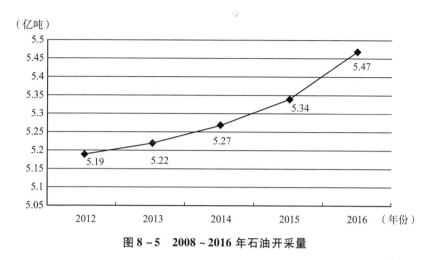

图 8 - 5   2008 ~ 2016 年石油开采量

资料来源：俄罗斯国家统计局。http：//www.gks.ru/。

　　为扩大石油开采量，俄政府主要采取了以下措施：①在维持传统产区产量的同时积极开发新产地。总体来看，俄罗斯传统产油区产量有所下降，以西西伯利亚产区为例，2015 年该地区产量降至 31170 万吨。尽管传统产区石油开采量下降，但其产量占俄罗斯全年总产量的比重仍较高，达 58.4%。新产油区发展前景良好，以俄罗斯欧洲地区北部，东西伯利亚和远东等新产地为例，2015 年与 2014 年相比，俄罗斯欧洲地区产量增加 390 万吨，东西伯利亚和远东地区增加 480 万吨。②加大对钻井资金的投入，提高新井产油量。③采取集约型技术开采石油，在新产地推行新技术的同时，提高传统采油区的开采效率，如乌拉尔—伏尔加老产油区的生产效率就在不断提高。④对出油率低以及难钻采的产区实行税收优惠，其中包括东西伯利亚和远东等新产油区。

　　值得一提的是，2015 ~ 2016 年俄石油开采量的大幅提升，为俄罗斯在 2016 年 12 月签署欧佩克提出的减产协议创造了条件。该减产协议规定，自 2017 年 1 月 1 日起，全球石油总产量将削减 180 万桶/日，俄罗斯作为非欧佩克国家，承诺减产 30 万桶/日，承担了非欧佩克国家总减产量的一半。签署协议后，俄能源部长诺瓦克曾表示，俄罗斯将采取分阶段减产的方式进行减产。诺瓦克声称，在减产协议签署前，已有部分井口作业接近尾声，限于俄罗斯开采技术水平，这部分新井必须于 1 月进行投产，且投产时间约为 20～25 天。为此，他表示，俄罗斯将先依照第一季度 20 万桶/日进行减产，随后再将减产规模扩大至 30 万桶/日，使原油产量维持至 1094.7 万桶/日。

与 2016 年 4 月签署的多哈协议无疾而终不同，本次签署的减产协议得到俄罗斯的积极响应。究其原因，俄罗斯已在协议签署前不断调高石油开采量，至 2016 年 10 月，俄罗斯单月石油开采量达 4749.4 万吨，约合 35146 万桶，创苏联时期以来的历史新高。而此次减产协议正是以各国 2016 年 10 月单月的实际石油开采量作为基准线进行减产，对于俄罗斯来说，这无疑降低了俄罗斯执行减产协议的难度。

除此之外，对俄罗斯来说，在上半年执行减产协议要优于下半年。根据俄石油开采量的历史数据来看，通常情况下，受季节等因素影响，俄罗斯每年 2 月会出现自然减产的现象，即 2 月的石油开采量为全年最低。这为俄罗斯利用自然下降冲抵减产协议中承诺的减产量提供了可能。

就 2017 年 1～2 月俄罗斯执行减产协议的情况来看，表面上，俄罗斯遵守了减产协定，其实却存在不诚实行为。考虑俄方要求，若仅以 20 万桶/日的减产额度进行计算，俄罗斯每月需减产 81 万吨。但 2017 年 1 月数据显示，俄罗斯石油产量仅减少了 50 万吨，相当于完成了欧佩克减产协议的六成，由 2016 年 10 月份的 4749 万吨下降为 2017 年 1 月的 4699 万吨。

分析 2017 年 2 月俄罗斯石油产量数据后，可推知俄罗斯利用自然减产冲抵减产协议的做法也已基本属实。2017 年 2 月同 2016 年 10 月相比，石油产量大幅下降，总计减少了 506 万吨。根据减产协议规定，俄罗斯减产额为 30 万桶/日，即每月需减产 120 吨，但 2017 年 2 月份下降的 506 万吨已足够抵消掉了 2017 年 3~6 月需要减产的数量。从这一角度来看，俄罗斯已经完成了减产协议要求的配额。若俄罗斯以 2017 年 2 月的自然产量下降冲抵减产配额，那么在随后的几个月中，俄罗斯可完全忽略减产协议约定，恢复石油开采正常水平，而不再受减产协议的约束。最新数据显示，2017 年 3 月，俄罗斯石油产量为 4674 万吨，已基本恢复至原先的生产水平。

外界对俄罗斯执行减产协议的情况也并不看好。根据以往经验来看，在历次俄罗斯参加的减产行动中，只有 1998 年降低了产量，而 1999 年和 2002 年的承诺都化为泡影，最终的减产结果均是石油产量不降反增。

在短期减产协议期内，面临错综复杂的环境，俄罗斯很容易找到违约理由并为自己开脱。一旦过剩的石油库存被消耗、油价得到预期的提振，俄罗斯很可能不会继续兑现减产承诺。诺瓦克也曾公开宣称，尽管违背减产协议会受到来自道义和政治上的压力，但对于所有参加减产协议的国家并不会有明确和具体的惩罚措施。因此，这种"卡特尔"式的协议在执行过程中充满不确定性，最终效果仍有待进一步观察。

2. 客观上刺激石油出口规模扩大

2014 年 6 月以来，国际石油价格一路下跌，为维护俄罗斯在国际石油市场上的份额，俄罗斯石油企业决定通过"薄利多销"的模式，应对低油价时期的到来。同时，俄罗斯政府不断下调出口关税税率，也使俄罗斯石油出口价格在国际市场上更具优势。这些举措都在客观上刺激了石油出口量的上升。2014～2016 年，俄石油出口量分别为 2.23 亿吨、2.44 亿吨和 2.55 亿吨，与 2014 年相比，2016 年俄石油出口量增幅达 14%。

俄石油出口量的增长主要是来自向非独联体国家出口的增长，其出口总量由 2014 年的 1.99 亿吨上升到 2.36 亿吨，增幅达 19%。与此相反的是，向独联体国家出口的石油总量则持续下降，由 2014 年的 0.24 亿吨下降至 0.19 亿吨，降幅达 21%（见表 8-6）。由于俄罗斯对独联体国家长期存在关税优惠，向独联体国家出口的石油价格远低于非独联体国家。在国际油价持续低迷的情况下，俄罗斯为保障自身利益最大化，有意削减向独联体国家出口的石油总量，相应地加大对非独联体国家的出口，以此换取更多的外汇收入。

表 8-6 　　　　　　　　　2014～2016 年俄罗斯出口石油量　　　　　　单位：亿吨

项目 年份	独联体国家	非独联体国家	总量
2014	0.24	1.99	2.23
2015	0.23	2.22	2.45
2016	0.19	2.36	2.55

资料来源：根据俄罗斯海关数据及统计局数据整理。

俄向非独联体出口的主要国家包括荷兰、中国、德国、波兰、韩国等，荷兰从俄罗斯进口的石油最多，其次为中国。中国从俄罗斯进口石油的增幅最高，2016 年与 2014 年相比增幅达 60%。俄向独联体国家出口主要包括白俄罗斯、哈萨克斯坦、乌兹别克斯坦、乌克兰等。其中，白俄罗斯占俄罗斯向独联体国家出口石油总量的 95% 以上。总体上，俄罗斯向非独联体国家的石油出口量呈上升趋势，向非独联体国家的石油出口量呈下降趋势（见表 8 - 7）。

表 8 - 7   　　2014 ~ 2016 年俄罗斯向各国出口的石油总量   单位：亿吨

年份 国家	2014	2015	2016
荷兰	0.43	0.45	0.5
中国	0.3	0.39	0.48
白俄罗斯	0.23	0.23	0.18
德国	0.17	0.21	0.24
波兰	0.18	0.19	0.19
韩国	0.11	0.12	0.12

资料来源：根据俄罗斯海关数据及统计局数据整理。

由于白俄罗斯是独联体国家中从俄罗斯进口石油最多的国家，俄下调免税石油出口额的做法极大地损害了白俄罗斯的利益，引发了俄罗斯与白俄罗斯之间的油气分歧。此前，白俄罗斯可利用从俄罗斯进口的免税石油向第三国出口或加工后出口，但从 2016 年第三季度起，俄罗斯削减了对白俄罗斯免税石油的供应，并于 2016 年底宣布，2016 ~ 2024 年俄罗斯向白俄罗斯提供的免税石油由原计划的

0.23 亿吨削减至 0.18 亿吨。该计划导致白俄罗斯可转卖给欧洲国家的石油量减少，这无异于削减了白俄罗斯财政收入。为此，白俄罗斯方面对俄罗斯的做法表示极度不满，白俄罗斯甚至提出要向俄罗斯征收原油过境税的要求，但俄罗斯方面则声称，若白俄罗斯采取这一举措，俄方则会要求白俄罗斯先行清偿欠俄方的债务。双方各执一词，争端仍在调解和沟通的过程中。长期来看，若国际石油价格持续低迷，俄罗斯极有可能继续执行削减免税计划中的石油出口量，逐步取消对白俄罗斯等独联体国家在进口俄石油方面的关税优惠。

8.4 俄罗斯能源税改革发展方向

俄罗斯在能源税领域的税制改革为未来俄罗斯能源行业的健康发展奠定了基础。未来，俄罗斯拟进一步降低油气收入占 GDP 的比重，弱化出口关税对俄罗斯联邦财政收入的影响，强调矿产资源开采税的地位，并积极尝试新税种的推行。

8.4.1 调低油气收入占 GDP 的比重

总体上，俄罗斯政府正逐步调低油气收入占 GDP 的比重。根据俄罗斯发布的《2018～2020 年联邦预算法》，2018～2020 年俄罗斯联邦预算中油气收入占 GDP 的比重将分别为 5.6%、5.1%、4.9%，呈逐年下降的态势。

8.4.2 强化矿产资源开采税的地位

为降低联邦财政赤字，2018～2020 年，俄罗斯政府将继续加征矿产资源开采税。同时，俄罗斯还将不再为欧亚经济联盟国家提供原有的石油关税补贴。未来三年，俄联邦预算收入将主要依靠矿产资源开采税收入，将原本由出口关税承担的税负转移到矿产资源开采税上来。

当然，长期来看，提高矿产资源开采税税负将会在一定程度上导致传统产区（如西西伯利亚、科米共和国等）石油开采速度的下降。在2017～2018年石油开采量呈上升趋势之后，预计2019年石油开采量将有所下降，约降至5.32亿吨，基本与2015年水平一致。其中，作为主要石油产区的西西伯利亚地区，石油开采量将持续下降。即使东西伯利亚和季曼—伯朝拉省等新产区的石油开采量有所增长，也未必可以完全弥补西西伯利亚下降的石油开采量。

同时，由于欧美国家对俄罗斯进口设备及技术的限制，俄罗斯将缺乏必备条件对较难开采的地区进行自主开采，这也给石油开采量的增长带来负面影响。为此，俄罗斯将努力提升俄罗斯石油开采的竞争力，降低开采成本；在地质勘探中采用更加经济的技术，同时投入新技术，提高成熟期石油产地的产油效率；推进俄罗斯石油企业现代化进程，提高石油开采深度；实现油气设备进口替代，并创造良好的税收环境。

8.4.3　试行新税种

为刺激新产地开发以及合理利用油气资源，俄罗斯提出在新、老产区试行新税种，即"超额收入税"（НДД）。"增值收入税"是扣除开采成本之后，对所获石油收入征收增值收入税，预计税率在50%左右。"超额收入税"实行分阶段课税，初期税率低，有助于保障新产区在开采初期的正常运行，新产区进入成熟期后，再相应提高税负，以此弥补第一阶段税收的损失。这种课征形式体现了税收的灵活性，但"超额收入税"的征收也存在实际的困难。"超额收入税"需要扣除企业的开采成本,计算较为复杂,且不易预测,较之此前的出口关税以及矿产资源开采税的征收难度更大。

关于新税种的推行,俄罗斯政府内部存在争议。"超额收入税"的主要推行部门是俄罗斯财政部,俄财政部部长西卢阿诺夫称:油气收入税制的改革不应仅停留在书面层面,应当切实行动起来,向全国推行"超额收入税",并计划于2018年全面实现"超额收入税"。俄副总理阿尔卡济·德瓦尔科维奇对财政部的提议表示支持,德瓦尔科维奇认为,实行新税制有利于弥补未来矿产资源开采税提高造成的损失,降低现有油气收入税课征方式对石油公司带来的负面影响。

但对于财政部的提议,俄能源部则表示,全面实行"超额收入税"仍为时尚早,建议先在部分利润较低的老石油产区试行"超额收入税",并在试行3~5年后,对新税种产生效果进行综合评估,再决定是否全面推行以及是否需要替代现行税制。能源部还估算了取消出口关税、直接实行"超额收入税"将造成的风险。由于"超额收入税"是对现金流进行征税,而不再以石油产量作为税基,这会导致税收环节更为复杂。俄罗斯经济发展部对全面实行"超额收入税"表示反对,俄经济发展部长马克西姆·奥列什金认为,现行的石油税制是合理的,对俄罗斯财政收入的稳定并不构成危害。在盖达尔论坛上,他再次表示,剧烈的油气收入改革是完全没有意义的,俄罗斯不应该发生剧烈的油气课征制度的改变,也不应该承担这种变化带来的中期发展威胁。他认为,现行的税制值得肯定,有助于保障油气行业的持续发展。

对于实行新税种,石油企业并未强烈反对,但却提出自己的疑问。俄气公司负责人亚历山大·久科夫表示支持新税种的试行，但同时也应对现行的经济环境是否允许推行新税种，以及新税种是否有利于实现税收公平提出异议。久科夫希望新税种在保障国家获取财政收入的基础上，同时有助于新油气产地的开发。尽管"超额收入税"在新产地开采方面确实低于现行税制的税收负担，对俄罗斯油气企业来具有相当的吸引力，但由于现行的油气收入税制对油气公司存在税收优惠，各家石油公司并不愿意放弃既得利益。为此，俄能源部称，若全面实行"超额收入税"，俄政府将不再为石油企业提供出口关税的税收优惠，俄罗斯油气企业需要自行进行抉择，是享受出口关税的优惠，还是实行"超额收入税"。

据最新消息，俄财政部与能源部已就试行"超额收入税"基本达成共识，近期不会在全国推行"超额收入税"，但选取了部分地区进行试点，试点地区包括西西伯利亚等产油区，目的在于促进西西伯利亚石油开采的进一步增长。受通货膨胀等因素的影响，为防止税收标准过高，试行方案中的"超额收入税"课征系数将根据实际情况不断进行调整，预计每吨不超过 9520 卢布。尽管关于新税种开征的具体细节仍存在争议，但已有 700 万吨石油申请试行"超额收入税"，其中涉及 Роснефть（俄罗斯石油公司）、ЛУкойл（卢克石油公司）、Сургутнефтегаз（苏尔古特石油天然气股份公司）、Газпром（俄罗斯天然气工业股份公司）等油气公司。

未来几年，俄罗斯针对能源行业的税收制度改革仍将持续进行，其中，油气税制改革是能源行业改革的重中之重，降低石油出口关税税率，提高矿产资源开采税税率，平衡重、轻质原油出口关税税率是未来俄罗斯油气课税改革的三大主要方向。2016 年初，

俄罗斯财政部提议将石油出口关税税率由 42% 下调至 36%，截至
2016 年 5 月，该目标已基本达成，政府在一定程度上实现了其调整
财政收入结构，降低对油气出口收入依赖的愿景。2017～2018 年，
俄罗斯财政部期望进一步下调石油出口关税税率，由现阶段的 36%
调低至 30%。

　　同时，俄罗斯将继续强化矿产资源开采税在油气收入中的地位，
并将其作为油气收入的主体，以降低出口关税收入，保障联邦财政
收入的稳定性。同时，俄政府还将继续提高重质油的出口关税税
率，降低轻质油的出口关税税率，升级炼油产业的内部结构。未
来，俄罗斯将实行新的税种，寻求更为稳定、合理的俄罗斯联邦财
政收入来源。尽管新税种的开征仍在试行阶段，但这不失为俄罗斯
摆脱油气收入依赖的进一步探索与尝试。

　　由此，如何进一步调整俄罗斯国内能源领域的税收政策，对于
俄政府来说，也是一项需要认真思考与积极应对的任务。俄罗斯政
府的任务不仅在于扩大政府财政收入来源，降低政府财政收入对石
油开采及出口的依赖，同时还应考虑将能源税税率控制在合理范围
之内，使其不至影响石油企业的正常运营[1]，以取得石油企业最大
限度地认同与支持。基于能源税的调整会对俄罗斯财政收入、石油
开采量、石油出口价格等产生显著的影响，未来俄罗斯政府对能源
税还将会进行何种改革，以及改革后产生的影响，这些问题都还需
要我们予以持续的关注。

---

[1]　Увеличение н алогов для нефтяников：за и против. http：//teknoblog. ru/2015/
09/27/47457.

9 俄罗斯税收制度改革

在相当长一段时期，俄罗斯与苏联其他加盟共和国一样，实行的都是计划经济，政府主导并直接配置资源，作为政府收支活动的集中体现，财政也是一种"大而宽"的生产建设型财政：财政收入税利并存、以利为主，财政支出秉持"先生产后生活"的原则，财政资金主要用于保障生产建设。

独立以后，俄罗斯首先必须直面的一个经济问题就是如何协调国家财政收支，保障各级政府职能的正常履行。在这一时期，计划经济时代遗留下来的福利制度，如就业、医疗、养老、住房等，以及经济体制改革和社会制度变革带来的改革成本，形成巨大的财政负担，使国家财政支出不断膨胀上升；但刚刚从国有企业上缴利润转化为对各类企业课征的税收，并不能很快为国家财政提供充足的收入，由此形成的财政收支矛盾使俄罗斯财政赤字日渐庞大，债务负担日益沉重，国家财政预算稳定受到巨大影响。

要适应经济体制转变的需要，就必须改革计划经济体制下的生产建设型财政，构建适应市场经济发展要求的公共财政制度，同时建立现代税收制度，政府以社会公共事务管理者的身份筹集财政收入，对市场主体及其经济行为进行全方位的调节。由此，俄罗斯以降低税负、简化税制为核心，开展了一系列税制改革。

经过 20 余年的税收制度改革与实践，俄罗斯已逐步建立起相对完善的现代税收制度。对此改革历程本书的第 2 章已予以详细说明，本章将重点探讨俄罗斯税制改革面临的挑战、未来发展趋势及各项主体税种改革方向。

9.1 俄罗斯税制改革面临的挑战

对于俄罗斯来说，税收收入对国际能源行情依赖程度较高；税收负担虽有所下降，但仍高于大多数欧亚经济联盟国家和金砖国家，且农业林业、教育、医疗卫生、批发零售和生活服务业税负增长较快；财政税收政策导向存在一定问题，税收优惠和税收减免、税收结构与部分税种设计缺乏系统性，不具有先进性和效率性；人口老化现象严重，影响税收收入长期可持续等，是困扰俄罗斯税收制度发展的几大现实问题，也是俄罗斯税收制度发展面临的最大挑战。

9.1.1 税收收入受国际油气价格影响显著

在俄罗斯的联邦政府预算[①]中，来自油气的收入通常占到50%的比重。从表9－1可以发现，2008～2014年，俄罗斯油气收入由4.4万亿卢布提高到7.4万亿卢布，增长了68%。同期，俄罗斯联邦政府的预算收入由9.3万亿卢布上升至14.5万亿卢布，增长了56%。油气收入的快速增长使油气收入占俄罗斯联邦政府预算收入的比重不断上升，由2008年的47%上升至2014年的51%。但2009年受国际油价的大幅度下跌，给俄罗斯油气收入带来了显著影响，2009年俄罗斯油气收入降至3万亿卢布，比上年减少32%，俄

---

① 俄罗斯政府预算由联邦政府预算、联邦主体政府预算和地方政府预算三级组成，其中，联邦政府预算为中央政府预算，联邦主体制政府预算和地方政府预算为地方预算，三级合成国家汇总预算。

罗斯联邦政府预算收入也因之减少 1.4 万亿卢布，降至 7.3 万亿卢布，降幅达 21%。

表 9 – 1 俄罗斯联邦政府预算收入结构

年份 项目	2008	2009	2010	2011	2012	2013	2014	2015	2016	2017
联邦财政收入（亿卢布）	92759	73378	83054	113677	128555	130199	144969	136592	134601	150895
油气收入（亿卢布）	43894	29840	38307	56418	64532	65340	74338	58627	48440	59719
非油气收入（亿卢布）	48865	43538	44747	57259	64024	64859	70631	77966	86161	91176
联邦预算收入占比（%）	100	100	100	100	100	100	100	100	100	100
油气收入占比（%）	47.3	40.7	46.1	49.6	50.2	50.2	51.3	42.9	36.0	39.6
非油气收入占比（%）	52.7	59.3	53.9	50.4	49.8	49.8	48.7	57.1	64.0	60.4

资料来源：根据俄罗斯财政部网站数据测算。

2014 年后，随着国际油价的暴跌，俄罗斯的油气收入也出现了显著下滑，2015 ~ 2016 年，俄罗斯油气收入分别降至 5.9 万亿卢布和 4.8 万亿卢布，2016 年比 2014 年减少 34%，油气收入占俄罗斯联邦政府预算收入的比重也不断下降，2016 年降至 36%，达近十年来最低水平。2017 年，随着国际石油价格的回暖，俄罗斯获得了比预期高得多的油气收入，油气收入占联邦政府预算收入的比重也出现了回升，上升到 39.6%。

9.1.2 税收负担逐步下降，但仍高于欧亚经济同盟国平均水平

近年来，俄罗斯总体税收收入占 GDP 的比重已呈现出逐步下降的态势，由 2009 年的 30.9% 下降到 2016 年的 29.2%，减少了 1.7 个百分点，下降了 5.4%。从各税种税负分担情况来看，对俄罗斯

GDP 贡献度第一是强制社会保险缴费（7.35%），第二是增值税（5.34%），第三是个人所得税（3.51%），第四是矿产资源开采税（3.40%），第五是企业利润税（3.22%）和关税（3.06%）。从税收负担波动情况来看，税收负担较为稳定的是企业利润税和增值税，波动率不超过 1%；税收负担下降幅度较大的是关税和个人所得税，分别下降了 53.1% 和 18.2%；消费税、矿产开采税和社会保险缴费的税负则呈上升态势，分别上升了 77.5%、25% 和 23.9%（见表 9-2）。

表 9-2 　　　　　　　　俄罗斯税费收入占 GDP 比重　　　　　　单位：%

年份 项目	2009	2010	2011	2012	2013	2014	2015	2016
联邦汇总预算收入（亿卢布）	35.04	34.62	37.26	35.02	34.42	34.34	32.35	32.75
税费收入（亿卢布）	30.88	31.12	34.50	32.49	31.80	31.90	29.28	29.21
其中								
企业利润税	3.26	3.83	4.06	3.52	2.92	3.05	3.12	3.22
个人所得税	4.29	3.87	3.57	3.38	3.52	3.47	3.37	3.51
增值税	5.28	5.40	5.81	5.30	4.98	5.06	5.09	5.31
消费税	0.89	1.02	1.16	1.25	1.43	1.38	1.28	1.58
关税	6.52	6.74	8.25	7.62	7.00	7.09	4.04	3.06
矿产开采税	2.72	3.04	3.65	3.67	3.63	3.73	3.88	3.40
强制社会保险缴费	5.93	5.35	6.30	6.13	6.61	6.46	6.77	7.35
其他税费	1.99	1.88	1.71	1.62	1.71	1.67	1.73	1.78

资料来源：根据俄罗斯财政部网站数据测算。

相比欧亚经济联盟国家以及金砖国家来说，俄罗斯的税收负担还是要高于这些国家的平均水平。俄罗斯的税收负担比欧亚经济联盟国平均税负水平高出4.3%，比金砖国家平均税负水平高出6.2%（见图9－1）。①

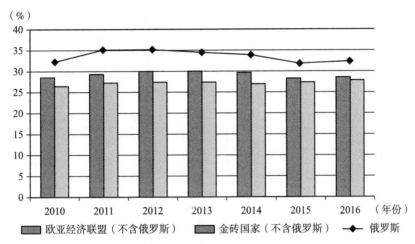

图9－1 俄罗斯及欧亚经济联盟国家和金砖国家税收负担

对于俄罗斯不同行业来说税收负担也存在着一定的差异，税负最高的是矿物开采业，平均税负是65.9%；其次是加工业和能源、水、气生产业，平均税负28.5%和27.3%；交通通讯、教育、金融和社会服务等行业的税收负担大致相近，都在21%～23%；医疗卫生、餐饮服务、批发零售等行业的税收负担大致在13%～17%；税收负担低于10%的是国家管理、军事安全、社会保险，以及农业和

① Основные направления бюджетной, налоговой и таможенно－тарифной политики на 2018 год и плановый период 2019 и 2020 годов.

林业。从发展变化情况来看，俄罗斯税收负担下降的行业有渔业、矿物开采业、建筑业、不动产服务业；其他行业的税收负担都有所提高，其中，增长幅度较快的有农业林业、教育、医疗卫生、批发零售和生活服务业（见表9-3）。

表9-3　　　　　　　　俄罗斯各行业税收负担情况　　　　　　单位：%

经济活动类型	2008 年	2009 年	2010 年	2011 年	2012 年	2013 年	2014 年
合计	25.3	21.4	21.7	24.9	25.8	25.3	26.2
农业林业	3.5	3.2	4.0	4.2	4.1	4.7	5.2
渔业	15.8	12.3	11.1	12.8	12.2	16.4	11.8
矿物开采业	76.8	59.5	58.1	62.9	63.6	66.8	73.6
加工业	24.4	24.1	26.8	28.9	32.2	32.2	30.9
能源、水、气生产	30.1	22.9	25.7	26.1	26.3	28.8	31.4
建筑业	21.7	21.1	18.1	18.6	18.7	18.8	19.6
批发零售、生活服务	11.6	11.8	10.9	13.9	16.6	15.1	16.3
饭店、餐馆	16.4	15	15.8	19.2	18	18	17.8
交通、通讯	22	23.6	23.2	26.4	25.5	22	23.5
金融活动	22	17.3	20.5	25.4	25.1	23.5	22.9
不动产服务	23.9	17.5	18.9	23.8	20.8	20.8	21.4
国家管理、军事安全、社会保险	8.4	7.8	7.6	9.3	8.6	8.3	8.5
教育	19.2	19.1	19.9	24.4	26.4	27.1	28.7
医疗卫生	13.1	13.1	13.6	16.4	20.5	17.7	17.6
其他公用事业、社会和个人服务	21.1	20.9	18.5	22.5	20.1	24.6	24.1

资料来源：根据俄罗斯财政部网站数据测算。

9.1.3　税收改革缺乏系统性，税收优惠及减免过多

俄罗斯存在于税收结构和质量方面的问题主要在于税收优惠及减免过多过滥，以至于带来了明显的社会福利损失。从税收的中性、公平与效率，以及税收征管的便利性、税收法律的遵从性等方面来看，俄罗斯的税收征管质量与税收现代化国家还存在一定的差距，还需要在税收先进性及效率性上予以进一步提升。

20 世纪 90 年代及 21 世纪初期，本着简化税制的原则，俄罗斯对税收优惠进行了大范围清理，但 2007 年以后，俄罗斯的税收优惠又出现了重新扩大的态势，多个主体税种都在税法中保留了税收优惠，这些税收优惠不仅范围狭窄，且个性化特征突出，例如企业利润税指定给开发银行（国营企业）、住房和公用事业改革推动基金以及融资租赁业的税收优惠，使得税收优惠不仅过细且具有非普惠性。除此之外，部分税种还保留了对自然垄断的优惠，例如组织财产税给民用铁路运输、管道干线、能源输送线路等的税收优惠。

在没有全面评估税收优惠政策潜在影响的情况下，盲目扩大税收优惠会对国家预算收入和经济活动带来不利的影响，不仅会导致国家税式支出大幅度增长，影响国家财政预算平衡，不合理的优惠机制还会扭曲激励机制，恶化竞争环境，对宏观经济稳定产生负面影响。

9.1.4　人口老龄化影响显著，税收缺乏长期可持续性

对于俄罗斯财政预算收入来说，人口也是一个非常重要的因素。按照联合国的统计，俄罗斯 2020 年 60 岁以上的老龄人口占比将由现在的 17.8% 上升到 21.6% ~ 22.7%，2050 年 60 岁以上的老龄人

口将超过全部人口的 1/3，这不仅会导致医疗、养老和社会保险支出全面提高，还会严重影响俄罗斯税收发展的长期可持续性。

9.2　俄罗斯税收改革的主要方向和政策

不论对俄罗斯还是世界上其他国家来说，税收收入都是国家财政最为重要的收入来源，是关系国家政权巩固、经济发展、社会稳定及公平正义实现的国之重器，是保障经济社会正常运行、国家资源有效配置的重要工具。由此，针对税收制度存在的不足及面临的诸多现实问题，俄罗斯不断修正与完善其税收制度改革的主要方向。

9.2.1　俄罗斯税收改革的主要方向

针对当前税收制度面临的多重挑战，俄罗斯将其税收制度改革的主要方向确定为：①扩大税收收入，平衡国家预算；②优化税收收入结构，摆脱对能源的依赖；③提高税收征管水平，提升税收公平与效率。

1. 扩大税收收入，平衡国家预算

税收是国家财政最为重要的收入来源，也是保障国家财政预算平衡的重要手段。对于俄罗斯来说，保障预算平衡是税制改革的第一要务。2013 年以来，在经济步入下行阶段、国际石油价格暴跌、西方制裁不断加剧等多重压力之下，俄罗斯政府预算收入增长减缓，但支出依然刚性扩张，导致财政预算赤字频现，2013 ~ 2017 年俄罗斯政府预算一致处于赤字状态（见表 9 - 4）。

表 9 – 4 俄罗斯联邦汇总预算平衡情况

年份 项目	2011	2012	2013	2014	2015	2016	2017
联邦汇总预算收入（亿卢布）	208537	234352	244427	267661	269220	281815	303260
联邦汇总预算支出（亿卢布）	200048	231747	252909	276117	297515	313237	323740
联邦汇总预算赤字（亿卢布）	8489	2605	– 8482	– 8456	– 28295	– 31422	– 20480
联邦汇总预算收入比重（%）	38.4	37.6	36.6	37.5	33.1	32.6	32.9
联邦汇总预算支出比重（%）	36.8	37.2	37.9	38.7	36.6	36.2	35.1
联邦汇总预算赤字比重（%）	1.6	0.4	– 1.3	– 1.2	– 3.5	– 3.6	– 2.2

注：2017 年为预计执行数。
资料来源：根据俄罗斯财政部网站数据测算。

2011～2016 年，俄罗斯联邦汇总预算收入由 208537 亿卢布增长到 281815 亿卢布，增长了 35.1%，同期，俄罗斯联邦汇总预算支出由 200048 亿卢布增长到 313237 亿卢布，增长了 56.6%。预算支出较高的增长速度不仅使俄罗斯联邦汇总预算由盈余转为赤字，还使联邦汇总预算赤字不断增大，由 2013 年的 8482 亿卢布扩大到 2016 年的 31422 亿卢布，预算赤字占 GDP 的比重也随之上升，由 2013 年的 1.3% 上升到 2016 年的 3.6%（见表 9 – 4）。

据俄罗斯财政部预计，2018～2020 年俄罗斯政府预算这样一种收不抵支的态势还将持续下去，但其绝对规模会逐步缩小。2018～2020 年，俄罗斯联邦汇总预算赤字规模将逐步由 18430 亿卢布减少到 10350 亿卢布，占 GDP 的比重也将由 1.9% 下降到 1.0%，但仍将处于赤字状态之中（见表 9 – 5）。

表 9 – 5　　　　　　　　2017～2020 年俄罗斯联邦汇总预算预期

项目 \ 年份	2017	2018	2019	2020
联邦汇总预算收入（亿卢布）	303260	312240	326990	335790
联邦汇总预算支出（亿卢布）	323740	330670	338570	346140
联邦汇总预算赤字（亿卢布）	− 20480	− 18430	− 11580	− 10350
联邦汇总预算收入占 GDP 的比重（％）	32.9	32.3	32.0	31.1
联邦汇总预算支出占 GDP	35.1	34.2	33.2	32.1
联邦汇总预算赤字	− 2.2	− 1.9	− 1.1	− 1.0

资料来源：《Основные направления бюджетной, налоговой и таможенно – тарифной политики на 2018 год и плановый период 2019 и 2020 годов》。

　　预算赤字的持续存在，使优化税收制度、促进经济发展成为俄罗斯税制改革的重要任务。要增加税收收入就需要扩大征税、提高税负，而税负的加重不仅会恶化俄罗斯的投资环境，还会降低俄罗斯企业的国际竞争力，进而对经济复苏产生不利影响。提高税负显然并非良好的选择，但相比超发货币、盲目扩大债务可能引发的宏观经济失衡，以税制改革实现对预算平衡的保障，对于俄罗斯来说依然是更为有效及现实的选择。

　　由此，面对这样一个两难抉择，俄罗斯认为，对社会经济影响最小的税制改革举措就是提高增值税税率，其原因在于：①从对经济带来负面影响的角度来看，提高增值税税率对消费带来的影响，远比加大对投资与劳动力课税要低得多；②基于对出口课征的是零税率，提高增值税的基础税率并不会影响俄罗斯企业的国际竞争力；③相比其他税种，增值税收入受国际市场行情影响较小，增值税收入的提高可优化俄罗斯税收收入结构，摆脱对国际市场行情的依赖。

据有关部门测算，将增值税税率由当前的18%提高到22%，可促使预算收入占GDP的比重增长2~3个百分点。目前，俄罗斯正在计划将增值税的税率由18%提高到22%。本章9.3节将对此予以详细探讨。

2. 优化税收收入结构，摆脱对能源的依赖

正如本章9.1所述，在俄罗斯政府预算中来自油气的收入占比极高，占到了政府预算收入的半壁江山。油气收入如此庞大的规模，使俄罗斯联邦政府预算深受国际石油价格的影响，石油价格上升则联邦政府预算收入上涨，石油价格下跌则联邦政府预算收入下降，国际石油价格不仅成为影响俄罗斯联邦政府预算的重要因素，也成为西方国家控制与制约俄罗斯的政治经济手段。为此，降低油气收入占比，摆脱油气价格对俄罗斯联邦政府预算的影响，一直是俄罗斯税制改革追求的目标，但这一目标实现得并不良好。

2015年以来，随着西方对俄罗斯制裁不断加剧，国际油价持续暴跌，俄油气收入锐减，使俄罗斯不得不重新审视政府预算对油气收入的依赖问题。痛定思痛，俄政府开始积极着手相关改革，试图通过调整油气税收课征方式，降低油气税收占比，优化预算收入结构，保障俄罗斯税收收入的长期可持续性发展。

本书第8章从油气税制改革的角度，探讨了俄罗斯为摆脱油气依赖在相关税制方面进行的改革，并对俄罗斯油气税制改革的效益及未来发展趋势进行了详细分析，鉴于篇幅限制，本部分不再赘述。

3. 规范税收征管，提高征税的公平与效率

税收公平与效率的缺失会导致经济决策及竞争的失效，市场寻租及滥用职权现象的泛滥，其负面效应极为显著。为此，需要从削减税收减免、完善税法等方面，规范税收征管，提高税收的公平与效率。

（1）规范税收优惠及减免，保障税收课征公平。

当前俄罗斯的税收优惠及减免不仅过多，且偏向于强势及垄断行业及部门，不具有普惠性。为此，俄罗斯有关部门及专家指出，应对各个税种的税收优惠进行普遍清理：一是减少税收优惠数量；二是压缩税收优惠范围，对于不具有普惠性质的税收优惠一律取消，例如取消对铁路、管道运输、输电线路等垄断行业的财产税优惠等。

（2）完善相关税收法律，提高税收征管效率。

从提高税收征管效率的角度来说，强化税收征管具有极为积极的意义，而其中，通过税收立法规范合法减税与非法避税之间的界限，则是提高税收征管质量的重要前提条件。为此，俄罗斯专家指出，应做到：①完善相关税收法律解释与说明机制，当纳税人遵守法律法规的要求，在法律禁止范围之外降低自身承担的税收负担，应视为合法行为。②完善税收争议预审程序，对有争议的税收问题应由财政部予以统一解释，由税务部门予以统一执行。③构建违反税收法规责任制度，限制税务检查官员自由裁量权的过度行使。④严格区分税收违法以及行政违规之间的区别，避免税收处罚和行政处罚的重复。⑤在税收法律中添加无"商业目的"条款。国际经验表明，通过税法向纳税人提供税收处罚之外的税法遵循奖励措施，即明确表示税收管理不具有"商业目的"，会更有效地促进税收征管质量的提升。无"商业目的"有助于纳税人对自身纳税行为

后果的思考与预期，也将有助于税收普遍性与公平性的实现。

9.2.2 俄罗斯税收发展政策

2018～2020 年，俄罗斯将税制改革的目标设定为：通过降低税率、优化税收计算及支付方法、提高税收管理效率，实现简化税收制度、降低税收负担、促进国家经济稳定发展的目的，防止居民财务状况恶化，落实国情咨文任务，促进反危机措施实施等国家发展任务的实现。为此，俄罗斯政府将 2018～2020 年的税收政策确定为：在保持税收中性，不增加纳税人负担原则的基础上，优化税制结构，降低税收收入对能源的依赖；规范减免税，促进小微企业发展；强化税收征管，加强对网络零售贸易的征税。具体为：

1. 完善石油开采税制

为优化税制结构，降低税收收入对能源的依赖，俄罗斯计划 2019 年开征超额收入税（НДД，налоге на дополнительный доход）。所谓超额收入税是指扣除开采和运输成本之后，对石油企业所获石油收入增加值课征的税收，预计税率在 50% 左右。由于超额收入税分段课税，初期税率较低，有利于降低新产区开采及运作成本，新产区成熟后税率会相应提高以弥补第一阶段税收的损失。为限制企业夸大成本、缩小利润，对于成熟油田来说，其碳氢化合物原料的生产成本限定于每吨 9520 卢布，每年随通货膨胀指数上升。对于这一扣除标准，经过试点再对其进行调整。

2. 刺激小微企业发展

（1）减免个人服务税费。

俄罗斯有关部门提出，应为减少经济活动人口的非规范雇用服务，如保洁、家政、家教，照顾儿童、病人和老人，应对非个体业主的居民个人自愿向其他居民提供上述服务的，免征个人所得税及社会保险缴费。为了避免现有个体业主利用本项政策逃避纳税和缴费，免税个人将被限定为未进行过个体业主注册登记的个人。为配合此项改革措施的落地，俄罗斯还同时还需要对《民法》关于自营职业公民的法律权利及地位进行重新界定。

（2）对个体企业税控收银机的购买实施免税。

为促进统一收入认定税纳税个体业主尽快安装税控收银机，俄罗斯规定，从2018年7月1日开始，按照专门税制规定可视为统一收入认定税纳税人且未安装税控收银机的个体业主，可从其统一收入认定税的应税收入中扣除购买税控收银机的支出，但每台收银机的税收减免额不得超过18000卢布。与此同时，俄罗斯政府正在研究通过向税控收银机制造商提供联邦预算补贴，降低税控收银机制作成本的措施。

（3）缩短统一收入认定税减免系数调整期限。

当前，俄罗斯统一收入认定税减免系数每3年调整一次，2018～2020年，俄罗斯将通过立法程序对统一收入认定税减免系数确定时限进行调整，由3年调整一次改为每年依照通货膨胀预期水平进行调整，调整期限的缩短会有助于控制俄罗斯中小企业税收负担的增长。

3. 减免个人所得税，债券利息收入免税

在对流通债券利息（票息）课征个人所得税时，俄罗斯相关部门正在研究降低税率（包括降低至零税率）的问题。目前，俄罗斯公民投资债券的损失风险明显高于银行存款。针对储蓄俄罗斯已从立法层面构建起储蓄保险制度。由此，如果不能改善债券投资利息所得的课税方法，在投资回报大体相当的情况下，相较于银行储蓄的安全，任何一个成熟的投资者都无法无视债券投资的高风险视。

4. 强化税收征管，合理确定非税收入范围

为了减轻企业的经营管理负担，俄罗斯计划对所有非税收入进行全面梳理，以确定具有税收性质的收费范围，并通过《税法典》予以明确。

与此同时，俄罗斯还计划通过数字化税收管理，提高税收征集率，减轻纳税人税收负担。自 2018 年 7 月 1 日起，俄罗斯将开始对网上零售交易课税，税务机关与海关将就基础数据、管理系统实施对接与共享。

9.3　俄罗斯主体税种改革路径选择

在俄罗斯税收体系中占据主导地位的税种有增值税、个人所得税、企业利润税和消费税。本书第 3 章和第 4 章对这些税种的概念界定、课征要求、管理规定及改革进程进行了详细梳理，本节则是对这些税种改革趋势的探讨。

9.3.1　增值税改革

增值税是俄罗斯最为重要的税种，占俄罗斯联邦汇总预算收入的比重超过 15%。因税收规模大、占联邦汇总预算收入比重高、涉税企业数量众多，任何一项微小的改革都会引发系列连锁反应，对增值税改革俄罗斯一直都采取较为谨慎的态度，自 1992 年开征起，虽然每年也有微调，但根本性的变革总体来说相对较少。

1. 俄罗斯增值税改革的基本特点

俄罗斯是在借鉴欧洲经验的基础上设立增值税的，俄罗斯增值

税由此从基本概念设定、税收法律确定、税率结构安排、征缴对象设计等方面，都与欧洲国家的增值税保持高度一致，使俄罗斯的增值税改革具有以下特点：①以欧洲标准确定增值税货物及劳务销售地，引入零税率及其他技术标准，添加个体业主为增值税纳税人；②引入增值税免税机制；③以单一比例税率（不包括零税率）课征增值税；④向权责发生制转换，增值税的课征由税收负担产生之时转向扣除权限获得之时；⑤依照国际惯例缩小标准免税清单范围；⑥统一按目的地国税率课征增值税，而不论对方是否为贸易伙伴国（改革前对独联体国家按照原产国税率征收）；⑦享有基本建设投资税收扣除权的时限由固定资产登记之时转为投资支付之时（20 世纪90 年代曾规定要向基本建设供应商和承包商"摊销"一定金额的增值税，其中包括税收扣除）；⑧制定增值税零税率税收返还申请机制和统一申报表；⑨对税收立法中涉及的其他细节性问题予以明确规定，包括增值税返还程序。

2. 俄罗斯增值税改革的方向选择

关于增值税未来的改革与发展，在俄罗斯的不同时期有不同的改革思想，一种是降低增值税税率，另一种则是提高增值税税率。

（1）降低增值税税率。

2008 年 4 月，俄罗斯经济发展部发函给财政部，征集有关完善税收政策的建议①，在这封信中经济发展部特别强调，希望能从2009 年开始将增值税的基础税率降到 12% ~ 13%，同时取消增值税

---

① 2008 年 4 月 7 日，俄罗斯联邦经济发展部副部长 С. С. Воскресенский 给财政部副部长 С. Д. Шаталов 去函《关于税收政策首要措施》（第 4242 – СВ/Д01 号）。

低税率，提高消费税税率。

　　俄罗斯经济发展部提出降低增值税税率的理由在于：降低增值税税率符合国际发展趋势，不少欧洲国家都在降低增值税税率，而且，降低增值税税率有利于解决俄罗斯增值税征集率偏低的问题。

　　俄罗斯经济发展部的此项提议并未获得财政部的认同，在对世界各国增值税制度进行详细考察后，俄罗斯财政部认为，俄罗斯在增值税领域的首要问题并非税率，因为俄罗斯增值税的税率已远远低于大多数欧盟国家，而且近10年来欧盟国家的增值税税率改革已出现不降反升的态势（见表9-6）。

表9-6　　经济合作和发展组织国家增值税基础税率变化情况　　单位：%

年份 国家	1975	1980	1985	1990	1995	2000	2005	2007
澳大利亚	—	—	—	—	—	10	10	10
奥地利	16	18	20	20	20	20	20	20
比利时	18	16	19	19	20.5	21	21	21
加拿大	—	—	—	—	7	7	7	7
捷克					22	22	19	19
丹麦	15	22	22	22	25	25	25	25
芬兰	—	—	—	—	22	22	22	22
法国	20	17.6	18.6	18.6	20.6	20.6	19.6	19.6
德国	11	13	14	14	15	16	16	19
希腊	—	—	—	18	18	18	19	19
匈牙利	—	—	—	25	25	25	20	20
冰岛	—	—	—	22	24.5	24.5	24.5	24.5
爱尔兰	19.5	25	23	23	21	21	21	21

年份\国家	1975	1980	1985	1990	1995	2000	2005	2007
意大利	12	15	18	19	19	20	20	20
日本	—	—	—	3	3	5	5	5
韩国		10	10	10	10	10	10	10
卢森堡	10	10	12	12	15	15	15	15
墨西哥		10	15	15	15	15	15	15
荷兰	16	18	19	18.5	17.5	17.5	19	19
新西兰	—	—	—	—	22	22	22	22
挪威		20	20	20	20	23	25	25
波兰	—	—	—	—	22	22	22	22
葡萄牙				17	17	17	21	21
斯洛伐克					23	23	19	19
西班牙				12	16	16	16	16
瑞典	17.65	20.63	23.46	23.46	25	25	25	25
瑞士					6.5	7.5	7.6	7.6
土耳其	—	—	—	10	15	17	18	18
英国	8	15	15	15	17.5	17.5	17.5	17.5
美国	—	—	—	—	—	—	—	—

资料来源：OECD 收入统计。

如表 9 - 6 数据显示，1975～2007 年，在 OECD 的 30 个国家中，总计提高增值税税率（不算最初开征增值税）的频率为 41 次，而降低税率的频次只有 11 次。而且在两个国家（荷兰和法国）还出现了这样的现象，即在降低增值税税率后，因预算收入不足，不得不又重新提高税率。

此外，针对俄罗斯经济发展部提出"俄罗斯增值税实际征收率过低"这一降低增值税税率的理由，俄罗斯财政部指出，所谓税收

征集率（C-efficiency）是衡量税收管理效率的国际通行指标，即增
值税实际收入与增值税基本税率和应纳税额相乘得出的增值税总收
入之间的比率，征集率反映了有效税率与名义税率之间的相互关
系。征集率低表明税收管理质量低下，或因税收减免和优惠税率使
大量税基流失，通过提高税收管理水平、减少税收优惠幅度即可有
效提高税收征集率，解决俄罗斯增值税实际征收率过低这一问题，
此问题与增值税税率高低与否并无直接关联，降低增值税税率并非
提高俄罗斯实际征收率的有效手段。而且，发达国家的税收征集率
一般保持在42%～65%，俄罗斯增值税的实际征收率与此大体相当
（见表9-7），并不存在明显差异①。因此，主降派提出的"如此低
下的征集率在发达国家是不可接受"的这一结论是不成立的。据此
提出降低增值税税率的要求也是不够科学合理。

表9-7　　　　　　　2003～2007年俄罗斯增值税征集率　　　　　　单位：%

指标 ＼ 年份	2003	2004	2005	2006	2007
增值税收入合计占 GDP 比重	6.66	6.27	6.81	5.62	6.86
扣除"尤科斯公司"一次性收入后的增值税收入占 GDP 比重	6.66	6.27	6.18	5.62	6.13
最终消费占 GDP 比重	68.15	66.88	66.42	66.00	65.76
增值税基本税率	20	18	18	18	18
税收征集率	48.9	52.1	51.7	47.3	51.8

资料来源：俄罗斯财政部。

---

① OECD Consumption Tax Trends 2006 and OECD calculations.

关于俄罗斯实业家和企业家联合会以及"实务俄罗斯"提出降低增值税税率的另一个理由，即增值税抑制了高附加值经济领域的发展。俄罗斯财政部也予以了反驳，认为这一理由同样不成立。

俄罗斯实业家和企业家联合会以及"实务俄罗斯"认为，作为间接税，增值税最终或由商品（工程、劳务）的直接消费者承担，或由购买这些财富的人承担。因此，在市场参与者没有发生变化的情况下，从降低税率中唯一获益的只有消费者，他们实际上从国家得到了相当于增值税应税商品、加工和劳务零售价格 5%～6% 的折扣。

但俄罗斯财政部通过研究指出，这一假想被夸大，真实情况是，降低增值税税率将会导致一系列相互作用因素发生变化：如税前价格组成因素、供需总量、资金在资本和劳动力之间的分配，以及预算收入和支出等。因此，降低增值税的直接好处将在家庭经济和商品（工程、劳务）生产者间依其相互依存关系转换，而增值税的税收负担也因同样的缘由在两者间配置，即取决于商品（工程、劳务）的需求和供给弹性，而不取决于新增产值的规模。降低增值税率可能将只会有益于诸如酒类等"创新"领域的生产者，因为对酒类产品的需求是没有弹性的，降低增值税税率的所有优惠都将由生产者获得。

由此，俄罗斯财政部认为，以降低增值税税率的方式实现刺激投资其实质意义并不大，特别是从长期来看，降低增值税税率实际上还会引发负面效应，与政府为弥补降低增值税税率带来的预算收入损失而试图采取的其他税收改革（如提高消费税税率或以销售税取代增值税）相比，维持现有增值税税率可能带来的收入波动和比例失调的风险会更小一些。

（2）提高增值税税率。

2008 年金融危机之后，降低增值税税率的改革逐步淡出各国税制改革的舞台，取而代之的是提高增值税税率。2009 年，拉脱维亚将增值税标准税率从 18% 提高到 21%，2011 年进一步提高到 22%；以色列将增值税税率由 15.5% 提高到 16%；德国将增值税税率由 19% 提高到 23%；葡萄牙将增值税税率由 21% 提高到 23%；法国将增值税税率由 19.6% 提高到 21.2%。

在这样一种增值税改革的世界潮流影响下，俄罗斯财政部也提出提高增值税税率的改革方案。但此时俄罗斯提高增值税税率的主要原因已不在于弥补预算收入，而是因其课税理念发生了根本性改变。20 世纪 90 年代，俄罗斯认为，应该像西方国家一样，提高直接税（特别是所得税）比重，降低间接税比重。但近年来俄罗斯官方已不断释放一种信号，即税制改革应将税收负担逐步转移至间接税，提高间接税，降低所得税，在减轻居民及企业负担的同时促进消费发展。

在俄罗斯，最早提出提高增值税税率建议的是盖达尔研究所。盖达尔研究所认为，应该将增值税税率提高 2 个百分点，由 18% 提高到 20%。通过详细测算盖达尔研究所指出，将增值税税率提高到 20%，可以促进国内生产总值增长 1%，但超过这一幅度的税率增长则会恶化俄罗斯企业的竞争力，使其在全球竞争中处于不利地位。

2017 年 3 月，俄罗斯财政部部长西卢阿诺夫（Антон Силуанов）在参加俄罗斯工业和企业家联盟经济评论周税务论坛时指出，俄罗斯增值税税率预计将由 18% 调高到 22%，同时继续保留给予农业、教育、医疗行业的优惠。

西卢阿诺夫指出，在提高增值税税率的同时，俄罗斯将降低社会保险缴费费率，将社会保险缴费费率由30%降低到22%，以保障企业税收负担不增加，预算收入不受影响。尽管如此，增值税税率的提高还是会使俄罗斯通货膨胀率一次性提高2个百分点。对于降低社会保险缴费费率的原因，西卢阿诺夫的理由是：在总体税负水平保险稳定的情况下，将社会保险缴费负担转移到间接税上，有利于减轻企业的工资基金负担，降低灰色收入规模。当前，俄罗斯的社会保险缴费费率不仅在发展中国家中处于较高水平，就是对于发达国家来说也处于高位（俄罗斯社会保险缴费费率为30%，其中，22%上缴养老保险基金，5.1%上缴强制养老保险基金，2.9%上缴社会保险基金）。由此，需要降低社会保险缴费水平，社会保险缴费费率降低带来的预算收入损失将由增值税税率提高予以弥补。

对于增值税改革要达成的目的，西卢阿诺夫认为应面向三个问题的解决：①利用增值税改革对增收的收入进行重新分配，实现2012年5月总统令提出的提高部分领域人员工资的目标，可进行重新分配的财政资金大约有1500亿卢布。②促进出口企业发展。③将自谋职业公民的"灰色"工资和收入洗白，使洗白后的劳动者与非规范性领域劳动者拥有同样的竞争力。俄罗斯当前每年的"灰色"工资和收入大约有5万亿~10万亿卢布。

针对财政部的这一动议，俄罗斯国内不少专家表示需要谨慎对待，因为从预算收入平衡的角度来说，社会保险缴费费率降低，增值税税率提高，其结果是中性的，不会带来预算失衡的风险，但需要慎重考虑的是：增值税税率的提高将引发物价全面上涨。由于增值税的税收负担会完全落在最终消费者，即普通公民、领取薪金和养老金者身上，增值税税率的提升将会对不同群体带来不同的影响。对于领取薪金的人来说，在长期预期的情况下，社会缴费减少会带来薪酬调整甚至增加，增值税税率提升的负面效应会被工资福利的提升所抵消，但对于养老金领取者和低收入者来说，情况就会发生变化。增值税税率的提高将直接导致养老金领取者和低收入者生活水平的明显恶化。在危机持续、居民收入大幅度下降、贫困问题突出的情况下，提升增值税税率，特别是大幅度提升增值税税率显然会引发一定的社会问题。

俄罗斯劳动部也不同意财政部的提议，因为减少保险缴费不仅将使养老基金损失 2 万亿卢布的收入，而且，由于增值税全额上缴联邦预算，会不利于参与社会保险缴费分享的联邦主体预算。

在各方意见分歧较大而难以统一的情况下，俄罗斯未能在 2017 年内完成对增值税的改革，其改革方案也未能提交给国家杜马审议，相应地，也未能纳入 2017 年《税法典》的修订之中，但俄罗斯财政部还是希望，该提案能够在 2018 年获得国家杜马批准，2019 年正式实施。

9.3.2　个人所得税改革

21 世纪以来，俄罗斯以单一税制为核心的个人所得税改革引起了全世界的高度关注。虽有部分专家认为单一税制不利于收入再分配及社会公平的实现，会削弱所得税的"自动稳定器"功能，对财政收入产生不利影响，但俄罗斯个人所得税改革实践证明，在税收秩序混乱、灰色经济活跃、税收遵从度偏低等问题普遍存在的情况下，以降低税率、拓宽税基、简化税制为原则的单一税率更符合俄罗斯个人所得税改革的实际需求。

1. 俄罗斯个人所得税改革的主要内容

2000 年前，俄罗斯个人所得税收入在税赋总额中所占份额极低，仅为 6.5%，远低于同期发达国家和转轨国家 25% ~ 35% 的这一比重。虽然导致俄罗斯个人所得税收入低迷的原因有许多，如居民收入水平偏低、税法复杂、税收优惠过多、税收征管薄弱，但其最根本的引致因素还在于：名义税负过高，偷漏税、特别是高收入阶层偷漏税现象严重，灰色经济大量泛滥。根据有关方面评估，2000 年俄罗斯隐性工资超过工资基金总额的 50%，而在居民的收入结构中，工资收入仅占全部所得的 2/3，其余 1/3 为难以监控的其他各类来源收入。由此，改革前俄罗斯的灰色收入几乎占到应税收入的 50%。普遍存在的偷漏税现象使俄罗斯财政每年遭受的损失超过 GDP 的 3%。[1]

鉴于全社会普遍无法接受过高的名义税率，偷漏税规模庞大，税收遵从度极低，俄罗斯当局认识到，降低所得税率将是优化所得税制、促使居民收入合法化、提高纳税遵从度、扩大税基，最终全面提高国家及地方财政收入的良好选择。为此，俄罗斯于 2000 年宣布实行以单一税率为核心的个人所得税改革，并将个人所得税改革的基本目标锁定为：降低税率、促进收入合法化、提高个人所得税在经济中的实际地位。从 2001 年 1 月 1 日起，俄罗斯取消了原有的个人所得税三级超额累进税制，将普遍适用税率确定为 13%。

---

[1]　Синельников – Мурылев С. , Оценка результатов реформы подоходного налога в Российской Федерации. Научные труды ИЭПП. №52. М. , 2003.

俄罗斯个人所得税单一税率改革带来的积极效应是极为显著的。
在个人所得税改革启动之前，俄罗斯财政部对改革可能带来的各种
影响进行了全面评估。评估结果不甚乐观：调整税率、提高税收标
准扣除将使个人所得税减收 422 亿卢布，收入合法化、取消养老基
金提成和税收优惠，以及居民名义和实际收入的增长，将使税收收
入增长 583 亿卢布。正负效应相抵，2001 年俄个税收入预计增长
161 亿卢布。但正如表 9 - 8 数据所显示的那样，2001 年俄个人所得
税的实际收入情况远好于财政部预期。2001 年俄个税收入 2555 亿
卢布，超出预计规模 34.3%，是 2000 年的 1.5 倍；扣除 18.6% 的
通货膨胀率，实际增长 28.1%，是居民实际收入增幅的 2.8 倍。

随着收入规模扩大，个人所得税对俄罗斯宏观经济的影响力也
逐步增强，个税收入占俄罗斯 GDP 的比重由 2000 年的 2.4% 上升到
2001 年的 2.9%，提高了近 20.8%（见表 9 - 8）。

表 9 - 8　　　俄罗斯 2000～2001 年个人所得税收入情况

指标	2000 年	2001 年
个人所得税收入（10 亿卢布）	174.2	255.5（实际收入）
		190.3（预计收入）
个人所得税收入占 GDP 比重（%）	2.4	2.9（实际收入）
		2.5（预计收入）
个人所得税收入与上年相比实际增长幅度（%）	9.0	28.1
居民实际收入与上年相比增长幅度（%）	13.4	10.0
所得税收入净增长幅度（%）	-4.4	18.1

资料来源：根据俄罗斯税务总局、财政部、国家统计局的数据计算。

由此可见，个人所得税制改革为俄罗斯社会经济带来了极强的正效应：不仅扩大了应税税基、降低了税收征纳成本，促进了政府财政收入的提高；还弱化了高收入阶层偷逃税动机，提高了税收遵从度，加速了灰色收入合法化；并有效提高了纳税人的工作积极性。具体表现为：

（1）预算收入组织能力不断增强。

税制改革前，过高的累进税率使俄罗斯纳税人千方百计隐瞒收入、偷税漏税，偷逃税数额巨大。据统计，2000 年仅偷漏税一项就给俄罗斯财政带来 800 多亿卢布的损失，约为当年个人所得税收入的一半。税制改革后，单一税率使俄罗斯纳税人隐瞒收入的现象大为减少，个人所得税收入逐年快速提升。2001～2016 年，俄罗斯个人所得税收入连年快速增长，占国内生产总值的比重由 2000 年的 2.4%，上升到 2016 年的 3.5%，提高了 22.7%（见表 9 - 9），占税收收入的比重由 6.5% 上升到 10.8%，上升了 66.2%，超越企业利润税成为俄罗斯第二大税种（不含社会保险缴费）。

表 9 - 9　　　　　　　　**俄罗斯个人所得税收入占 GDP 比重**

年度	2001	2002	2003	2004	2005	2006	2007	2008
个人所得税占比（%）	2.86	3.31	3.44	3.37	3.27	3.47	3.84	4.01
年度	2009	2010	2011	2012	2013	2014	2015	2016
个人所得税占比（%）	4.29	3.87	3.57	3.38	3.52	3.47	3.37	3.51

资料来源：根据俄罗斯税务总局、俄罗斯财政部、俄罗斯统计局的数据计算。

（2）税收遵从度不断提高。

分析表 9 - 8 数据可发现，2001 年俄罗斯个人所得税收入的增速约为居民收入增速的 2 倍。所得税此种增长模式表明，俄个税收入的增长并非完全依赖居民收入的提高，对个税收入实际影响最大的还是税制结构的调整与优化。税率调整为俄个人所得税带来了近60% 的税源，而这首先应归功于高收入阶层的收入合法化。[①]

改革前，俄罗斯90% 以上的个人所得税来自中低收入居民，这部分人偷漏税比重最低。富人适用的税率表面上很高，但通过大量的税收扣除和钻税法漏洞，其实际税负要远远低于名义税率。单一税率的实施使俄罗斯针对高收入纳税群体的税率出现了大幅度下降，再加上雇主应缴纳的统一社会税率由38.5% 下调到26%，使高收入人群的减税效应成倍扩大。在税负大幅度下降、偷漏税处罚力度加大的情况下，逃税成本提高、纳税成本降低，促使绝大部分高收入人群选择依法纳税。

（3）增进低收入群体社会福利。

在评价俄罗斯个人所得税改革时，有不少人指出：单一税率加重了俄罗斯90% 低收入居民的税收负担，因为税率由12% 上调至13%。税率的提高严重损害了低收入群体的利益，有悖于税收公平原则的实现。但这是对俄罗斯个人所得税改革的一种误读。事实上，俄罗斯个人所得税改革并未对低收入阶层的实际利益产生任何影响。改革前俄罗斯普通居民承担的实际税负就是13% ~12% 的个人所得税以及1% 的社会保障（养老准备金）缴款。本着简化税制的原则，本次改革将针对普通居民所得课征的两项税费——个人所

---

① Синельников‐Мурылев С., Оценка результатов реформы подоходного налога в Российской Федерации. Научные труды ИЭПП. №52. М., 2003.

得税和上缴预算外养老基金的养老准备金缴款合而为一，统一计征，此即为俄罗斯将个人所得税率统一设定为 13% 的缘由。由此，对于 90% 的俄罗斯低收入纳税人来说，单一税率改革并未加重其税收负担。

不仅如此，低收入群体的税收负担还因各项针对性极强的税收扣除，例如子女抚养扣除、教育支出扣除和医疗支出扣除的实施得以有效减轻。除此之外，简化税制更是为低收入纳税群体提供了实际的优惠和便利，使其不再因请不起会计师或缺乏其他的避税手段而遭受经济损失，带来了更为公平的分配结果。

（4）提高工作积极性。

长期以来，受自然资源、地理位置、气候条件以及计划经济等因素影响，有相当一部分俄罗斯人缺乏工作的主动性和积极性。加之俄罗斯人口稀少，劳动力短缺已成为困扰俄罗斯经济发展的一大瓶颈。由此，取消个人所得税累进税率，增加居民可支配收入，提高居民工作积极性，也是俄罗斯实施个人所得税改革的重要目标之一。

（5）简化税收征纳程序，降低税收课征成本。

单一税率使俄罗斯纳税人无须再花费大量的时间与金钱探寻降低适用税率级次的方法，大大降低了避税的社会成本。税务机关的管理支出也明显下降：单一税率简化了税收计算，使计税成本明显降低；改革后只有在需要社会扣除和财产扣除时，纳税人才有必要提交纳税申请以及支出证明文件，税收征管成本也因纳税申报人数的减少而明显降低。单一税率的实施使俄罗斯个人所得税征纳双方的社会成本和经济成本均得到有效控制。

综上所述，在此次个人所得税改革中，俄罗斯低收入阶层的福利不仅没有受到损害，实际上还有所增进，而在打击影子经济、促进灰色收入合法化、提高税收遵从度、组织财政收入、促进工作积极性等方面，单一税率的实际效用已远远超过累进税率。① 从这些方面来看，俄罗斯单一税率改革应是完全符合政府设定的改革目标，并已取得良好的改革效益。

2. 俄罗斯个人所得税改革发展趋势

单一税率虽然在课征效率上有所作为，但却无法掩盖自身的一些严重缺陷，诸如削弱了个人所得税调节收入分配的作用，不利于解决俄罗斯目前广泛存在的收入差距过大的现实问题。这些不利因素的存在，使俄罗斯究竟选择何种方式课征个人所得税的争论持续不断。俄罗斯财政部科研所所长高尔基曾极其尖锐地指出，所得税"已经变成了向富有阶层提供巨大优惠的机制"。俄联邦委员会主席米罗诺夫、俄联邦统计总署署长斯捷帕申、俄联邦税务总局前局长马克烈佐夫等人也强调，在世界经济危机大背景下，俄境内的"赤贫"人数在不断增加，超过俄总人口的14%。与此同时，福克斯富豪排行榜显示，身家超过10亿美元俄罗斯豪富的数量也在不断膨胀。社会贫富过于悬殊的差距，使通过累进制所得税课征实现收入二次分配，缩小贫富差距显得不仅十分必要，而且十分重要。基于此，单一税率不仅有悖税收课征的能力负担原则，而且也违背了税收的公平公正原则。

---

① Синельников – Мурылев С., Налоговая реформа в России: проблемы и решения. Научные труды ИЭПП. №67. М., 2003. С. 277 – 290.

面对这种不断高涨的呼声，俄罗斯政府表示，单一税率在短期内不会改变，因为俄罗斯目前的税收征管体系还很脆弱，工作效率不高，这样一种税收征管体系将无异于累进税率的实施。与此同时，以累进税率征收个人所得税在俄罗斯还存在不少实际障碍。

（1）税率累进或将引发负面财政效益。

在俄罗斯，对高收入居民的所得按累进税率课税的提议一直不乏支持者，然而，收入应从什么水平开始累进，税率的级次和级距该如何设计？在这些问题上要想达成一致是一件极为困难的社会性难题。目前，在俄罗斯支持率较高的一种看法是，对大多数纳税人继续按现行的比例税率课税，对有钱人按累进税率征税。但也有不少人，特别是财政学家对此提议的可操作性表示怀疑，他们认为，累进税率可能无法带来积极的财政效果。累进税率的主要针对富裕阶层，收入越高适用的税率越高。但事实证明，越是有钱人，其偷漏税的可能性也越大。俄罗斯税务局统计数据显示，目前在俄罗斯年工资收入超过 60 万卢布的高收入居民仅占就业总人数的 0.9%，这类纳税人的工资收入占工资基金总额的比重不到 13%。如果按累进税率课征个人所得税，实际上只有 13% ~ 20% 的税基适用于提高后的税率，也就是说，即使在没有偷漏税的情况下，累进税率带来的财政收益也将非常有限。如果再由此引发偷漏税行为，可能还会出现负面效果。

此外，累进税率还将导致税务部门监管成本的上升以及纳税人避税成本的上升。

（2）累进税率无助于刺激工作积极性。

理论研究表明，所得税累进税率会降低工作者的劳动积极性[1]。在累进税率下，劳动者每额外工作一小时获得的收入会越来越少，劳动积极性将随收入的减少逐步下降。而在所得税税率下降的情况下，边际储蓄倾向会上升，税后利率的提高等于减少必要消费支出的奖励，较低的比例税率由此具有了比累进税率更为客观的优越性，有利于促进劳动者增加劳动时间、推迟退休、更加积极地工作，减少长期失业率。

（3）累进税率不利于社会公平的实现。

累进税率设计的本意是缩小贫富差距，即通过对不同水平收入和不同种类收入采取不同的税负政策，使个人可支配收入发生总量和结构变动，以实现调节个人收入、公平分配结果的目的。然而，累进税率在理论上具有的公平与效率的优点，在俄罗斯的税收实践中不仅没有得以充分体现，反而引发了财政效率降低、社会公平缺失等一系列严重的经济社会问题。

从表面来看，累进税率提高了面向高收入阶层的税率，但由于税制设计、税收征管方面存在的诸多问题，使富裕人群可以通过各种途径逃避纳税义务，而请不起律师和会计师的穷人，则因避税手段的缺乏，实际承担的税负等同甚或高于富裕人群，使累进税率的公平与效率等诸多优势消失殆尽。

单一税制正好与之相反。在单一税制下，免征额的存在以及多

---

[1] *Hausman J.* Labor Supply and Nature Unemployment Rate，Meyer（ed.）. Washington，D. C.：The Brookings Institution，1981. pp. 54 - 67；*Atkinson A. B.* Public Economics in Action：The Basic Income/Flat Tax Proposal. Oxford：Clarendon Press，1995. P. 184.

项税收扣除的实施，使有效税率随收入的增加逐步上升，单一税率因之具有了一定意义的累进性，既体现了对贫困家庭的照顾，又增强了收入分配的公平。此外，简化后的税制降低了税务咨询成本，对低收入者显得更为有利。从这一角度来说，对于现阶段的俄罗斯来说，单一税率在公平与效率方面发挥的作用实际已远远超过累进税率。

（4）变更课税模式不利于国家政策的长期稳定。

为增强纳税人对政府的信心，吸引外国投资、降低本国资本"外逃"风险，俄罗斯政府将保持国家政策一致性确定为国家中长期管理的首要原则，俄罗斯总统及总理多次公开承诺，在相当长一段时期内将不改变个人所得税的课征方式。普京就曾明确表态："没有一百年不变的东西。我们需要稳定的法律、稳定的行政机构。即使变也要循序渐进，但现在没有这个必要性。"为此，俄罗斯政府明确提出，个人所得税的单一税率在未来一段时期内还将继续保持下去。持有这样一种观念的不仅是俄罗斯政府，俄罗斯议会也对此表示赞同。2015 年，左翼政党提出要对个人所得税实行累进税率改革，但投票显示，国家杜马对此提案表示同意的投票不到 10 票。

综上所述，对于目前的俄罗斯来说，基于在实现社会公平、激发劳动积极性、组织财政收入、保障政策的连续性等方面具有的明显优势，单一税率在今后一段时期内还将继续成为俄罗斯个人所得税实施的主要发展方向。但需要注意的是，俄罗斯依然有不少经济学家认为，俄罗斯个人所得税终将回归累进税率，或迟或早，只是时间问题而已。俄罗斯财政部也提出，不排除今后提高个人所得税税率或实行累进税率。

基于上述各项因素的考虑，以及俄罗斯不同利益群体间的收入分化还将进一步加剧①这一客观事实的存在，增强所得税对不同群体间收入的调节力度，保障社会公平的实现，就成为未来俄罗斯个人所得税改革的首要任务。为此，在单一税率政策保持不变的情况下，为提高所得税的公平与效率，增强单一税率的累进性，俄罗斯将个人所得税改革的主要方向集中于合理设定税收扣除范围、指数化提高税收扣除标准，以及完善税收扣除程序等几个方面。

①合理设定税收扣除范围。

在单一税率条件下，要提高个人所得税的累进性，就需要扩大针对低收入阶层的税收扣除范围、提高税收扣除标准。在俄罗斯个人所得税现行各类税收扣除中，子女抚养扣除、医疗支出扣除和教育支出扣除对于提高个人所得税的累进性最为有效。这类税收扣除可直接减少纳税人的应税所得，使低收入者免于缴纳或减少缴纳个人所得税；同时也不会加重高收入者的税收负担，诱使高收入者隐瞒收入、偷税漏税。

从这一层面来看，税收扣除既能给予低收入者税收优惠，又可保障国家财政收入的稳定，已成为俄个人所得税改革最核心的政策工具之一。

②指数化提高税收扣除标准。

从理论上来说，应按通货膨胀率每年指数化提高个人所得税的各项扣除标准，否则在居民名义货币收入持续上升，税收扣除标准长期不变的情况下，税收扣除对个人所得的影响将逐步减弱，税收

---

① Интервью: Интервью с Турыкиной О. В. ，"Клуб главных бухгалтеров"，2010，№3.

扣除给低收入纳税人带来的税收红利也将趋于消失。为此，俄罗斯专家指出，应按通货膨胀率指数化提高个人所得税的各项扣除标准，以全面激发税收扣除在调节个人所得、增强所得税累进性、增进低收入人群社会福利等方面的优势。

③改革税收征管机制完善税收扣除程序。

虽然税收扣除对于增强个人所得税累进性的意义非同寻常，但就俄罗斯目前的实施情况来说，所起作用还极为有限。绝大部分纳税人填写税收申报单并非为了获取税收扣除，而是基于他们属于税法规定必须进行申报的纳税义务人，获得税收扣除并非其本意，而更像是他们因遵纪守法而获得的税收奖励。导致这种情况发生的原因，一方面在于俄罗斯税收扣除标准偏低，纳税人获利不多，致使纳税人申请扣税的动机不足；另一方面则在于扣税申请周期漫长、手续过于复杂。历经千辛万苦获得的税收扣除，远抵不上为之付出的时间、精力和资金。高昂的时间成本、大量的体力消耗及不菲的交通费用，迫使绝大多数纳税人主动放弃扣除申请。落后的税收管理在此已成为羁绊税收改革发展的障碍。为此，俄罗斯当局多次提出，要加强税收管理工作，彻底地改变俄罗斯税收管理制度不透明且具有惩罚性的局面，消除税法实践活动对法律实际内涵的扭曲。①

④改变纳税人税收缴纳地点。

目前，俄罗斯个人所得税在自然人就职所在地扣缴，但雇员的

---

① Дмитрий Медведев, Бюджетное послание Президента РФ Федеральному Собранию от 29.06.2010 《О бюджетной политике в 2011 – 2013 годах》.

教育、医疗以及其他社会需要等方面的支出则在其居住地发生，这样一来就产生了一个问题，是否将个人所得税缴税地由收入发放地改为纳税人居住地更为合适。改变个人所得税纳税人扣缴地会带来一系列有益的结果：可加强收入与支出在预算领域的关联性，简化课征程序，缩短纳税人得到税收扣除的时间周期，因为纳税和扣除都发生在同一税务机关。除此之外，还能保障非法人企业主与受雇用员工在缴纳个人所得税方面的一致性。最后，还可为向以家庭为单位征收个人所得税创造条件。

9.3.3　企业利润税改革

刺激企业投资、促进创新经济发展是俄罗斯企业利润税课征需要面对的主要问题，也是推动俄罗斯企业利润税不断改革与完善的动因，企业利润税也因之成为俄罗斯税收改革及变动最为频繁的税种。尽管仍然存在诸多不足，但俄罗斯企业利润税改革在破除税收立法矛盾，解决争议性问题，促进企业经营发展等方面正不断尝试有利于纳税人的探索。

1. 企业利润税改革的主要内容

多年来，俄罗斯企业利润税改革的主要方向一直是降低税率，减并税收优惠，规范税收扣除程序。这一点在 2008 年反危机措施中表现得最为明显。2008 年经济危机期间，俄罗斯探讨最多的税收问题就是：税收改革的力度多大才能实现对经济增长的有效促进？是否有必要通过税收激励政策（即对整体经济或部分经济减税）促进经济增长？抑或直接给予各经济体预算补贴，其效果会更为明显？最为重要的是：税收是财政支出的资金来源，是否应该优先保障税收收入的稳定？是减税促发展，还是提税保支出？

不同的国家对这些问题有着不同的回应，俄罗斯对此的选择是非常明确的。2009年底，俄罗斯颁布"反危机一揽子税收计划"，该计划体现在企业利润税方面的变化主要有：①企业利润税税率由24%下调至20%；②扩大企业利得税的"折旧摊销"；③符合俄罗斯联邦中央银行再融资利率规定，可计入企业利润税支出的债务利息限额提高1.5倍；④提高企业为员工提供培训、医疗和养老保障的支出扣除限额；⑤提高企业医疗保险扣除额，由企业为员工投保的可列入支出的医疗人身自愿保险费用限额，由不超过工资总额的3%提高到6%等。

2010年后，俄罗斯将企业利润税改革的主要方向进一步被确定为促进创新经济发展：提高企业经济竞争力，促进企业创新能力提高，加快俄罗斯与世界经济一体化进程。为此，俄罗斯将企业利润税的改革方向设定为：

（1）鼓励企业研发投入。

为扩大对产品创新及高新技术支持，提高企业研发支出扣除系数，加快企业研发支出扣除速度，俄罗斯以联邦政府的名义发布研发项目清单，要求税务机关在提供研发扣除时予以遵照执行。同时，还将科研试验支出的扣除期限缩短1年；取消对不成功科研实验支出的限制；专项基金用于科研实验支出的定额标准提高1.5%；提高科研实验支出系数，在成本中列支的科研实验（列入清单的120余项科研实验）经费可为实际支出的1.5倍；实行"折旧补贴"，一次性折旧的比例提高为固定资产原值的10%（3~7类折旧为30%）；可以采取非线性折旧（加速折旧），在固定资产有效使用年限的25%时间段内实现50%的折旧；建立向非营利组织提供资金的专项基金可获得税收优惠；为经济特区的居民提供税收优惠；为税收投资信贷创造可能；将工人的就业培训和再培训的支出费用纳入企业成本；免征代理、发明、工业产品设计、计算机软件等权属转让方面的增值税；免征俄罗斯还没有的高新技术产品进口的增值税和关税等。

（2）加快企业利润税的联合申报制度。

在此方面，俄罗斯所有以直接或间接参股形式加入集团的公司都应与母公司一起申报利润税。这种纳税方式显然比控股集团内一部分企业缴纳利润税，一部分企业将亏损结转至未来要有利，纳税人可因控股集团内部各个公司利润和亏损的合并而在税收上得到更多的好处，但加入某一集团联合报税的企业不能再加入其他集团申报利润税。属于同一类型公司的纳税人也可以联合申报缴纳利润税，例如，信贷企业可与其他信贷企业合并报税，保险组织可和其他保险组织合并报税，属于此类纳税人的还有非国有养老基金和有价证券市场上的专业公司。

2. 俄罗斯企业利润税改革发展趋势

2016～2017 年，俄罗斯通过对《税法典》的修订进一步明确了企业利润税的改革方向，但由于未对相关措施予以同期更新，使新出台的税收征管办法在实施过程中给纳税人带来了诸多不便，也形成了部分政策真空地带，使完善相关管理办法，填补税收政策空白成为俄罗斯企业利润税改革的新方向。除此之外，在俄罗斯企业利润税的课征中还存在若干传统问题，这些传统问题迄今为止《税法典》尚未能很好地解释与说明，或《税法典》的解释与说明与现实判定存在歧义，对于这些领域，也急需从法律的层面予以进一步明确与规范。

（1）解决《税法典》修订与执行中存在的矛盾。

①保持固定资产价值判断标准的一致性。依照《税法典》规定，2016 年 1 月 1 日前俄罗斯 4 万卢布以下的资产为低值物品，相应地，其价值的税务和会计核算从其开始使用时一次性核销。2016 年 1 月 1 日后，根据俄罗斯联邦《税法典》第 257 条第 1 款，税务核算折旧摊销的固定资产最低价值提高到 10 万卢布，但会计核算折旧摊销的固定资产最低价值还是 4 万卢布，税收核算标准与会计核算标准的不一致，给纳税人带来了诸多不便。

②明确利润转拨预付款限额的规定。2016 年 1 月 1 日之前，《税法典》规定，企业每季度可从企业利润税应税利润中列支预付款的上限是 1 千万卢布，2016 年 1 月 1 日后这一数额提高到 1.5 千万卢布。但对于那些重新注册公司的纳税人来说，能够获得的预付款利润扣除额只有每月 1 百万卢布，每季度 3 百万卢布。显然，新旧企业由此获得的利益差异是巨大的，该规定对公司经营带来的影响也是明显的。

（2）解决《税法典》阐释与实际判例间的矛盾。

对于俄罗斯企业利润税来说，绝大部分税收纠纷都因收入与支出合理性引发。例如，围绕产品无偿转让，其价值是否应该计入收入，就存在现实判定与《税法典》认定不同的现象。虽然俄罗斯《税法典》第 249 条明确规定："……销售收益是依照与商品（工程、劳务）出售或财产权转让有关的所有收入确定的，而不论其为现金还是实物形态"，但在实践中此类问题依然频繁困扰企业与税务机构，且结果与《税法典》的规定大相径庭。在 2013 年 3 月 3

日伏尔加—维雅地区仲裁法院的判决中，就出现了一个与《税法典》规定完全不一样的判例，伏尔加—维雅地区仲裁法院认为，为吸引更多的社会需求，纳税人企业可以将部分产品价值作为购买优惠提供给买方，由此，A43－14608/2013 号案件纳税人将无偿转让产品价值不计入税基的行为是合法的。

至于销售外收入，如何考虑退货产品相关税收，也存在较大争议。《税法典》第 25 章对此没有说明，财政部也没有详细解释，由此，在相关税收纠纷中，对此问题的最普遍做法是：将退货产品的税收核算与销售产品进行同样处理。由此，对于供应商而言，退货在计算企业利润税税基时为支出，而对于买方（退货人）来说则是收入。这一观点也得到仲裁法院承认，乌拉尔地区仲裁法院 2016 年6 月 10 日裁决的第 09－4959/16 号案件就是这么认定的。

《税法典》尚未能很好地解释与说明的另一个问题是坏账（包括应收账款和应付账款）的核销问题。《税法典》第 18 章第 250 条明确规定，在计算企业利润税税基时，应付账款须计入营业外支出，但纳税人和税务机关认定的应付账款核算的税收期限并不总能一致。

除此之外，俄罗斯《税法典》在对支出的认定上与西方国家也存在一定的差异，俄罗斯并不认同所有的费用都可从应税基数中扣除。《税法典》第 247 条强调，所谓支出是记录在案的合理的支出，而这所谓的"合理的支出"就引发了企业对支出的各种解读，使《税法典》在此方面不具有"经济可行性"。

从上所述可以发现，对于俄罗斯企业利润税来说，还存在不少有争议的地方，这些争议不局限于个体，通常具有普遍性，由此需要从立法的角度来予以解决与诠释。对此，俄罗斯专家提出，鉴于企业利润税的首要目标是促进企业投资及生产扩大，而非发挥财政收入作用，关于企业利润税的税法规定就应该清晰、明确，应消除税收基数确定中的矛盾之处，简化税收课征程序，减少税收征管中的不确定性。

9.3.4　消费税改革

对于俄罗斯来说，其消费税收入的三大主要来源为烟草制品、酒类制品、成品油。2016 年，俄罗斯酒类应税消费品占消费税收入的比重为 25.90%，烟草类应税消费品占比为 35.60%，石油类应税消费品占比为 35.30%（见图 9 - 2）。鉴于以上三类应税消费品在消费税中的地位，俄罗斯对于消费税的改革也主要集中在这三个领域。

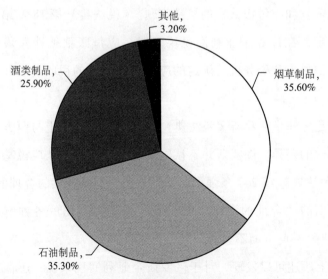

图 9 - 2　2016 年烟草制品、酒类制品、成品油占消费税收入比重

1. 俄罗斯消费税改革的主要内容

由于烟酒的独特性质，全世界各国都将其列为重要的课征范围。从课征消费税至今，俄罗斯对应税消费品的范围进行过多次调整，但烟酒作为俄罗斯消费税重要的课征对象，在各个时期都是消费税收入的重要来源。这主要是因为烟酒具有两个重要特性：一方面，并非所有人都将烟酒作为必需品，但特定的人群却对此产生却需求强烈；另一方面，从国库角度来看，烟酒生产成本较低，可以附以高额消费税，是财政收入的重要来源。

考虑到烟酒的过度消费会对人类健康、社会秩序、生态环境等造成危害，俄罗斯政府也通过调节烟酒消费税等手段，对烟酒的生产和进口进行引导。可以说，现代的消费税就是从对烟酒两项商品课税开始的。

（1）酒类制品消费税改革。

2016 年，俄罗斯酒类制品的消费税收入占到消费税总收入的 25.9%，为近五年最低。尽管 2016 年与 2015 年相比，俄罗斯酒类制品的消费税收入增长了 563 亿卢布，但其占比却从 2015 年的 27.6% 下降至 25.9%（见表 9 - 10）。

表 9 - 10　　　　　2008 ~ 2016 年俄罗斯酒类制品消费税

收入占消费税总收入的比重

年份 项目	2008	2009	2010	2011	2012	2013	2014	2015	2016
酒类制品消费税收入（亿卢布）	673	633	1377	1555	2528	3078	3298	2950	3513
酒类制品占消费税比重（%）	19.2	18.2	29.2	23.9	30.2	30.3	31.2	27.6	25.9

资料来源：根据国库网站数据整理。

俄罗斯对酒精类制品消费税的改革主要通过扩大消费税课征范围、提高消费税税率的方式进行的。一方面，俄罗斯不断扩大对酒类制品的消费税课税范围，如2012年白兰地被列入消费税的应税消费品，2013年增列西得尔酒（苹果酒）、蜂蜜酒。同时，将红酒的范围扩大至红酒、果酒、香槟、粮食或葡萄以及其他水果酿造的未精馏的酒精饮料、酒精或水果馏物。

酒精类制品范围的扩大及税率的提高，使酒类制品的消费税稳步上升。除此之外，俄罗斯还调整了酒精含量标准，将酒精含量按照小于9%、9%~25%、大于25%以上的三档，调整为按照酒精含量9%以下和9%以上两档。

另一方面，俄罗斯还不断提高酒类制品的消费税税率，与2008年相比，2016年以下几种酒类制品的消费税税率增幅显著：香槟酒、发泡酒等碳酸型酒增幅最大，增幅达77倍（由0.5卢布/升上升至39卢布/升）；其次为酒精含量在0.5%~8.6%的啤酒，增幅达6.7倍（从2.74卢布/升上升至21卢布/升）；再次为红酒，增幅达3.2倍（由2.4卢布/升上升至10卢布/升）；以及浓度低于9%的酒精制品增幅达2.8倍（由110卢布/升上升至418卢布/升）；浓度大于9%的酒精制品增幅达2倍（由173卢布/升上升至523卢布/升）（见表9-11）。

通常情况下，消费税率的调整会根据当年通货膨胀指数进行确定，但对于酒精制品来说，为了防止酒精制品的不合法流通，以及在欧亚经济联盟内部为各企业创造同等的贸易条件，俄罗斯在确定酒类制品消费税税率时，会以略高于通货膨胀增速的指数进行。

表 9－11　　　　　　2008～2017 年俄罗斯酒类制品消费税　　　单位：卢布/升

项目＼年份	2008	2009	2010	2011	2012.1.1	2012.7.1	2013	2014	2015	2016
浓度大于 9% 的酒精制品	173	191	210	231	254	300	400	500	500	500
浓度低于 9% 的酒精制品	110	121	158	190	230	270	320	400	400	400
红酒	2.4	2.6	3.5	5	6	6	7	8	8	9
香槟、发泡酒等碳酸型酒	0.5	0.5	4	8	22	22	24	25	31	37
酒精含量在 0.5%～8.6% 的啤酒	2.7	3	9	10	12	12	15	18	18	20

资料来源：根据俄罗斯财政部公布数据整理。

为了保护本地酒类产业，俄罗斯对本地酒类制品与非本地酒类制品实行不同的税率，对本地生产的酒类给予税收优惠，受地方保护的红酒、发泡酒的消费税率比其他同等酒类的税率低 1 半。2016 年，葡萄酒的消费税税率每升为 9 卢布，发泡酒为每升 26 卢布，而对于优惠地区来说，葡萄酒税率为 5 卢布/升，气泡酒税率为 13 卢布/升。2017 年葡萄酒和发泡酒的税率上升至每升 18 卢布和 36 卢布，受保护地区两者税率基本没有变化，仅发泡酒上升为 14 卢布/升。

同时，为了平衡地区财政预算，俄罗斯将红酒、水果酒、不添加酒精，用粮食原料制造的红酒饮料，发泡酒的消费税税率由 9 卢布提高至 18 卢布；酒精含量在 0.5%～8.6% 的西得尔酒、苹果酒、蜂蜜酒的消费税率调整到与啤酒相同，为 21 卢布每升。近两年由于地区财政收入下降，俄罗斯曾计划对这些享有消费税优惠的企业补征消费税，若采取补征措施俄罗斯政府将获得 14 亿卢布。但俄罗斯政府最终认为补征消费税属于不正当行为①，并于 2017 年宣布，将不对 2016 年享受税收优惠的"受保护地区"及"原产地"② 补征消费税，这一决定也同时维护了酒类进口商的利益。

通过扩大酒类消费品的范围、提高酒类消费品的税率，俄罗斯有效地减少了纳税人在缴纳酒类商品消费税时的偷税漏税行为，红酒、啤酒，以及酒精含量超过 9% 以上的酒类制品的税收收入逐年扩大，成为构成酒类消费税收入的三大主要来源。与 2012 年相比，2016 年俄罗斯红酒消费税收入由 105.3 亿卢布上升至 126.4 亿卢布，啤酒由 1134.9 亿卢布上升至 1510.3 亿卢布，酒精含量超过 9% 以上的酒类制品从 1238.5 亿卢布上升至 1817.5 亿卢布，增幅分别为 20%、33% 和 47%。同时，值得注意的是，考虑到保护本国企业发展以及受到西方制裁等综合因素，俄罗斯红酒、啤酒、酒精含量超过 9% 的酒类消费品在进口环节的消费税收入总体呈下降趋势。由此可见，俄罗斯近两年增长的酒类消费税收入主要源自本国的酒类企业（见表 9 - 12）。

（2）烟草类制品消费税。

2008 ～ 2016 年，俄罗斯烟草制品的消费税收入呈显著上升的趋势，由 2008 年的 647 亿卢布，上升至 2016 年的 4883 亿卢布，增长了 6.5 倍。烟草类制品的消费税主要来自俄罗斯的境内企业，其中，生产环节的税收收入占绝对比重，在 98% ～ 99%，进口环节的消费税收入较少。同时，俄罗斯烟草类制品的消费税收入占消费税总收

---

① https：//www. minfin. ru/ru/press－center/？ id_4 = 34735.

② защищенным географическим указанием（ЗГУ）и защищенным наименованием места происхождения（ЗНМП）.

入的比重也呈上升态势，由 2008 年的 18.4% 上升至 2016 年的 35.6%，增长近一倍（见表 9 - 13）。

表 9 - 12　　　　　俄罗斯酒类消费税收入的主要构成　　　　单位：亿卢布

年份	粮食或非粮食作物酿造的酒精		红酒		啤酒		酒精含量超过9%以上的酒类制品		酒精含量低于9%以下的酒类制品	
	俄罗斯生产	进口至俄罗斯	俄罗斯生产	进口至俄罗斯	俄罗斯生产	进口至俄罗斯	俄罗斯生产	进口至俄罗斯	俄罗斯生产	进口至俄罗斯
2012	7.7	8.3	74.7	30.6	1104.3	30.6	1063.4	175.1	35.1	1.9
2013	3.9	9.9	72.6	38.5	1265.5	44.2	1333.3	248.5	56.8	1.9
2014	7.1	12.6	86.2	42.5	1424.3	39.0	1440.8	249.0	51.5	2.1
2015	7.5	11.8	89.5	27.6	1302.3	22.6	1283.5	178.1	25.7	0.8
2016	8.6	14.4	102.2	24.2	1482.7	27.6	1647.5	170.0	15.9	0.5

资料来源：根据国库网站数据整理。

表 9 - 13　　　　　2008～2016 年俄罗斯烟草类制品消费税收入

年份 项目	2008	2009	2010	2011	2012	2013	2014	2015	2016
俄罗斯生产（亿卢布）	638	783	1063	1395	1819	2505	3140	3791	4670
进口至俄罗斯（亿卢布）	9	15	18	14	13	24	48	70	163
烟草消费税总收入（%）	647	798	1081	1409	1832	2529	3188	3861	4833
占消费税收入比重（%）	18.4	22.9	22.9	21.7	21.9	24.9	29.6	36.1	35.6

注：1. Акцизы на табачную продукцию, производимую на территории Российской Федерации.

2. Акцизы на табачную продукцию, ввозимую на территорию Российской Федерации.

资料来源：根据国库网站数据整理。

根据《联邦烟雾对公民健康影响及烟草危害法》，俄罗斯政府不断提高烟草类制品消费税税率。2015 年，俄罗斯烟草类消费税已占烟草最高零售价的 11%，烟及烟卷的从价税税率也不断提高，为此价格越贵的烟草制品承担的税收负担越重。

2008～2017 年，俄罗斯过滤烟的最低税率不断上升，由 142 卢布/1000 根上升至 1930 卢布/1000 根，增长了 12.6 倍，特殊税率由 120 卢布/1000 根上升至 1420 卢布/1000 根，增长约 10.8 倍；从价税税率增长了 1.4 倍。同期，俄罗斯非过滤烟最低税率由 72 卢布/1000 根上升至 1930 卢布/1000 根，增长了 25.8 倍，特殊税率由 55 卢布/1000 根上升至 1420 卢布/1000 根，增长了 24.8 倍。2012 年以前，俄罗斯过滤烟与非过滤烟的最低税率与特殊税率还有所区别，过滤烟税率整体高于非过滤烟。2012 年以后，俄罗斯过滤烟与非过滤烟的税率已完全相同（见表 9 – 14）。

表 9 – 14　　　　　　2008～2017 年俄罗斯烟类商品的税率

项目 ＼ 年份	2008	2009	2010	2011	2012	2013	2014	2015	2016	2017
过滤烟										
最低税率（卢布/1000 根）	142	177	250	360	510	730	1040	1330	1680	1930
从价税（%）	5.5	6.0	6.5	7.0	7.5	8.0	8.5	11.0	12.0	13.0
特殊税率（卢布/1000 根）	120	150	205	280	390	550	800	960	1250	1420
非过滤烟										
最低税率（卢布/1000 根）	72	93	155	310	510	730	1040	1330	1680	1930
从价税（%）	5.5	6.0	6.5	6.5	7.5	8.0	8.5	11.0	12.0	13.0
特殊税率（卢布/1000 根）	55	72	125	250	390	550	800	960	1250	1420

资料来源：根据俄罗斯财政部公布数据整理。

2017～2019 年，俄罗斯还将继续提高烟草制品的消费税税率，以此弥补日益增长的联邦预算赤字。为此，俄罗斯将在现有消费税的水平上，将烟草制品类的消费税逐年提高 10%。为了防止纳税人在税率提高之前囤积货物，根据《税法典》第 193 条对香烟和烟卷消费税的规定，俄罗斯通过将上一年 9 月 1 日到 12 月 31 日之间的香烟和烟卷的消费税缴纳系数乘以 1.3 的方式，降低烟草类制品消费税的流失。

（3）成品油类制品及天然气的消费税。

2008～2013 年，俄罗斯成品油消费税呈不断上升的态势，由 1403 亿卢布上升至 4190 亿卢布，增幅近 2 倍。随后，2014～2015 年成品油消费税收入规模下降，该阶段成品油消费税收入占 GDP 的比重也随之由 2013 年的 0.59% 下降至 0.37%。2016 年，俄罗斯成品油消费税收入上升至 4784 亿卢布，较之 2015 年增幅达 55%。同时，2016 年成品油消费税占 GDP 的比重回升至 0.56%（见表 9 - 15）。

表 9 - 15　　　　2008～2016 年俄罗斯成品油消费税占 GDP 的比重

项目 ＼ 年份	2008	2009	2010	2011	2012	2013	2014	2015	2016
成品油消费税收入规模（亿卢布）	1403	1475	1713	2854	3681	4190	3960	3080	4784
成品油消费税占 GDP 比重（%）	0.34	0.38	0.37	0.51	0.55	0.59	0.50	0.37	0.56

资料来源：根据俄罗斯财政部公布数据整理。

在俄罗斯的成品油消费税中，以车用汽油为主①，以柴油和润滑油为辅。2016 年，俄罗斯车用汽油约占成品油消费税收入的67%，柴油占 32%，润滑油占 0.7%（见表 9 – 16）。

表 9 – 16　　　　2012～2016 年俄罗斯成品油消费税收入构成　　单位：亿卢布

项目 \ 年份	2012	2013	2014	2015	2016
车用汽油	2225	2296	2493	2065	3198
柴油	1272	1739	1399	1022	1549
润滑油	46	52	53	41	36

资料来源：根据国库网站数据整理。

俄罗斯成品油消费税经历了多次调整，1995～1996 年，在当时的经济条件下，俄罗斯出口关税收入仍未能成为俄罗斯财政收入的主要来源，迫于财政压力，俄罗斯政府曾一度提高消费税的税率，以此补充政府预算收入。但随后国际石油价格的高涨，依靠出口石油俄罗斯获得了大量的财政收入。为此，成品油消费税在财政收入的比重不断下降。

随着俄罗斯经济环境的变化，2014 年俄罗斯下调了成品油的消费税税率，其中包括车用汽油、苯、对二甲苯、邻二甲苯、航空煤油，由苯、对二甲苯、邻二甲苯制成的化学品。同时，使用航空煤油的汽船也可享受消费税减免。2015 年，俄罗斯成品油消费税下降

---

① 车用汽油的消费税具有超额利润的商品的性质，汽油消费税的纳税人指生产、加工汽油的企业或私人企业，批发和零售汽油的销售商不是汽油消费税的纳税人。

了2.2倍。尽管2015年俄罗斯成品油的消费税有所下降，但天然气的消费税增长迅猛。俄罗斯天然气消费税由2014年的0.5亿卢布，上升至2015年的735亿卢布（2016年为421亿卢布）。这部分税收收入主要来自根据国际协议课征的天然气消费税①，如"蓝流"天然气管线、与中国签署的天然气协议等国际税收协议。近年来，根据国际协议规定俄罗斯还将进一步完善天然气消费税缴纳程序。

2016年，俄罗斯成品油消费税较之此前有所提高。2016年第一季度，俄罗斯5号汽油的税率为7530卢布/吨，非5号汽油以及直馏汽油的税率为10500卢布/吨。自2016年4月1日起，俄罗斯提高汽油税率：5号汽油为10130卢布/吨，非5号汽油以及直馏汽油为13100卢布/吨，柴油及中质馏物为5293卢布/吨。2017年，俄罗斯成品油消费税税率与2016年后三个季度的税率保持一致。

2017～2019年，为了保障道路、交通等基础设施建设，俄罗斯将成品油方面的消费税税率调整如下：①非5号汽油：2017～2019年税率保持与2016年相同，即13100卢布/吨；②5号汽油：2017年10130卢布/吨，2018年10535卢布/吨，2019年10957卢布/吨；③柴油：2017年6800卢布/吨，2018年7072卢布/吨，2019年7355卢布/吨；④中质油：2017年7800卢布/吨，2018年8112卢布/吨，2019年8436卢布/吨。

为了扩大预算收入来源，俄罗斯对成品油实行的是"消极"的消费税，即2018～2019年成品油消费税税率的提高不会高于预测的

---

① Акцизы на природный газ, предусмотренные международными договорами Российской Федерации.

通货膨胀率。俄罗斯希望通过有控制地提高成品油消费税税率，在保障国内高品质成品油的供应的同时，提高石油企业的加工效率。

2. 俄罗斯消费税改革的未来发展方向

2018 年，俄罗斯将对消费税率进行指数化调整①。同时，调整的税率也适用于欧亚经济联盟成员内部。除此以外，俄罗斯还将继续完善出口商品免征消费税的程序，简化消费税缴纳手续等举措，具体如下：

（1）完善出口商品免征消费税程序。

在反危机措施以及支持出口政策方面，俄罗斯将逐步简化出口消费税的课征程序。除此之外，俄罗斯还将进一步提高银行保障服务，简化应税消费品在出口环节免征消费税的程序。同时，对于大型纳税人来说，俄罗斯计划在无银行担保的情况下，也可完成应税消费品出口环节免征消费税的相关程序，免征消费税的具体执行方式可依照《税法典》对增值税免征的相关做法。

（2）强化消费税缴纳监督力度。

俄罗斯拟对《税法典》中的以下内容进行调整：

①设立中质馏物消费税条款（不包括直馏汽油、汽油、柴油、航空煤油、苯、对二甲苯、邻二甲苯以外的初次和二次加工的轻质成品油，天然气凝析气，伴生石油天然气，页岩油气）。

②完善现行酒类应税消费品消费税的预付款减免程序，对特殊品牌的酒类制品，在合理范围内完善消费税预付款相关程序，即实现在无银行担保的情况下，免除纳税人消费税课征义务。

---

① Индексация ставок акцизов.

③对使用生物燃料的发动机免征消费税。

④控制俄罗斯境内非法流通的应税消费品。

⑤简化关于出口商品消费税返还的程序,实行"单一窗口"。

总而言之,俄罗斯消费税将继续发挥调节特殊消费品的功能,根据宏观经济条件,引导俄罗斯的消费方向,增加联邦或地方财政收入等作用。未来,俄罗斯将进一步简化消费税课征程序,加强消费税的征管监督力度。

参 考 文 献

［1］曹洪彬，卢滟萍．俄罗斯税制变迁及对我国的借鉴 ［J］．涉外税收，2005（7）．

［2］谌宪伟，伍蓉．俄罗斯联邦税收管理 ［M］．湖南人民出版社，2012 年．

［3］丹尼尔·V. 温尼斯基．俄罗斯税制改革最新趋势 ［J］．国际税收，2015（1）．

［4］蔡伟年.2015 年俄罗斯税制的重要发展 ［J］．国际税收，2015（12）．

［5］傅志华．俄罗斯个人所得税制改革考察 ［J］．财政研究，2003（4）．

［6］郭连成．俄罗斯税制改革评析 ［J］．世界经济，2001（5）．

［7］郭连成．俄罗斯新一轮税制改革进展与效应 ［J］．世界经济，2008（3）．

［8］郭连成．俄罗斯税制改革：现状与发展趋势 ［J］．国外社会科学，2000（2）．

［9］郭连成．俄罗斯财税体制改革与财政政策调整及其效应分析 ［J］．世界经济与政治，2002（12）．

［10］靳会新．简论俄罗斯的税制改革 ［J］．黑龙江对外经贸，2003（10）．

［11］李永庆．俄罗斯联邦税制的现状和问题［J］．东欧中亚市场研究，1998（5）．

［12］李中海．普金八年：俄罗斯复兴之路（2000~2008）（经济卷）［M］．北京：经济管理出版社，2008．

［13］李作双，郝晓云．俄罗斯税制改革：直接效果、间接效果［J］．东北亚论坛，2007（5）．

［14］林双林，李建民．中国与俄罗斯经济改革比较［M］．北京：中国社会科学出版社，2007．

［15］刘微．俄罗斯个人所得税述评［J］．俄罗斯中亚东欧研究，2006（3）．

［16］吕凤艳．俄罗斯单一税的实践及我国个人所得税改革的取向［J］．内蒙古科技与经济，2007（8）．

［17］鲁坤，王占东．俄罗斯资本弱化税制简析［J］．国际石油经济，2016（11）．

［18］庞大鹏．国别与地区俄罗斯的民主与法治［J］．世界经济与政治，2004（8）．

［19］童伟．俄罗斯税制改革及发展趋势分析［J］．地方财政研究，2005（4）．

［20］童伟．俄罗斯税制改革经济效应评析［J］．中央财经大学学报，2010（6）．

［21］童伟．俄罗斯2012年财经研究报告［M］．经济科学出版社，2012．

［22］童伟．俄罗斯个人所得税改革评述［J］．税务研究，2011（9）．

［23］王道树. 经济转轨中的俄罗斯税制改革及税务管理［J］. 涉外税务, 1998（8）.

［24］王佳慧. 俄罗斯税权划分法律制度评价——兼谈对我国分税制改革的启示［J］. 俄罗斯中亚东欧研究, 2009（4）.

［25］王茂善, 张莲莲编译. 俄罗斯税制改革刍议［J］. 能源基地建设, 1994（3）.

［26］辛欣. 2001 年俄罗斯税制改革要点［J］. 涉外税务, 2001（10）.

［27］张波, 孙延明. 从宪法与政治权威的关系角度看普京时代到来［J］. 俄罗斯研究, 2003（7）.

［28］Бюджетное послание Президента Российской Федерации о бюджетной политике, 29. 06. 2011, 28. 06. 2012. http：//news. kremlin. ru/.

［29］Бюджетный кодекс РФ/Федеральный закон РФ 28 июля 1998 г. № 145 – ФЗ. Собрание законодательства Российской Федерации от 3 августа 1998 г. № 31, http：//budkod. ru/.

［30］Концепция долгосрочного социально – экономического развития Российской Федерации до 2020 года, Правительства Российской Федерации 17 ноября 2008г. №1662.

［31］Конституция Российской Федерации. Федеральный конституционный закон РФ от 12 декабря 1993 г. // Российская газета. – 1993. 25 декабря.

［32］Налоговый кодекс Российской Федерации. / Федеральный закон РФ от 28. 12. 2017 г. №146 – ФЗ, http：//kodeks. systecs. ru/

nk_rf/.

［33］ Основные направления политики Россиие антикризисных действий правительства Российской Федерации на 2010 год, протокол от 30 декабря 2009 г. , http：//www1. minfin. ru/.

［34］ Основные направления налоговой политики Российской Федерации на 2014 год и на плановый период 2015 – 2016 гг. http：//www. bishelp. ru/nalogi/zakon /0305nalog. php.

［35］ Основные направления программных бюджетов, налогов и таможенной политики 2018 и 2019 годов, https：//www. minfin. ru/ru/document/.

［36］ Отчетность об исполнении консолидированного бюджета РФ, 2007 – 2011 гг. http：//www. roskazna. ru/reports/cb. html.

［37］ Приказ Минфина РФ от 5 мая 2008 г. N 54н "Об утверждении формы налоговой декларации по налогу на прибыль организаций и Порядка ее заполнения" // Российская газета от 7 июня 2008 г. № 123.

［38］ Программа антикризисных мер Правительства Российской Федерации на 2010 год. http：//mert. tatar. ru/rus/Antirisis/RF2010. html.

［39］ Российский статистический ежегодник, 2005 – 2017 гг. http：//www. gks. ru.

［40］ Федеральный закон от № 2116 – 1 27 декабря 1991г. "О налоге на прибыль предприятий и организаций" //Ведомости Съезда народных депутатов РФ и Верховного Совета РФ от 12 марта 1992 г. , № 11.

［41］Адамов Н. ， Смирнова А. Тенденции совершенствования налогового администриро – вания и зарубежный опыт，Финансовая газета. 2009 №23.

［42］Бабич А. М. ， Павлова Л. Н. Государственные и муниципальные финансы. М. ： ЮНИТИ，2001.

［43］Балацкий Е. В. Эффективность налоговой политики государства. Проблемы теории и практики прогнозирования，2000. № 2.

［44］Белова М. С. ， Кинсбурская В. А. ， Ялбулганов А. А. Налоговый контроль и ответственность: анализ законодательства，административной и судебной практики. М. ： Academia，2008.

［45］Брызгалин，А. В. Учетная политика предприятия для целей налогообложения на 2010 год. М. ： "Налоги и финансовое право"，2010.

［46］Буланов В. ， Катайцева Е. Человеческий капитал как форма проявления человеческого потенциала. Общество и экономика. 2011. №1.

［47］Вахрин П. И. Бюджетная система РФ. М. ： Издательско – торговая корпорация «Дашков и К»，2004.

［48］Вебер М. Протестантская этика и дух капитализма. М. ： РОССПЭН，2006.

［49］Власов Ф. ， Колотовкина Е. Понятие доверия в экономике и российские проблемы. Общество и экономика. 2011. №10.

［50］Вознесенский Э. А. Финансы как стоимостная категория.

М. : Финансы и статистика, 1985.

［51］ Волченкова Л. Ю. , Плахов А. В. Перспективы развития налогообложения доходов граждан Российской Федерации. Молодой ученый. 2016. №26. https：//moluch. ru/archive/130/35936/（дата обращения： 31. 12. 2017）.

［52］ Воронин Ю. М. Государственный финансовый контроль： вопросы теории и практики. М. : Финансовый контроль, 2005.

［53］ Глинчикова А. Г. Частная собственность и общественный интерес – дилемма России. Вопросы философии. 2011. №3.

［54］ Годин А. М. , Горегляд В. П. , Подпорина И. В. Бюджет и бюджетная система РФ. М. : Издательско – торговая кор – порация «Дашков и Ко», 2008.

［55］ Граборов С. В. Границы применимости современной бюджетно – налоговой теории и мажоритарный подход//Экономика и математические методы, 2003. № 4.

［56］ Грязновая А. Г. Финансово – кредитный энциклопедический словарь. М. : Финансы и статистика, 2002.

［57］ Гурвич Е. Т. , Реформа 2010 г. : решены ли долгосрочные проблемы российской пенсионной системы? Новой экономической ассоциации. 2010, 6.

［58］ Данадворов В. С. Экономическая теория государственных финансов. М. : ИД Гос. университета ВЭШ, 2006.

［59］ Давлетшин Т. Нейтральность НДС и гармонизация налоговых режимов. Налоговый Вестник. 2015. № 10.

［60］ Ермасов Н. Б. Бюджетная система РФ. М. : Высшее образование, 2009.

［61］ Жильцов Е. Н. Экономика общественного сектора. М. : Экономический факультет МГУ, ТЕИС, 1998.

［62］ Зобова Е. П. Налоговая политика на ближайшие три года. Страховые организации: бухгалтерский учет и налогообложение 2010 №4.

［63］ Иванов А. Г. Пути совершенствования налогового администрирования. Налоговое администрирование. М. , 2008.

［64］ Иноземцев В. Л. Теория постиндустриального общества как методологическая парадигма российского обществознания. Вопросы философии. 1997. № 10.

［65］ Кейнс Дж. М. Общая теория занятости, процента и денег. М. : Гелиос АРВ, 2002.

［66］ Князев Ю. О возвращении экономики к здравому смыслу. Общество и экономика. 2012. № 4.

［67］ Князев Ю. Справедливость и экономика//Общество и экономика. 2012. № 1.

［68］ Ковалев В. В. Финансы: . М. : Проспект, 2001.

［69］ Козырева С. Н. Налог на прибыль и НДС в 2010 году. Услуги связи: бухгалтерский учет и налогообложение – 2010 – № 1.

［70］ Койчуев Т. Экономическая наука: ответственность перед будущим. Общество и экономика. 2012. № 12.

［71］ Кохно П. Современная цивилизация： возможные контуры будущего. Общество и экономика. 2011. № 8 – 9.

［72］ Кравченко С. Предстоящие изменения в налоговом законодательстве. бухгалтерский учет и налогообложение – 2010 – № 1.

［73］ Красильников Д. Г. , Троицкая Е. А. Практика использования основных инструментов NPM в Пермском крае. Вопросы государственного и муниципального управления. 2011. № 1.

［74］ Кудров В. Экономика России： сущностъ и видимостъ. МЭМО， 2009 № 2.

［75］ Кудров В. К оценке российской социально – экономической системы // Общество и экономика. 2012. №9.

［76］ Кузьмин И. Ю. Некоторые особенности налогообложения за рубежом： история и современность. Аудиторские ведомости. – 2008 – №1.

［77］ Курляндская Г. В. Основные позитивные достижения в сфере бюджетной политики и межбюджетных отношений в Российской Федерации в период 2000 – 2010 гг. http：//www. arett. ru/. fi les/ 2066/Kurlyandskaya_GV% 202010 – 10 – 01. pdf.

［78］ Лаврентьева Е. А. , Плотникова А. И. Научные подходы к сущности управления налоговыми рисками в судоходной деятельности. Вестник государственного университета морского и речного флота им. адмирала С. О. Макарова. 2015.

［79］Любинин А. Две политэкономии： социально － экономического развития и процессов хозяйствования. Российский экономический журнал. 2012. № 1.

［80］Лушин С. И. Государственные и муниципальные финансы. М. . Экономистъ, 2007.

［81］Марковая А. Н. Современные экономические теории Запада. М. ： Финстатинформ, 1996.

［82］Масленникова Л. А. Поправки к главе 25 НК РФ, влияющие на учет при упрощенной системе. Упрощенка 2010 № 2.

［83］Махров А. В. Налоговая система Великобритании. Все о налогах. 2008 №9.

［84］Миляков Н. В. Финансы. М. ： Инфра, 2002.

［85］Осипов Д. В. Обложение организаций налогом на прибыль. Налоги и налоговое планирование. 2010 № 8.

［86］Озеров И. Х. Основы финансовой науки： курс лекций. М. ： Типография т － ва И. Д. Светина, 1908.

［87］Орлова Е. В. Исмагилова Л. А. Управление налогообложением региональной системы на основе интеллектуальных методов и моделей. Нейрокомпьютеры： разработка и применение, 2013. № 3.

［88］Орлова Е. В. , Исмагилова Л. А. Налоговая система и реальный сектор экономики： оптимизация интересов. Journal of Economic Regulation (Вопросы регулирования экономики). 2014.

［89］Павлов П. В. Оценка эффективности функционирования особых экономических зон： правовое регулирование и экономическое содержание. Административное и муниципальное право. 2014. № 6.

［90］ Павлова Л. П. Отдельные аспекты совершенствования налоговой политики. Финансы，2010，4.

［91］ Пансков В. Г. Налоги и налоговая система Российской Федерации. М. : Финансы и статистика，2008.

［92］ Петровна О. О. ，Кожевников Е. Б. Корпоративный налоговый менеджмент и корпоротивное налоговое управление：трансформация понятий. Управление экономическими системами：электроннный научный журнал. 2013. №8.

［93］ Поляк Г. Б. Бюджетная система России. М. : ЮНИТИ，2007.

［94］ Попова，Л. В. Налоговые системы зарубежных стран. Бухгалтерский учет в издательстве и полиграфии. 2007. № 10.

［95］ Пшенникова Е. И. Бюджет и бюджетный процесс в РФ. М. : СПб，2004.

［96］ Решетников М. Г. Бюджетирование по результатам：взгляд из одного региона. Экономическая политика. 2008. № 1.

［97］ Романовский М. В. Бюджетная система Российской Федерации. 9 - е изд. СПб. : Питер，2014.

［98］ Романовский М. В. Финансы，6 - е изд. М. : ЮРАЙТ，2015.

［99］ Пушкарёва В. М. История мировой и русской финансовой науки и политики. М. : Финансы и статистика，2003.

［100］ Сабуров В. Д. Совершенствование управления налоговым

потенциалом как экономической системой региона. Вестник Таджикского государственного университета права, бизнеса и политики. Серия общественных наук. 2015.

［101］ Сафарова Е. Налог на прибыль: I полугодие 2010 г. Клуб главных бухгалтеров. 2010 №6.

［102］ Тишана Е. Основные изменения в налоговом законодательстве с 1 января 2010 г. Новая бухгалтерия. 2010. №1.

［103］ Терехова Л. А. Налоговое администрирование как вид исполнительно − распорядительной деятельности: понятие и содержание. Вестник Омского университета. Серия «Право». 2012. №9.

［104］ Степашин С. В. , Столяров Н. С. , Шохин С. О. , Жуков В. А. Государственный финансовый контроль: Учебник для вузов. М. : СПб. : Питер, 2004.

［105］ Туфетулов А. , Давлетшин Т. , Салмина С. Анализ влияния спецрежимов на финансовые результаты малого бизнеса. Налоговый вестник. 2014. №10.

［106］ Туфетулов А. , Давлетшин Т. , Синникова Ю. Проблемы и перспективы применения спецрежима для сельхозпроизводителей. Налоговый вестник. 2013. № 3.

［107］ Трунин И. Использование льгот по НДС должно быть правом, а не обязанностью компаний. http: //old. minfin. ru/ru/ press/speech/index. php? id_4 = 20484.

［108］ Шелкунов А. Д. Реализация принципа нейтральности НДС в России в свете новых разъяснений ОЭСР. Закон. 2012. № 7.

〔109〕 Фадейкина Н. В. , Воронов В. А. Финансовый контроль в среде государственного сектора экономики. М. : Новосибирск. : СИФБД，2000.

〔110〕 Федорова В. А. Пути повышения эффективности нормативного регулирования особых экономических зон в Российской Федерации. Вестник Финансового университета. 2014. №4.

〔111〕 Чантладзе В. Г. Вопросы теории финансов. М. : Тбилиси，1979.

〔112〕 Черник Д. Г. Нельзя снижать налог на прибыль для всех подряд. У него не фискальная，а регулирующая функция. Российский налоговый курьер. 2010 №13.

〔113〕 Чиркунов О. А. Технология государственного управления：делегирование полномочий. Государственная служба. 2011. № 2.

〔114〕 Черхарова Н. И. , Ованесян С. С. Оптимизационная модель налоговой нагрузки с внешними переменными управления. Вопросы современной науки и практики. Университет им. В. И. Вернадского，2016№ 1.

〔115〕 Чечель А. , Шолохов Д. Дорога к пропасти. Ведомости. 2010. № 230. http：//www. vedomosti. ru/newspaper/article/251170/doroga _ k_propasti.

〔116〕 Улюкаев А. , Куликов М. Глобальная нестабильность и реформа финансовой сферы России. Вопросы экономики，2010 № 9.

〔117〕 Ходский Л. В. Основы государственного хозяйства：Курс финансовой науки. СПб. : 2015.

［118］Якобсон Л. И. Экономика общественного сектора. Основы теории государственных финансов. М. : Аспект пресс, 1996.

［119］Яковлев А. А. Агенты модернизации. М. , 2007.

［120］Янжул И. И. Основные начала финансовой науки: Учение о государственных расходах. М. : СПб. , 1899.

后　记

　　《俄罗斯税制研究》为中央财经大学"一带一路"国家税收制度系列研究成果之一，也同时为中央财经大学俄罗斯东欧中亚研究中心《俄罗斯财经研究报告》2017 年研究成果。

　　本书的撰写由中央财经大学俄罗斯东欧中亚研究中心承担。俄罗斯东欧中亚财政经济研究一直是中央财经大学优势学科方向。自 20 世纪 60 年代起，在姜维壮教授、魏振雄教授等一批知名流苏学者的带领下，中央财经大学在苏联政治经济领域开展了大量的教学与科学研究工作，为新中国培育了大批专门人才，向有关部门提交了大量关于苏联政治经济研究方面的研究报告，为中国外交战略的确定和政治经济方针的制定做出了卓越贡献，获得了政府有关部门及学术界的高度好评。

　　为延续和发挥这一教学与科研优势，中央财经大学于 1998 年成立苏联东欧研究中心（后改名为俄罗斯东欧中亚研究中心）。该中心以服务国家战略和外交大局为目标，以俄罗斯东欧中亚国家政治经济理论研究和人才培养为核心，以扩大国际影响和对外交流为方向，凭借自身在政治、经济、财政、金融等领域拥有的雄厚科研实力和独特的学科优势，开展了大量工作，发布了一大批在国内具有领先水平的高质量研究成果，为国家培养了一批高素质人才，同时，也为我国的各级立法机构、各级政府部门、银行、企事业单位和各类投资者提供了大量政策咨询与技术保障服务，为我国政治经济社会发展和对外开放做出了应有的贡献。

　　在多年积累和几代人努力的基础上，中央财经大学俄罗斯东欧中亚研究中心已成为一个以多学科为依托，吸收校内外、国内外高水准专家组成的开放、流动的研究基地。2017年入选教育部区域与国别备案研究中心。

　　自2010年起，中央财经大学俄罗斯东欧中亚研究中心开始潜心编写与打造《俄罗斯财经年度报告》。至今，《俄罗斯财经年度报告》已连续出版多年。在这些年中，俄罗斯东欧中亚研究中心对每一期《俄罗斯财经年度报告》的研究内容都进行了精心编排，分别对俄罗斯的公共财政、政府预算、银行与资本市场、对外贸易、企业管理、社会保险、住房财政保障制度等领域进行了系统深入的专题研究。

　　作为《俄罗斯财经研究报告》2017年研究成果，《俄罗斯税制研究》对俄罗斯税收制度的建立及其历史演变、税收法律框架、主要税种及课征模式、税收与经济增长，当前面临的主要问题及未来改革发展趋势等进行了全面剖析。本书的编写人员为：第1章、第2章由童伟撰写，第3章由童伟、丁超撰写，第4章由童伟、雷婕撰写，第5章由童伟、杜纯布、雷婕撰写，第6章由丁超、田雅琼撰写，第7章由张居营、童伟撰写，第8章由童伟、雷婕撰写，第9章由童伟撰写，全书由童伟总纂。

　　虽已竭尽努力，但书中不足之处仍有很多，诚挚欢迎各位方家先进批评指正（tongwei67@sina.com）。